ロゴスと存在
ヘーゲルの論理思想

第1巻

存在の諸相

山口祐弘
［著］

LOGOS and BEING
Logical Thinking of Hegel

Aspects of the Being

晃洋書房

目次

序　章　ロゴスの学としての論理学
——真の存在への道——

一　論理学と形而上学

ヘーゲルが一八一二年から一八一六年にかけて公にした〈*Wissenschaft der Logik*〉[1]は『論理学』という通称で知られているものの、一般に論理学として流布しているものとは著しく趣を異にする。それは、人間の思考の法則を明らかにし、思考を正しく導くための方法を教示するという役にとどまることなく、世界の成り立ちや仕組みにも言及しているからである。

人はそれを存在論とも呼び形而上学とも称する。ヘーゲル自身その前二巻、存在論と本質論すなわち客観的論理学を存在論（Ontologie）と言い換え（W.d.L.I/1.S.48.）、またその全体を「自然と有限精神を創造する以前の永遠の本質における神の叙述」、さらには「本来的形而上学」（die eigentliche Metaphysik）と規定している（ibid.,S.7,34.）。それは、デミウルゴスがイデアを観照しつつこれを範型として世界を造形したというプラトンの説[2]や言葉によってすべてのものは成ったとする「ヨハネ伝」冒頭の節、更には神が言葉を発することによって暗闇の混沌の中に区別と形あるものを造りだしたとする『旧約聖書』の記述を連想させる。[3] 世界が出現する以前の事物の原型たるイデアや神が創造を意図する事物の観念を叙述することを、ヘーゲルは企図しているかのようである。
そうした企ては些か荒唐無稽ではないのか、抑も如何にして可能であるのか、は誰もが素朴に抱く疑問かもしれない。だが、そうした課題を引き受けようとする学があるとすれば、それは形而上学と呼ばれ存在論とされてきたものに当たることには異論の余地はないであろう。

ともあれ、近代が最盛期に向かおうとするヘーゲルの時代、形而上学は凋落の道を辿り、カントの批判哲学[4]の出現を迎えざるをえなかった。そうした中で右のような課題を立て実践しようとすることは、どうしてできたのであろうか。カントは、近代物理学（Physik）の隆盛を目の辺りにし、形而上学（Metaphysik）の危機を悟って、敢えてこれを救うべく、形而上学の可能性を尋ね、批判哲学を興したのである。しかし、「学としての形而上学は如何にして可能か」（K.d.r.V.,B52.）という問いに対して、彼は形而上学の理論的再興は望みえず、実践上の要請ないし信仰としてその諸主題を思念することができるのみとしたのであった。

そうした批判的な自己抑制の態度に立てば、ヘーゲルの企ては無謀であり、独断主義への逆行と映るのではないか。そのような疑念を省みず、ヘーゲルが形而上学を、しかも本来的形而上学として追求したのはなぜであったのだろうか。いや、むしろヘーゲルは形而上学の衰退に対してカントと同じ或いはそれ以上の危機感を抱き、却ってカント哲学がそれを助長していることを非難さえしつつ、形而上学の再生の道を探ろうとしたのである（W.d.L.I/1.S.5.）。それだけに、カントに対するヘーゲルの批判は激しいものとならざるをえなかった。その批判を通して彼は独自の立場を確立したと言っても過言ではないのである。

そうだとすれば、ヘーゲルの論理思想の特徴は、形而上学の凋落を食い止めようとするカントの努力をすら超えようとするところにあるとしなければならない。そこに、新しい思想的次元を拓き、時代の先駆けとなろうとするヘーゲルの姿勢を見ることができる。そのためにヘーゲルは何を手懸かりとしたのか。それは彼にどのような展望を与えることになるのか。その答えの糸口は、原著のタイトル〈*Wissenschaft der Logik*〉の意味を考えることによって得られるものと思われる。

二　ロゴスの学

ヘーゲルは自らの「論理学」を〈Logik〉一語では表現せず、〈Wissenschaft der Logik〉と題する。『エンツィクロペディー』(1817, 1827, 1830) の第一部に同じタイトルが付けられており、わが国では分量の違いからこれを「小論理学」と呼び、前者を「大論理学」と呼んで区別している。いずれにせよ、その後には「自然哲学」(Naturphilosophie) と「精神哲学」(Geistesphilosophie) が続き、哲学の体系を構成するとされている。「論理学」は「純粋思弁哲学」(die reine spekulative Philosophie) と呼ばれ、自然哲学と精神哲学を実在的二部門として従えるのである。「論理学」は「実在哲学」(die reale Philosophie) の基礎をなすものとして、体系の核心にあることが分かる。まさしく、「自然と有限精神の創造以前の永遠の本質における神の叙述」という規定が、これによって内実を与えられることになるのである。[5]

しかし、論理学というのであれば、ヘーゲルはなぜ〈Logik〉という単純な名称にせず、重々しさを衒うようなタイトルにしたのか。原タイトルを文字どおりに訳せば、「論理学の学」となるべきと思われる。それは「論理学」に対するメタ理論であることを意図しているようにも見える。伝統的な論理学を更に学的に反省・吟味することによって、その改革を志そうというのである。ヘーゲルがその意図を持っていたことも否定はできない。こうした戸惑いに対して、「学」の重複を避け「論理の学」とすることが、一つの打開策となるかもしれない。論者は、そうした見地から邦訳に当たって「論理の学」というタイトルを選んだ。[6]

だが、その際〈Logik〉に当たる「論理」とは何を意味するのかが問われる。「論」とは、「言」と「侖」の会意形声文字。「侖」は「亼」(まとめるさま) と「冊」(文字を書く短冊) からなる会意文字で、字を書いた短冊をきちんと整理してまとめることを表す。従って、「論」とは、言葉を整理して並べることである。「理」とは、宝石「玉」と「里」

の会意形声文字であって、「里」は筋目を付けた土地を言い、「理」は宝石の表面に透けて見える筋目のことであった。そこから、物事の筋道、ことわりを意味するものとなった。[7] 従って、「論理」とは、言葉を整理して物事の筋道、ことわりに沿い、それを言い表すことに他ならない。

一方、〈Logik〉は、ギリシャ語の〈λόγος〉に由来し、〈λόγος〉は〈λέγω〉を語源とした。〈λέγω〉は「言う」、「語る」を意味するが、その原意は「拾い上げ、集める」（pick up. gather）ことであったというから、矢張り、断片的な言葉を集めてまとまりのあることを語ることという意味を持っていた。この意味で、「ロゴス」と「論理」は異文化に属しながら相呼応する言葉であったと言うことができる。

そして、「論理」が物事の筋道という意味を含んでいるように、「ロゴス」も人が話すことにとどまらず、世界、宇宙の理法を意味するものとなっていく。言葉は宇宙の理法に通じているだけでなく、人は言葉ないし話す能力によってこそ宇宙の理法を開示することができるという考え方が生まれる。そうした思想を、アナクサゴラス（ca.500～ca.428BC）は「ヌース」〈νοῦς〉が宇宙を支配していると表現した。[8] ここから、言葉の探求は宇宙の理法の探求でもあることとなるのである。

こうして、言葉の成り立ち、言葉に宿されている諸観念、それらを担っている思惟の能力と働き、思惟の諸規定への関心が生まれる。プラトン（428/7～348/7BC）によるイデアの探求、アリストテレス（384～322BC）によるカテゴリーの研究はこうした関心にもとづき、その展開の先駆けとなるものであった。[9] まさしくロゴスの学としての「論理の学」が生まれるのである。ヘーゲルが〈*Wissenschaft der Logik*〉に籠めようとしているのは、こうした意味の「論理の学」に他ならない。彼は、ヨーロッパ思想の源流に遡って「論理の学」を講じようとしているのである。

三　論理学の伝統と改革

カント（1724～1804）は、アリストテレス以来二〇〇〇年余り論理学は前進も後退もしなかったと述べた（K.d.r.V.,BVIII.）。それは、アリストテレスがほぼ完璧に論理学を作り上げたという評価を含んでいる。その論理学はヨーロッパの伝統となり、「伝統的論理学」と呼ばれるに至る。それは、一般的普遍的な思惟の諸法則を研究する学問であり、いかなる内容の思惟にも適用されうる諸形式を探求するものとされる。それ故にこそ、それは時代を超えて承認されることができたのである。カントは、それを「一般的論理学」（die allgemeine Logik）と呼んだ（ibid.,A52, B77.）。

だが、それは、論理学を、一切の内容を捨象して思惟の形式のみを研究する学問とすることに他ならない。その意味で、それは「形式的論理学」と呼ばれることもある。近代において論理学は数学とともに命脈を保つことができたが、それはこうした形式的な研究としての論理学の性格によると言ってよい(10)。

しかし、カントは、思惟の内容、経験や対象の認識の成立を問題としない論理学に対して、経験の対象とその認識が如何にして成立するのかを考察する論理学の必要性を認めた。対象の客観的認識が成り立つためには、認識主観にア・プリオリに（a priori）備わる条件がなければならないとして、それに関わる認識を「超越論的」（transzendental）と規定し、「超越論的論理学」（die transzendentale Logik）の構築を企てたのである（ibid.,A55ff.,B79ff.）。それによれば、経験の可能性の条件は経験の対象の可能性の条件でもあるとされ、主観的な形式に客観的な意味が与えられることとなった。言葉と宇宙の対応という古代思想への回帰の道が踏み出されたと言えよう。

だが、それは素朴な実在論や一致説の主張とは異なっていた。ア・プリオリな認識様式によって客観的な認識が可能となるといっても、それは物自体（Ding an sich）の認識ではありえず、現象（Erscheinung）でしかないというのである（ibid.,A369.）。カントは、この思想を認識の客観性を否定する主観的観念論とは区別し、また「経験的実在論」（der empirische Realismus）とは抵触しないと言いながらも、「超越論的観念論」（der transzendentale Idealismus）と呼んだのである（ibid., A369f.）。

「論理の学」の本源に立ち帰ろうとするヘーゲルからすれば、これは不十分な改革と見なされる。認識不可能とされる物自体の観念を解消し、論理学の客観性を確立しなければならない。ヘーゲルは、物自体とは、思惟自らによって一切の内容を剥奪され、無内容かつ空虚なものとして生み出された思惟物（Gedankending）であるとすることによって、思惟のうちに回収する（Enzy. §44: W.d.L.I.S.327.）。それによって、思惟は対立から解放され、自由を得るとともに、唯一の存在として認められる。論理学は、これとともに、存在の学となる。思惟、思想の学が存在論となり、アリストテレスが「存在としての存在の探求」と規定した「第一哲学」（prima philosophia）[11]に相当するもの、「本来的な形而上学」（die eigentliche Metaphysik）となるのである。ヘーゲルは、それを上述のとおり「自然と有限な精神の創造以前の永遠の本質における神の叙述」とも表現し、それの考察する諸カテゴリーを「絶対者の述語」であると言う（Enzy. §86.）。

もとより、ヘーゲルは思惟の諸規定、諸法則の学としての論理学の伝統的な定義を拒むわけではない。だが、その思惟とは、今や真の存在、真なるものとしての思惟に他ならない。そして、論理学は「思惟の思惟」（アリストテレス）であることとなる。[12]思惟が思惟自身を思惟することとして、ここには対象と知の対立はない。ヘーゲルは、それを「純粋知」（das reine Wissen）と呼ぶ（W.d.L.I.S.33.）。それは、知と異なるものについての知とは区別されたものとして、「純粋存在」（das reine Seyn）と言い換えられる。そして、その境位に達するには「精神の現象学」と「意識の経験の学」の長い行程を歩み通さなければならないのである。[13]ヘーゲルが『論理の学』に先立ち、『精神の現象学』を構想した意図はここにあった。

四　思惟の生動性と真理の具体性

思惟を思惟すると言えば、思惟は直接的・直観的に自己を捉えることができるように思われるかもしれない。また、それ以外の方法はないとも考えられよう。だが、ヘーゲルはそうした「直接知」（das unmittelbare Wissen）を推奨することはしない（Enzy.,§61～78.）。彼は、「論理的なもの」、すなわち論理的思惟には、抽象的・悟性的（abstrakt. verständig）、弁証法的・否定的理性的（dialektisch, negativ-vernünftig）、思弁的・肯定的理性的（spekulativ, positiv-vernünftig）の三側面があると述べる（ibid.,§79～82.）。従って、思惟を思惟する際にも、この三側面が関与すると考えねばならない。物事を分析し諸契機を区別し分離して見る「悟性」（Verstand）の機能と、分離されたもの相互の移行を洞察する「弁証法」（Dialektik）、およびこの洞察を踏まえて相対立するものの統一を捉える「思弁」（Spekulation）によって、物事は具体的なものとして認識される。思惟はこうした媒介を含む働きであり、動的生動的なものである。ヘーゲルはこうした生動性を持つものを「精神」（Geist）と呼ぶ。精神こそは、分裂に陥りながらも、その只中において自己を保持するものに他ならない（Phä.d.G.,S.27.）。真理、真なるもの（das Wahre）は、そうしたあり方においてあるものとして考えられなければならない。

真なるものを動的なものとして捉える考え方は、ヘーゲルの真理観のもう一つの特徴である。それは、真理は生成変化するものではありえないとするパルメニデス（ca.515～?BC）を代表とするエレア学派の思想に対し、ヘラクレイトス（ca.540～ca.480BC）寄りの姿勢を示している。[14] もとより、言葉による捕捉をすべて不可能にする万物流転説に完全に同調するわけではないにせよ、パルメニデスとの対決は終始ヘーゲルの課題であった。「あるものはある」としたパルメニデスの「存在」（Seyn）は、その無規定性の故に「無」（Nichts）と同じとされ、無への移行、「生成」（Werden）のうちに止揚される（W.d.L.I/1.S.68～95.）。この問題を近代において見るならば、「実体」（Substanz）の唯一性を説くスピノザ（1632〜1677）および絶対者を「絶対的無差別」（die absolute Indifferenz）とするシェリング（1775〜1854）との対決となる[15]。真理観をめぐる古代の対立が改めて登場する。それは、ヘーゲルの時代、スピノザとシェリングに如何に対するかが、大きな論議を呼んでいたからである。

ヘーゲルは、『精神の現象学』（*Die Phänomenologie des Geistes*, 1807）において、この課題を「真なるものを実体（Substanz）としてではなく、それに劣らず主体（Subjekt）として捉え表現することが肝要である」という言葉で表現した（Phä.d.G.S.18.）。一切の規定の根底に不動のものとして横たわっているのではなく、自己を様々な規定にもたらし、その中で自己を提示するものが真なるものに他ならない、と言うのである。それは、無限の属性を有しながらも、それ自身は無規定、無限定なスピノザの実体、すべての規定を抹消し「すべての牛が黒くなる闇夜」（ibid.S.17.）としてのシェリングの「絶対的無差別」（die absolute Indifferenz）に対する批判的姿勢の表明であった[16]。

その背景には、シェリングが一八〇一年に公刊した『わが哲学体系の叙述』（*Darstellung meines Systems der Philosophie*）[17]に対する批判的論調があった。エッシェンマイヤー（1786〜1852）は、一八〇三年に『非哲学への移行における哲学』（*Die Philosophie in ihrem Uebergange zur Nichtphilosophie*）を公にし、『叙述』においては、絶対的なものから如何にして有限なものが導き出されるのかが説かれていないと批判した[18]。シェリングは、これに答えるべく、一八〇四年『哲学と宗教』（*Philosophie und Religion*）を著し、絶対者からの有限者の発現を「堕落」（Abfall）として説明した[19]。だが、フィヒテ（1764〜1814）はこの説明に満足せず、一八〇五年エルランゲンでの講義でシェリングを批判しつつ、「絶対者は実存する」（Das Absolute existiert.）というテーゼを掲げた[20]。「実存する」（existieren）とは、「外に立つ、導く」という意味であり、絶対者は自己を閉ざしたままでいるわけではなく、自己を開示するものであると述べたのである。後年（一八一一、一二年）、彼はその思想を「絶対者は現象する」（Das Absolute erscheint.）というテーゼで表現した[21]。フィヒテは、一八〇四年の講義において、真なるものの現象を叙述する「現象学」（Erscheinungslehre, Phänomenologie）の構想を示していたが、右のテーゼはこれらの講義に根ざしていたのである[22]。

こうした論争が行われていた時期、ヘーゲルもまた『精神の現象学』の構想を抱き、それの執筆に着手する。絶対者を現象するものとして捉えること、「現象する絶対者」の思想は、表向きシェリングの『叙述』における「同一性の哲学」に依拠した一八〇一年の『差異論文』[23]にすでに見られるが、彼はその具体化に向けて歩みを進めるのである。こうして、真なるものを「現象する絶対者」として捉えるに至ったヘーゲルは、思惟をその主観性から脱却させ、存在、真なるものにした以上、自ら自己を展開し開示する「主体」(Subjekt)として捉えなければならないことになる。ヘーゲルはそれを「精神」(Geist)とも呼び、「概念」(Begriff)とも名づける。論理学はそうした概念の自己展開という意味を持つ。それは、本来的な意味の「精神の現象の学」であると言うこともできるのである。

注

(1) G.W.F.Hegel. *Wissenschaft der Logik*, I (1812/1813, in: GW. 11., Hamburg 1978; II (1816), in: GW. 12., 1981; I/1 (1832), in: GW.21, 1985.
(2) Platon, *Timaios*, Hamburg 1992, 31A. 種山恭子訳『ティマイオス』、プラトン全集12、岩波書店、一九七五年。
(3) *Das Alte Testament, Genesis*, I, 1-31; *Das Neue Testament, Johannes Evangelium*, I, 1-3, in: Die Bibel, Freiburg. Basel. Wien 1980.
(4) I. Kant, *Kritik der reinen Vernunft*, 1781, 1787.
(5) G.W.F.Hegel. *Enzyklopädie der philosophischen Wissenschaften*, I, in: Werke. 8., Frankfurt a.M. 1970, *Erster Teil, Die Wissenschaft der Logik*, §19～244. Abk.: Enzy.
(6) G・W・F・ヘーゲル『論理の学』山口祐弘訳、作品社、二〇一二～一五年。
(7) 藤堂明保編『漢和大字典』学習研究社、一九八六年。
(8) Anaxagoras, Fr. 503, in: G. S. Kirk and J. E. Raven, *The Presocratic Philosophers*, Cambridge 1960, p. 372f.
(9) Platon, op.cit. なお、アリストテレスの「カテゴリー」は、述語、範疇とも訳され、言語行為と不可分と考えられる。Aristoteles, *Metaphysik*, 1004a29, Hamburg 1978. また、「説明方式(ロゴス)によってものの何であるか(本質)が言い表される」と言われる。Met., 1016a33, 1017b21, 1030a6.

(10) ibid.,A54, B78.「一般的論理学として、論理学は悟性認識のすべての内容とその対象の差異を捨象し、思惟の単なる形式以外のものには関わらない」。
(11) Aristoteles, *Metaphysik*, 1026a24, 1061b19.
(12) Aristoteles, *Metaphysik*, 1974b34. なお、ヘーゲルは『エンツィクロペディー』の末尾で、『形而上学』第十二巻七からの引用を掲載している。そこで、理性（思惟するもの）は、自己自身を思惟するとされている。Enzy.,III., §577; Met.,1072b18〜30.
(13) G.W.F.Hegel, *Die Phänomenologie des Geistes*, 1807, in: GW. 9., Hamburg 1980. Abk.: Phä.d.G.
(14) G.W.F.Hegel, *Vorlesungen über die Geschichte der Philosophie*, I, in: *Werke inzwanzig Bänden*, 18, Frankfurt a.M. 1971, S.284〜293, 319〜343.
(15) B.d.Spinoza, *Ethica ordine geometrico demonstrata*, 1677, Pars Prima, Propositio XIV, Corollarium I, in: *Spinoza Opera*, II., Heidelberg 1972 W.F.J.Schelling, *Darstellung meines Systems der Philosophie*, 1801, in: *Schellings Werke*,3.,München 1927,S.10, 21.
(16) 前注（15）を参照。
(17) 同。
(18) K.A.Eschenmayer, *Die Philosophie in ihrem Uebergange zur Nichtphilosophie*, Erlangen 1803, §73.
(19) F.W.J.Schelling, *Philosophie und Religion*, 1804, in: *Schellings Werke*,4.,S.28.
(20) J.G.Fichte, *4ter Vortrag der Wissenschaftslehre*――Erlangen im Sommer 1805, in: *J.G.Fichte Gesamtausgabe*, II-9, 1993, S. 250.
(21) J.G.Fichte, *Wissenschaftslehre 1811*, in: *J.G.Fichte Gesamtausgabe*, II-12, S.170; *Wissenschaftslehre Vorlesungen vom Prof. Fichte vom 6ten Jan. bis 20ten März 1812*, in: GW. IV-4., 2004, S.276.
(22) J.G.Fichte, *Die Wissenschaftslehre vorgetragen im Jahre 1804*, Hamburg 1975, S.150f.
(23) G.W.F.Hegel, *Differenz des Fichte'schen und Schelling'schen Systems der Philosophie, in Beziehung auf Reinhold's Beyträge zur leichtern Übersicht des Zustands der Philosophie zu Anfang des neunzehnten Jahrhunderts, 1stes Heft*, Jena 1801, in: GW.4., Hamburg 1968.

第一部　論理学の理念と課題

第一章　超越論的論理学の継承と批判

序

ヘーゲルがイェーナ、ニュルンベルク時代を通して構想した哲学の体系は、ハイデルベルク時代『エンツィクロペディー』として形を現す[1]。それは、論理学、自然哲学、精神哲学という三部からなり、論理学に始まり自然哲学、精神哲学を経て論理学に帰着するという円環をなすものであった。論理学が体系の始まりであり終わりでもあるということは、論理学の意味を考えるに当たって注目すべきことである。そこには、論理学についてのまったく新しい考え方があるのである。

一般に、論理学とは思考を正しく導くための方法であり、思考を規制している規則、法則を解明する学問と見なされる。それはヨーロッパにおける伝統的な理解となってきた。論理学は何を研究するに当たっても心得ていなければならない前提と考えられるのである。

しかし、そのかぎり論理学は予備学ではあっても、目的ではありえない。それは内容の探求に寄与すべき方法ないし手段にすぎない。ヘーゲルの論理学がこの意味の論理学と異なることは、右のような位置づけから見て明らかである。カントは、アリストテレス以来論理学は前進も後退もしなかったと語った[2]。それは、論理学が完璧な学問として早くに成立し、保持されてきたことへの賞賛とも取れる。だがまた、それは、カントが伝統的な論理学とは別の論理学を企図していたことの表明でもあった。カントは伝統的論理学を「一般的論理学」（die allgemeine Logik）と呼び、それを否認しはしなかったが、それには還元されない「超越論的論理学」（die transzendentale Logik）を構想したのである（K.d.r.V.,A50,B74.）(3)。一般的論理学のみで認識の成立が解明できるわけではないという自覚がそこにはあった。

では、超越論的論理学とは何か。それは、「超越論的」（transzendental）という言葉の導入とともに、カントの批判哲学から切り離されえず、それを踏まえて初めて理解されるべきものである(4)。そして、批判哲学は、ドイツ観念論という巨大な潮流がそれに続くように、当時の哲学・思想界に比類のない影響を及ぼしたのであった。カントに学んだ哲学徒たちはその精神を汲みつつその完成を目指して努力したのである。ヘーゲルもまたその例外ではなかった。

そうであるとすれば、論理学をめぐってもカント哲学の影響を抜きにして論ずることはできない。ヘーゲルはどのようにカントの哲学を受け止め理解したのか。そして、どのように独自の道を切り開いていったのか。他のテーマについてと同様に、そこには決して単純な受容と発展があったわけではない。カントが行った批判に対して、ヘーゲルの思索は常にそれへの再批判という面を持つ。そこには受容と批判、継承と深化という関係がある。ヘーゲルの論理学の思想はこうした連続と非連続、カントとの近さと距離を念頭にしつつ理解せねばならないであろう。本章では、このような見地から、カントとの関係においてヘーゲルの論理学の意義を考える。

一　原理の探究とアポリア

カントは『純粋理性批判』において、「先天的総合判断は如何にして可能か」（Wie sind synthetische Urteile a priori möglich?）と問う（ibid.,B19.）。それは、およそ学と呼ばれうるものの原理を問う問いである。学が学であるためには、確実でなければならない。確実性（Gewißheit）とは、普遍性（Allgemeinheit）と必然性（Notwendigkeit）のことである。

そうした確実性は経験からは得られない。経験によって得られる認識は蓋然的なものに止まる。真に普遍性と必然性を持ちうるのは、むしろ経験に依存せず経験に先だって知られうるもののみである。しかも、それは拡張的であり、知の内容を一層豊かにするものでなければならない。すなわち、総合的でなければならない。こうして、学を学たらしめるものは先天的かつ総合的な認識であることが必要となる。それをカントは先天的総合判断と呼んだのである。

そうした判断があらゆる学の根底になければならないとカントは考える。それは、数学においては純粋数学（reine Mathematik）、物理学においては純粋物理学（reine Physik）という部門を構成する。経験に依存しない純粋なものがあることによって、数学や物理学は成功を収めてきたのである。従って、カントは「純粋数学は如何にして可能か」、「純粋自然科学は如何にして可能か」と問う（ibid.,B20.）。これらは、右の「先天的総合判断は如何にして可能か」という問いに包摂される問いである。

だが、これらの問いには、更に「学としての形而上学は如何にして可能か」という問いが続く（ibid.,B22.）。形而上学こそは、経験を超えたものの認識として、先天的総合判断からなるものに他ならない。しかも、近代の科学的思惟の台頭の中で、形而上学はむしろ衰退の傾向にあった。それはむしろ懐疑の対象となりつつあった。カントは彼の時代の中に独断主義と懐疑主義の対立・反目を見た（ibid.,AVIII,BXXX,XXXV.5.）。一切の学の客観性を疑う後者にとって形而上学は最も疑わしい部門と見えたのである。

形而上学のこの危うさは先天的総合判断の危うさともなる。先天的総合判断は確実性の基盤として要請される一方、最も不確実なものを孕むことになろうからである。事実、カントの眼には、形而上学の内部に収拾し難い混乱があると映っていたのである（ibid.,BXIV.）。この意味で、先天的総合判断は二面性を有していると言わなければならない。

だが、それだけにカントは形而上学の可能性を切実に問わねばならなかった。しかも、学としての形而上学の可能性を問わねばならなかった。形而上学への関心は人間の自然的素質（Naturanlage）に宿るものと見なしていたからである。こうして、形而上学は学として可能か、また如何にして可能かが問われたのである。

それは、純粋数学、純粋自然科学への問いと単に並ぶ問いのように見える。だが、形而上学の可能性は成功した学問に照らすのでなければ判定されえない。カントは数学や物理学の成功の条件を明らかにし、それに基づいて形而上学の可能性を問おうとするのである。そのかぎり、先の二つの問いは形而上学のための予備的な問いである。形而上学は人間の生存にとって不可避の本質的なテーマを扱うばかりでなく、問いの間にも序列が設けられているのである。

さて、学の可能性、根拠と原理を問うカントの姿勢は、この問いを一層徹底して追究しようとする企てを生み出した。カント哲学に学んだラインホルトやフィヒテがその先駆けをなした。ラインホルトはすべての学の原理たる唯一の絶対的根本命題（der absolut erste Grundsatz）の発見を課題とした。彼によれば、カントの業績はなお徹底性を欠いており、一切の知は一つの根本命題から導出され、体系をなしていなければならない。彼はそうした命題として「意識律」（Satz des Bewußtseins）を立て、自らの哲学を「根元哲学」（Elementarphilosophie）と呼んだ。(5) だが、古代の懐疑家アイネシデモスの名を借りたシュルツェは、意識律がなお前提を有しており真に根源的とは言えないことを指摘した。(6) フィヒテはラインホルトの課題を受け継ぎつつシュルツェの批判に抗しうる絶対的第一根本命題の発見に努めた。(7) 彼は、一切の知をそこから導出するものとして自らの哲学を「知識学」（Wissenschaftslehre）と名づけた。

こうした動きの起点となるカントの哲学は、「超越論哲学」（Transzendentalphilosophie）と呼ばれる。カントは「超越論的」（transzendental）という言葉を説明して次のように言う。「私は諸対象にというよりは、諸対象についてのわれわれの認識がア・プリオリに可能とされるかぎり、この認識様式に一般的に関わるすべての認識を超越論的と名づける」。(8) まさしく、対象について経験的な認識があるにとどまらず、ア・プリオリな認識があるという想定がそこにはあり、そうしたア・プリオリな認識を生み出す認識様式の探究が超越論的と呼ばれるのである。それは、人間の認識能力に対する反省的認識と言うべきものである。そうした認識が「超越論的認識」に他ならない。この意味においては、ラインホルトの根元哲学もフィヒテの知識学も超越論哲学に列すると言える。

だが、対象についてのア・プリオリな認識という想定には決定的な問題が含まれている。およそ学の基礎をア・プリオリなものに認めなければならないという考え方は、右に見たように経験の不確実性とそれへの不信に根ざしている（ibid.,B20.）。しかし、経験を介せずに対象について知るということは如何にして可能であるのか。それは、知が能動的に対象を産出し構成する場合にのみ可能である。そうした産出的な知の働きは、旧来、「直観的知性」（intuitiver Verstand）の作用たる「知的直観」（die intellektuelle Anschauung）として考えられてきたが、カントにとってはそれは人間には認めがたいことであった。

これに対して、カントは、この問題を天文学におけるコペルニクスの業績に比すべき認識論の革命によって解こうとした（ibid.,BXXII.）。従来、対象を認識するとは認識主観が対象に従うことであると考えられてきたが、むしろ対象の方が認識主観に従うと考えてはどうか、というのである（ibid.,BXVII.）。われわれからは独立にあり対象と呼ばれているものは、われわれが構成したものに他ならない。この構成には、勿論、感性と悟性の協力が必要である。前者を通して感覚的なデータが与えられ、悟性がこれを秩序づけ総合統一して対象の像とするのである。認識に所与の受容という受動的な面はあるにせよ、感性と悟性という能力そのものは主観にア・プリオリに備わっており、その働きによって初めて対象の像は生まれることになる。

だが、このように認識を説明するということは、対象とされるものがそれ自体で存立するもの、物自体（Ding an sich）ではなく、認識主観に依存するもの、主観に対して現われるものでしかないと見なすことである。主観は、物自体を認識することはできず現象（Erscheinung）の認識に甘んじる他はないという諦念を余儀なくされる。確実な知を得るべくア・プリオリな認識を追求した結果は、真にあるもの、物自体については認識できず、二次的な真理を手にするにすぎないという逆説が生まれる。学知の確立を目指すカントの努力は、却って、人間の認識能力の限界の告白を結果するのである。

この逆説は、超越論哲学に対して克服しがたい障害となる。物自体と現象を対立させ認識を現象界に限定することから、諸々の対立と二元論的見解が生まれる。ヘーゲルはそうした思想を「反省哲学」（Reflexionsphilosophie）と呼ぶ(9)。

反省（Reflexion）は、物事を対立的に見、この対立を固定させる傾向を持つ。認識様式そのものに向かう超越論的反省が主観と物自体との乖離を引き起こし、それらを超えがたい対立のうちに置いているのである。ヘーゲルはそうした反省が近代哲学と近代文化全体を支配し規定していると見なす。哲学においては、それは主観主義と主観的観念論を生む。ヘーゲルはそれと対決し、それを如何に克服するかを課題とせざるをえなかった。

その課題は、「人は［物自体（Ding an sich）の］前提なくしてカントの体系に入ることはできず、この前提があるかぎりそこにとどまることはできない」[10]というヤコービの言葉に予示されていたと言えよう。カント哲学はそれを乗り越えようという衝動を喚起する。ヘーゲルもその衝動に駆られた一人であった。彼の場合、それはカントとその学徒のみならず、近代哲学と近代文化総体との対決となった。まさしく反省によって惹起された対立を克服し、一致と統一を達成することが課題とならなければならない。総じて対立のうちにあるものを相対的なもの、有限なものと呼ぶならば、絶対的なもの、無限なものを回復することが目標となるのである。

二　始元への問い

そうした課題を担ったヘーゲルは、『論理の学』の冒頭で「学は何によって始められねばならないか」（Womit muß der Anfang der Wissenschaft gemacht werden?）という問いを立てる[11]。この始めは時間的な始めを言うものではない。それは、学の、学としての始元を意味する以上、まさしく学の原理、一切の知がそこに立脚する根拠なのでなければならない。その限り、それはカントの先天的総合判断への問いに発する先人たちの原理の探求に連なるものに他ならない。だが、原理の探求が右のような逆説に陥ることを見たヘーゲルからすれば、そこには大きな隔たりがあると見なければならない。

それは、反省哲学のアポリアにとどまるか、それを突破するかの違いであり、有限性のうちに沈淪するか、無限なものを目指すかの違いである。ヘーゲルが求めたものは、不可知とされた物自体との対立を超えそれを包摂しうる始元であり原理に他ならない。

主観的観念論、観念論的主観主義との対決という点では、ヘーゲルにはシェリングという先駆者があった。シェリングは主観的観念論の一面性を自然哲学によって補い、両部門を統合する観念=実在論（Ideal=Realismus）を構想した。彼はそれを同一性の哲学（Identitätsphilosophie）と呼んだ。[12] まさしく観念論と実在論の持つ一面性とそこから来る対立を克服すべく、観念的なものと実在的なものの差別のなくなる無差別点（Indifferenzpunkt）に立脚し、そこから両部門を展開しようとしたのである。ヘーゲルの哲学的処女作たる『差異論文』[13]が、一八〇〇年の『超越論的観念論の体系』、一八〇一年の『わが哲学体系の叙述』における同一性哲学の構想を新しい哲学的理念としつつ執筆されたことは周知のことである。[14] 原理を追求する課題をカントやフィヒテから受け継ぎながら、彼らとヘーゲルの間にはシェリングが介在するだけの距離があった。まさしく『差異論文』がフィヒテとシェリングの哲学体系の差異を明らかにする意図で書かれたようにである。

では、そうした原理の探求をヘーゲルは如何にして遂行したのであろうか。それに関しては、ヘーゲルはシェリングに追随することはできず、独自の道を拓かねばならなかった。シェリングは観念論たる超越論哲学と実在論たる自然哲学が一致する地点を積極的に示すことはしなかった。それは秘教的な直観によるのでなければ捉えられないとされ、間接的な媒介は拒まれていた。[15] 従ってまた、そこから如何にして相異なるものが発出するかの説明もなされなかった。後にヘーゲルが評するように、一致点たる絶対的無差別は一切の差別を覆い隠す闇夜であり、従って差別の発生を説こうとすれば、恰もピストルから弾丸を発射するかのように無媒介に発出させる他はなかったのである。[16] ヘーゲルはシェリングの体系構想を多としながらも、同一性体系のこうした欠陥を洞察することによってシェリングからも距離を取ることになるのである。

そうして彼が切り開いた道が『精神の現象学[17]』であった。それは当初「意識の経験の学」（die Wissenschaft der

Erfahrung des Bewußtseins）という表題のもとで書き始められ、自然的意識が経験を重ねる中で徐々に学的知の境位に近づく過程を叙述することを意図していた。その経験とは、自然的意識が自己の思念を吟味・反省することによってその非真理性を知り、変貌を余儀なくされる経験である。それは懐疑の道とも絶望の道とも称される。恰もデカルトが方法的懐疑によって謬見を払拭し「コギト・エルゴ・スム」という真理に到達したように[18]、意識は懐疑を完遂することによって不可疑の知の境位に達するのである。ヘーゲルはそれを「自己を完遂するスケプシス主義」（der sich vollbringende Skepticismus）と形容する（Phä.d.G.,S.56.）。

デカルトにおけると同様に、このスケプシス主義は、一切は疑わしいとする帰結に終わるものではない。却って、その到達点は確実性（Gewißheit）であるとされる。それは如何にして可能であったのか。いわゆる懐疑主義が懐疑主義にとどまりえないことを指摘することも一つの道であろう。「一切は疑わしい」という言明はパラドックスを宿し、それ自身を否定する[19]。だが、ヘーゲルにおいては、意識とその経験の他に「精神」（Geist）という概念が用意されていた。自然的意識の諸形態はこの精神の現象形態であり、意識の変貌と発展は精神の展開という意味を持つ。そこから、「意識の経験の学」はまた「精神の現象の学」（die Wissenschaft der Erscheinung des Geistes）として捉えられることになる（ibid.,S.24.）。そして、その到達点は、精神が自己自身を知る境地とされるのである。精神が絶対者の別名であるとすれば、その知は絶対者の自己自身についての知であり、「絶対知」（das absolute Wissen）となる。また、精神の自己知としては、それは精神の自己確信（die Gewißheit seiner selbst）に他ならない。それは、意識の側からすれば、意識が絶対者そのものを知ることを意味するのである。

『精神の現象学』にはこのように意識と精神という二重の視点が用意されていた。それによって絶対者の知について語ることが可能となり、『差異論文』が提示した「意識に対して絶対者を構成する」（das Absolute für das Bewußtsein zu konstruieren）という課題は達成されるのである（Dif.S.16.）。だが、このことを主張することができるためには、意識と精神が根底において通じているという想定がなければならない。自然的意識の諸形態がまさしく精神の現象形態であるということの確認がなければならない。知は不可知な物自体の前に置き去りにされるのではなく、それと合致しているという確信がなければならない。そうだとすれば、『精神の現象学』もまた結論を前提とする論点先取の上に成り立っているように見える。

だが、結果が前提を根拠づけるということも、ヘーゲルの議論の特徴である。およそ意識の経験を駆動しているものは、意識が真であると見なしていたものがそうではなかったという反省である。知と真理の乖離がそこにはある。それはまさしく知が対象と一致しえず、対立があることの証である。意識はこの対立を自覚してこれを克服しなければならない。それが達成されるならば、意識の経験は終わる。それは、意識が相対的なものの世界を超え絶対的なものに到達したということに他ならない。そして、そこにおいてこそ意識と精神の同一性は確証され、意識の経験の学と精神の現象の学は出会うのである。そこでは、対象を知ることが自己を知ることであり、自己を知ることが対象を知ることであると言うことができる。不可知なものへの不安はなく、絶対的な自己確信（die absolute Gewißheit von sich selbst）が生まれるのである。(20)

ヘーゲルはこうした知を「絶対知」と呼び、「純粋知」（das reine Wissen）と名づける。そして、そこに学の境位があると考えるのである。知とは知と異なるものを知ることであるという通念からすれば、こうした知は最早知とは言えないかもしれない。何ものの知でもないものは知ではない。従って、ヘーゲルはそれを「純粋存在」（das reine Seyn）と言い換える（Phä.d.G.S.433; W.d.L.I/1.S.55.）。そして、それこそが学の始元であるとするのである。有限で相対的な対立物のいずれでもなく、一切の対立を超越したものを学の始元とするところに反省哲学との対決を踏まえたヘーゲルの原理論があると言うことができる。

三　論理学の改革

ヘーゲルは、こうした原理に立脚する学を「論理の学」（Wissenschaft der Logik）と名づける。しかし、それは如何なる意味で論理の学と言えるのか。「論理」を人間の思惟の営為と見なすならば、それは学を余りにも狭いものとするように見える。しかし、知と対象の区別と対立が克服されたところでは、知の展開は直ちに対象の展開であり、対象の展開はそのまま知の展開であると言うことができる。すなわち、一切は思惟の働きのうちで捉えられるのである。

そうした意味を持つ論理の学なるものはかつて存在したことがあったのか。カントは、アリストテレス以来論理学は前進も後退もしなかったと述べた。[21] それはアリストテレスがほぼ完全な形で論理学を築き上げたことへの賞賛として受け取られる。そうしたアリストテレスの論理学は、ヨーロッパの思惟を伝統的に規定してきたという意味で伝統的論理学と称される。

しかし、アリストテレスの論理学が殆ど変化することなく存続しえたのはなぜか。それは、論理学が知の内容（何を考えるか）を度外視し、ひたすら一般的普遍的な知の形式（どのように考えるべきか）のみを追求し、如何なる内容に関してであれ思惟が従わねばならない規則、法則としてその形式を捉えようとしてきたからである。それは、思惟が具体的にどう働くかを観察し記述する事実学ではなく、如何に働くべきかを考える規範学として成立した。そして、内容すなわち対象が如何にして成立するかを問わないかぎり、それは形式的論理学とも呼ばれた。この形式性と規範性によって論理学は不変のもの、また変化してはならないものとして存続したのである。

しかし、そうした形式性には批判がないわけではなかった。それは既に獲得された知識を整理し体系化する上では有効かつ必要であっても、新しい真理の発見に対しては役立たないという反省も生まれた。こうして、近代においては新しい知の獲得のために新たな方法が模索されたのである。デカルトの方法的懐疑、ベーコンの帰納法などがそれであった[22]。

カントもまた近代科学の実験的方法に刺激を受けた一人であった。彼は論理学の改革を目指し、新しい論理学の構築を企てた。それは、認識の対象が如何にして成立するかを問うものに他ならない。彼は伝統的論理学を一般的論理学（die allgemeine Logik）と呼ぶ一方、これと区別して新しい論理学を超越論的論理学（die transzendentale Logik）と名づけた[23]。それが超越論的と呼ばれるのは、まさしく学の資格を持つ認識とそれによって認識される対象が如何にして成立するのかをア・プリオリな条件の発見を通して解明しようとするからである。それは、『純粋理性批判』において超越論的感性論とともに超越論的原理論を構成する。認識（経験）と認識の対象が成立するには、まず時間・空間というア・プリオリな感性の形式を通して多様な感覚的素材が与えられなければならず、次に悟性がア・プリオリに所有する範疇を用いてこれを整序し統一しなければならない。こうして、対象と対象の認識に関わる感性（Sinnlichkeit）と悟性（Verstand）のア・プリオリな働きが明らかにされるのである。超越論的論理学はこの悟性の働きを分析するものに他ならない。

カントは、そうした認識の仕組みを「感性がなければわれわれに対象は与えられず、悟性なしには思惟されない」と表現した（K.d.r.V.,A51,B75.）。このことは、この仕組みから外れたものは学的認識の対象となりえないということを意味する。感性的与件たりえず悟性のみが思惟するものは独断と迷妄となる。概念なき直観は盲目だが、内容なき思想は空虚であると彼は言う（ibid.）。そして、そこに生まれる迷妄を虚偽として暴くために超越論的弁証論（die transzendentale Dialektik）を設けたのである（ibid.,A293,B349.）。これは、カントが経験を尊重する態度を取るとともに、空虚な形而上学的思弁に批判的であったことを示している。そして、自己の立場は観念論でありながら、経験的実在論（empirischer Realismus）に撞着はしないことを表明するのである（ibid.,B53.）。

こうして、超越論的論理学は積極的に内容に関与し、対象の可能性を問う論理学となる。その成果は、経験の可能性は経験の対象の可能性であるというテーゼに総括される[24]。認識の成立を問うことは、対象の成立を問うことであり、認識論は存在論となりうる。カントは、コペルニクス的転換を遂行することによって、事物一般のあり方を主観の側から考察する道を拓いたのである。ヘーゲルはこうした思想と超越論的論理学に評価を与えるのである。

カントはこの思想に超越論的観念論（transzendentaler Idealismus）という名を与えた。しかし、それは、経験的実在論と対立しないにせよ、観念論に固有の限界も有していた。それは、認識の対象を現象界に限定し、物自体（Ding an sich）の認識を不可能とするという代償を要求するのである。カントは現象（Erscheinung）の存在論は展開できても、物自体のそれは断念せざるをえなかった。物自体についての理論的認識を断念し、それを実践的信仰の対象として承認する他はなかった（ibid.BXXX.）。それによって理論的形而上学に代わる実践的形而上学が成立するが、それが「学としての形而上学は如何にして可能か」に対する答えとなるのである。

しかし、この形而上学は、信仰の対象を決して現実性を持ちえない理念（Idee）、要請（Postulat）として彼岸にとどめておく他はないものであった（ibid.A515,642,B543,670.）。これこそはカントの観念論的限界を露呈するものであり、ヘーゲルがカント哲学を反省哲学と呼ぶ所以に他ならない。ヘーゲルがその克服を哲学の課題としたことは繰り返すまでもないことである。

その克服に当たって何よりも問題となるのは、ヤコービの言葉にもあったとおり、物自体の概念を如何に処理するかであろう。「［物自体の］前提がある限りカント哲学にとどまることはできない」[25]という言葉は、もし人がカント哲学の画期的な意義を認め、何らかの意味でその後継者であろうとすれば、物自体の概念を解消しなければならないということを含意する。ヘーゲルが超越論的論理学を積極的に評価し受け継ごうとする限り、それは不可避的なことなのである。

ヘーゲルはこのことを超越論的論理学と超越論的観念論を一層深化させることによってなしたと見なされる。それは、或いは、カントが戒めた思惟の越権を含んでいると見られるかもしれない。だが、物自体の概念を更に分析するならば、それが如何に認識の手の届かないもの、彼岸とされていようとも、それ自身そのようなものとして思惟されたものにすぎず、一つの思惟物（Gedankending）にすぎないということが分かる。[26] 物自体もまた思惟によって措定されたものに他ならない。そして、およそ存在するということは、主観によって構成され措定されているということである（Sein=Position）とするのが、カントの存在テーゼなのであった（K.d.r.V.,A598,B626.）。

こうして、主観にとっての彼岸、思惟の届かないとされたものが、思惟、主観のうちに回収される。物自体は思惟の一契機となる。ここに超越論的観念論と論理学の拡張がある。だが、翻せば、それは、思惟が自己に対立するもの、自己に対して否定的なものを自己のうちに宿すということでもある。思惟は対立をうちに孕むものとしてある。しかも、自己の同一性を失うわけにはいかない。ラインホルトのように、同一性のみを思惟の原理とするのではなく、[27] 同一性のうちに非同一性を認め、同一性と非同一性の同一性（die Identität der Identität und der Nichtidentität）を主張しえなければならない。ヘーゲルはこのことを積極的になそうとする。一旦定立された同一性（A＝A）を打破し、A≠Aとしながらも、それを回収する運動にヘーゲルは弁証法（Dialektik）と思弁（Spekulation）の働きを認める。そこから見れば、反省哲学は抽象的な同一性に固執し、よって思惟を限界のうちに逼塞させるものに他ならない。ヘーゲルはそれを「悟性的」（verständig）と形容し、思惟にはなお弁証法的（dialektisch）、思弁的（spekulativ）な側面があることを示し、これら三つの面が「論理的なもの」（das Logische）を構成していると見なすのである（Enzy.,§79~82.）。

それは、反省哲学の営む思惟に対する新しい思惟の次元の開拓であった。それによって、ヘーゲルは、カント哲学の障害物、物自体の概念を乗り越えることができたのである。そこには、カントとヘーゲルの大きな隔たりが認められるかもしれない。だが、その距離を歩むことは、ヘーゲルがカントの意図を継承するために為さねばならないことであった。それによってこそ、ヘーゲルは超越論的論理学の鼓吹者となることができるのである。ここに、人は連続性が非連続性を介して成り立つ様を見ることができるであろう。

四　論理学と形而上学

このことによって、思惟は狭義の主観性から脱出する。そして、そうすることで事物一般の存在論の可能性を拓くことになる。一切のものが思惟の措定作用によってあることが認められるならば、思惟の活動はまた事物の存立でもある。いわば思惟の一元論を主張できる。それをなお観念論と呼ぶならば、主観的観念論（subjektiver Idealismus）ではなく絶対的観念論（absoluter Idealismus）と呼ぶべきであろう。[28] そこでは、伝統的に真理の定義とされてきた知と対象の一致が知のうちで成り立つ。対象を知ることは知が自己を知ることである。それは『精神の現象学』が目指した絶対知（das absolute Wissen）の境位に他ならない。知は絶対的と形容されるように、それ自身が絶対的なものとなっている。

そうした知と思惟の論述は論理学と呼ばれるべきものであろう。伝統的論理学が思惟の法則すなわち働き方の研究であったこととの類比が成り立つ。もとより、それが形式的論理学と異なることは繰り返すまでもない。カントの超越論的論理学を深化させることによってヘーゲルの論理学は成り立つ。そして、思惟が絶対的なものに高められているとすれば、それは絶対的なものの記述、しかもそれの自己記述であり、自己展開であるということにもなる。このことを裏づけるかのように、ヘーゲルは論理学のすべてのカテゴリーが絶対者の述語であると言うのである（Enzy.§85.）。

それは論理学に新たな性格を与える言明であろう。論理学は絶対者のあり方の記述として、神学、広義の存在論（Ontologie）となる。それをヘーゲルは「本来的な形而上学」（die eigentliche Metaphysik）（W.d.L.I/1.S.7.）と呼ぶのである。形而上学こそは、アリストテレスにおいて、存在としての存在の考察、存在する個々の物の特性ではなくおよそあること一般を考察するものとされ、第一哲学と名づけられたものに与えられた名称であった。[29] それは、名称の上でこそ

「メタピュシカ」として自然学の後に来るもののようでありながら、最も普遍的な存在の考察として一切の個別科学の先にあり、その根底をなすべきものであった。それをプラトン主義的キリスト教と結合するならば、世界の創造に当たって神が原型としたイデアの記述という意味を持つ。従って、ヘーゲルは、右の形而上学を「自然と有限精神の創造以前の永遠の本質における神の叙述」とも規定するわけである（W.d.L.I/1.S.34）。それは、まさしく神の思惟のうちにあるものの開示である。そうした世界の原型の叙述として、論理学は形而上学であり、存在論と称されるのである。

だが、このように見るならば、再びカントとヘーゲルの距離が問題となる。抑もカントの究極の関心は形而上学にあった。学としての形而上学は如何にして可能かが彼の問いであった。ヘーゲルは学の始元を問い、その学を形而上学として規定することによって、カントの問いに答えを与えたことになる。だが、カントの解決とヘーゲルの間には大きな隔たりがある。カントが理論的形而上学の放棄を命じたに拘わらず、ヘーゲルは再びそれを興そうとしているのである。カントからすれば、それは独断主義の再来と見えるかもしれない。彼は、『純粋理性批判』の超越論的弁証論において、伝統的形而上学の諸議論を粉砕した。それによって霊魂論、宇宙論、神学等、形而上学の諸部門は根拠のない迷妄として斥けられることになった（K.d.r.V.,A338f.,B396f.）。それらはいずれも経験不可能な物自体に関する独断的思弁に他ならないと断ぜられたのである。

ヘーゲルは、どのようにカントの判定の前に立とうとするのであろうか。彼はただカントの評決を不満とし、これに反抗しただけであろうか。彼もまたカントの警告を無視し、独断的思弁に走っただけであろうか。カントとヘーゲルの間の距離、それはまさしく形而上学の可能性をめぐって測定されねばならない。そして、このことは両者の思想の正否に関する測定でもなければならない。

もとより、カントが批判の俎上に載せた形而上学は、ライプニッツ・ヴォルフ学派の形而上学の体系において特殊形而上学（metaphysica specialis）と呼ばれたものであった。その上には一般的形而上学（metaphysica generalis）としての存在論が置かれていた。[30] その存在論はそもそもどうなったのか。しかし、近代において認識論が優位に立つことによって危機に曝されたのは、何よりも存在論であった。まさしく思惟に限界があるとすれば、事物一般の存在を語ることは不可能となるからである。だが、これに対してヘーゲルは思惟の新たな可能性を開拓することによって、存在論への道を拓こうとしたのである。測定は何よりもこの点をめぐって行われなければなるまい。

われわれは、ヘーゲルが反省哲学と如何に戦い、カント哲学の限界をどこに見出したかを見てきた。ヨーロッパの思想史の中での近代の特殊な位置を問いつつ、彼は哲学を開始した。それはカントが行った批判を更に徹底させ、批判主義の前提と帰結そのものを改めて吟味し直すという形で進められた。ヘーゲルが自らの立場を宣明しえたのは、そうした批判の批判によってに他ならない。それに対してカントは如何に反論を構築しうるのか。むしろ、そうしたことが問われることになる。

事実、ヘーゲルは、『論理の学』の随所でカントの形而上学批判に言及し検討を加えている。それを通して、彼はカントの批判の根底にあるものを剔抉し、それを超える概念を提示しようとするのである。そうすることによって彼は批判哲学の狭隘さを脱し、新たな形而上学の構築を企てたと見ることができる。しかも、それはカントの提起した問題を真摯に受け止め、カント哲学の限界を自覚し、これを一層完成されたものとしようとする意図に発したものに他ならなかった。まさに「カント哲学の完成」を目指して努力し切磋琢磨した時代の息吹の中で、ヘーゲルは論理学の理念を育んだのである。

注

（1）G.W.F.Hegel, *Enzyklopädie der philosophischen Wissenschaften*, 1817, 27, 30, in: *Werke in zwanzig Bänden*, 8, 9, 10, Frankfurt a. M. 1970. Abk.: Enzy.

（2）I.Kant, *Kritik der reinen Vernunft*, Riga 1781, 1787, Vorrede zur zweiten Auflage, BⅧ. Abk.: K.d.r.V.

（3）カントは言う。「論理学は、一般的論理学としては、悟性認識のすべての内容とその諸対象の差異を捨象し思惟の単なる形式にしか関わらない」（K.d.r.V.,A54,B78.）。これに対して、彼は「純粋悟性およびわれわれが諸対象をまったく完全にア・プリオリに思惟するための理性認識の学の理念」を示し、「それらの認識の起源、範囲並びに客観的妥当性を規定する学」を超越論的論理学と呼ぶ。「それはただ悟性と理性の諸法則に関わるのではなく、それらがア・プリオリに諸対象に関係づけられるかぎりでのみ、それらと関わるのである」（ibid.,A57,B81f.）。

（4）「私は諸対象にというよりは、諸対象についてのわれわれのア・プリオリな概念に関するすべての認識を超越論的と名づける」（K.d.r.V.,A11f.）。「私は諸対象にというよりは、諸対象についてのわれわれの認識様式がア・プリオリに可能とされるかぎり、この認識様式に一般的に関わるすべての認識を超越論的と名づける」（ibid.,B25.）

（5）C.L.Reinhold, *Über das Fundament des philosophischen Wissens*, Jena 1791, Hamburg 1978, S.78.「意識のうちで表象は主観によって客観と主観から区別されるとともに、両者に関係させられる」。

（6）G.E.Schulze, *Aenesidemus oder über die Fundamente der von Professor Reinhold gelieferten Elementarphilosophie, nebst einer Vertheidigung des Skepticismus gegen die Anmaßungen der Vernunftkritik*, 1792, Hamburg 1996. 山口祐弘「ラインホルトとシュルツェ」『哲学の歴史』第七巻、中央公論新社、二〇〇八年、参照。

（7）J.G.Fichte, *Recension des Aenesidemus, Ueber den Begriff der Wissenschaftslehre oder der sogenannten Philosophie*, 1794, in: *Fichtes Werke*, I.,Berlin 1971.

（8）前注（4）を参照。

（9）G.W.F.Hegel, *Glauben und Wissen oder die Reflexionsphilosophie der Subjectivität, in der Vollständigkeit ihrer Formen, als Kantische, Jacobische, und Fichtesche Philosophie*, Tübingen 1802, in: GW.4., Hamburg 1968, S.315.

（10）F.H.Jacobi, *Ueber den transcendentalen Idealismus*, 1788, in: *Friedrich Heinrich Jacobi, Werke*, II., Darmstadt 1980, S.304.

（11）G.W.F.Hegel, *Wissenschaft der Logik*, I（1812/13）, in: GW.,11, Hamburg 1978, S.33. Abk.: W.d.L.I. 山口祐弘「ヘーゲルにおける哲学の始元——純粋知の生成と境位——」『理想』、第六八〇号、二〇〇八年。

（12）山口祐弘『ヘーゲル哲学の思惟方法——弁証法の根源と課題——』学術出版会、二〇〇八年、二二五頁。

（13）G.W.F.Hegel, *Differenz des Fichte'schen und Schelling'schen Systems der Philosophie, in Beziehung auf Reinhold's Beyträge zur leichtern Übersicht des Zustands der Philosophie zu Anfang des 19. Jahrhunderts*, 1801, in: GW.4., Hamburg 1968.

（14）F.W.J.Schelling, *System des transzendentalen Idealismus*, 1800, in: *Schellings Werke*,2, S.327; *Darstellung meines Systems der Philosophie*, 1801, in: op.cit.,3, S.1.

(15) F.W.J.Schelling, *System des transzendentalen Idealismus*, in: op.cit., S.610.

(16) K.A.Eschenmayer, *Die Philosophie in ihrem Uebergange zur Nichtphilosophie*, Erlangen 1803, §72, S.69. そこでは、絶対的同一性から対立が発生することが説明されていない、とエッシェンマイヤーは言う。G.W.F.Hegel, *Die Phänomenologie des Geistes*, 1807, in: GW.9., Hamburg 1980, S.17, 24.

(17) 前注（16）を参照。

(18) R.Descartes, *Discours de la méthode, pour bien conduire sa raison et chercher la vérité dans les sciences*, 1637, in: *Oeuvres de Descartes*,VI., Paris 1982.

(19) Augustinus, *De Trinitate* X, 10, Hamburg 2001, S.118. "Si dubitat, dubitare se intelligere." 誰であろうと、何か自分の言うことについて疑うことがあっても、この疑いそのものについては疑うことはできない。

(20) W.d.L.I.,S.35「本質的なことは、本来、純粋に直接的なものが始まりであるということではなく、全体は自己自身において循環であり、その中では最初のものが最後のものともなり、最後のものが最初のものともなるということである」。

(21) 前注（2）を参照。

(22) 前注（17）を参照。Vgl. F.Bacon, *Novum Organum*, 1620.

(23) 前注（3）を参照。

(24) K.d.r.V.,A111.「可能的経験一般のア・プリオリな諸条件は、経験の対象の可能性の諸条件でもある」。

(25) 前注（10）を参照。

(26) G.W.F.Hegel, *Wissenschaft der Logik*.I/1.（1832）, in: GW.21., S.14.

(27) ヘーゲルはラインホルトの思惟の特徴を次のように捉える。「思惟は適用において、適用によって、適用されるものとして初めて思惟となるのではなく、その内的な性格がここで理解されなければならない。その性格とは、一にして同一なものが一にして同一なものとして、一にして同一なものによって無限に反復されうるということである。——純粋な同一性であり、一切の相互外在性、継起、併存をおのれから排除する絶対的な無限性なのである」。Dif., S.87.

(28) Enzy., §160, Zusatz.「概念の立場は総じて絶対的観念論の立場である。そして、哲学とは概念的に把握しつつ認識することである。哲学のうちでは、普通の意識にとって存在するもの、その直接性において自立的なものと見なされているすべてのものが観念的な契機として知られるにすぎないかぎりにおいてである」。

(29) Aristoteles, *Metaphysik*, 1026a30, Hamburg 1978.「もし何か或る不動の実体が存在するならば、これを対象とする学の方が一層先であり、第一の哲学であり、そしてこのように第一であるという意味でこの学は普遍的でもあろう。そして、存在をただ存在として研究すること、存在の何であるかを研究し、また存在に存在として属するその諸属性をも研究すること、これこそはまさにこの哲学のなすべきことである」。

（30） Christian Wolff, *Anmerkungen zur Deutschen Metaphysik*, Frankfurt a. M. 1740, in: *CHRISTIAN WOLFF, GESAMMELTE Werke*, I.ABT.3.; *Philosophia prima sive Ontologia*, Frankfurt/Leipzig 1736, in: op.cit., II.ABT. 3; *Vernünftige Gedanken* （２）, *Metaphysik*, Halle 1751, in: op.cit., I.ABT.2., Hildesheim/Zürich/New York 1977, 1983.

第二章　論理的観念論

序

フィヒテ、シェリング、ヘーゲルの哲学をそれぞれ倫理的、美的、論理的観念論と呼んで対照させることがある。(1)それは三者の思想の特徴を或る意味でよく言い表していると言えるかもしれない。しかし、三者が共通の類概念として「観念論」を共有し、その種として自らを位置づけることに同意するか否かは疑問である。むしろ、三者が如何なる意味で「観念論」を考えたのかは、各々の思想に即して検討しなければならない。「観念論」そのものが一義的ではないのである。

このことは、特にヘーゲルについて言われるべきことであろう。彼の哲学は影響が大きかっただけに、批判もまた少なくはなかった。恰も彼の観念論は実在論に対立するものであり、主観のうちの思弁にとどまる非現実的な哲学であるかのような評価も流布してきた。また、その論理主義が非難されることもあった。それだけに、ヘーゲルにおける論理と観念論の意味、そしてそれらと哲学の関係を明らかにすることは、彼を正しく理解するためには避けてはならないことである。

「観念論」が〈Idealismus〉の訳語であることは言うまでもない。(2)そして、〈Idealismus〉は、遡れば、ソクラテス、プラトンの「イデア」に由来する言葉である。だが、事物の原型であり理想ともされた「イデア」の意味は歴史とともに変遷してきた。とりわけ近代になって、それは精神のうちなる「心像」（image）を意味するものとなった。精神の外なる実在の事物から切り離されたものとして、それは「観念」（idea）と呼ばれる。そうした観念を考察の対象とする「観念の学」（science des idées）が生まれ、〈idéologie〉という言葉が作られた。それは、極端な場合には、外界の存在を否認する主観主義、観念とその所有者たる精神の存在しか認めないソリプシズムとなる。(3)

観念論がこのように理解される可能性を持つかぎり、ヘーゲルのイデアリスムスはどのように違うのか。ヘーゲルが前者に同調することを拒否するとすれば、それに歯止めをかけるものは何か。それに答えるものは、当面「論理的」という形容にしかありえない。そして、その意味を理解するには、ヘーゲルの論理思想を視野に入れることが必要となる。

ヘーゲルは、『精神の現象学』(4)の開拓した学の境位として、『論理の学』(5)を著した。彼は哲学が単なる「知への愛」（Liebe zum Wissen）にとどまることに納得せず、現実的な学（Wissenschaft）となることを要求した。そして、そこへの通路を拓くことを『精神の現象学』の課題としたのである。それは、自然的意識の思い込みを覆し、それが囚われている主観、客観の対立を超克し、両者が一致する次元への導きに他ならない。従って、そこにおいては主観的観念論のソリプシズムは払拭されているのである。

「論理的」という形容をこの意味で理解するならば、「イデアリスムス」の意味も自ずから限定される。そして、学としての哲学のあり方も定まることになるであろう。

ヘーゲルは「論理的なもの」（das Logische）に三つの面があることを示している。①抽象的・悟性的（abstrakt, verständig）、②否定的理性的・弁証法的（negativ-vernünftig, dialektisch）、③肯定的理性的・思弁的（positiv-vernünftig, spekulativ）な面がそれである。(6)それらは、思惟が論理的に働く際の諸側面であり、諸機能である。ヘーゲルはそれらが思惟の三つの段階を表すものではないと断っている。しかし、それらの間には、より抽象的な思惟の働きがより具体的、総合的になっていく過程が示されている。或いは、第一の面は第二、第三の面によって止揚され、逆に第三の面は第一、第二の面を前提して成り立つという関係がある。

このことは、哲学的思惟がこうした発展と運動を含んでいなければならないということを意味する。そして、その究極において哲学は思弁（Spekulation）に達し、「思弁哲学」（die spekulative Philosophie）となるのである。「思弁哲学」もまた貶称として用いられることが多いが、その意味もこの文脈において理解されることが必要である。そして、それとともに、「イデアリスムス」の内実が規定されねばならない。

こうして、「論理的なもの」から「イデアリスムス」が理解されるならば、ヘーゲルの哲学の性格はこの「論理的イデアリスムス」によって規定されることになる。本章では、こうした観点からヘーゲルにおける哲学と論理の関係を問うこととする。

一　イデアリスムスとスケプシス主義

ヘーゲルは「いかなる哲学も本質的にイデアリスムスであり、イデアリスムスを少なくとも本質としている」（W.d.L.I/1.S.142.）と言う。この言葉から、彼の哲学がイデアリスムスであることは否定しようがない。だが、イデアリスムスとは何か。「有限なものはイデール（ideell）であるという命題がイデアリスムスの本質をなす」（ibid.）と彼は言う。「イデアリスムス」と同じく「イデア」に根ざす「イデール」が有限であることを意味するとされている。そして、イデール＝有限なものは真に存在するものではないとされるのである。「哲学のイデアリスムスの本質は有限なものを真に存在するものとしては承認しないことに他ならない」（ibid.）。すなわち、イデアリスムスとは、イデールなものを肯定的に評価するどころか、真ならざるものとして否定することを意味するのである。

有限なものを否定するというかぎり、イデアリスムスは無限なもの、限りある不完全なものではなく完全なもの、理念的・理想的なものを追求するものであることになる。それはまさしく理念（Idee）、理想（Ideal）を求めて有限世界を超出しようとするのである。そのかぎり、それはプラトンの思想を継承するものであると言うことができる。しかし、同じイデアを語源としながら、「イデー」と「イデール」の間には大きな隔たりがある。イデールなものを否定することがイデアリスムスなのである。

ともあれ、有限なものとは何か。それは何故に否定されねばならないのか。有限なもの（das Endliche）、限りあるものとは、限界によって他のものから区別されているものである。それは、他のものでないとして限定されている。逆に、他のものはそれでないものとして限定されている。相互に区別され限界のうちに閉ざされているのが有限なものなのである。(7)

総じて、物事はこのような仕方で存在すると見る見方は、「悟性」（Verstand）のそれとされる。悟性は物事を分別し、区別を固持しようとするのである。その原理は同一律A＝Aであり、Aが非Aであることは断じて許さない。これを禁じるのが矛盾律である。それとともに、物事をAと非Aに切り分け、第三のものはありえないとする排中律が悟性の思惟を規制する。

悟性がこうした原理によって捉え理解したものが、有限なものに他ならない。そうであるとすれば、有限なものを否定するとは、こうした悟性的な捉え方を否定することでもある。もとより伝統的論理学が墨守してきた諸原理を無効とするわけではないにしても、ここにはそれらの妥当範囲を吟味する姿勢があると言わねばならない。(8)

そうであるとすれば、イデアリスムスとは、「論理的なもの」の第一の面とされた抽象的・悟性的な面に対する批判を含むことになる。抽象（Abstraktion）とはまさしく全体から一部分を抽出することであり、抽象的とは部分的・断片的であることと同じである。それは相対的な真理を持つとしても、絶対的な真理を持つことはできない。

およそ哲学は真正なものであるかぎり、有限なものに対するこうした否定的な態度を宿している。このことをヘーゲルはイェーナ時代初期の『スケプシス主義論』(9)において明らかにした。彼はそうした態度を「スケプシス主義」

(Skepticismus)と呼んだのである。それを懐疑的態度と同義とすることを彼は好まない。懐疑(Zweifel)とは、見解が分裂してどちらにも決めかねている状態であり、そうした曖昧な態度が推奨されるわけではないからである。「スケプシス」(σκέψις)とは本来「探究すること」という意味であり、ものごとを深く探究してその真偽を見極めることである。そうした上で、一面的で有限なものが真である主張されていることを知れば、これを真でないものとして否定するのである。「それはあらゆる有限なものの虚しさを確信するものに他ならない」(Enzy. §81.Zusatz. 2.)。その意味で、それは有限なものを真であると断定するドグマティスムス(Dogmatismus)に対立することになる。

こうして、「哲学はスケプシス的なものを一つの契機として含む」(ibid.)とヘーゲルは言う。哲学はスケプシス主義と密接な関係を持つ。また、哲学は本質的にイデアリスムスである以上、イデアリスムスはスケプシス主義と本質的な関係を持つ。そして、また、ごく普通の意識のうちにもイデアリスムスが宿っていることが明らかになる。「例えば、われわれは感覚的な事物について、それらは変化するものであると言うが、これはすなわち感覚的な事物には存在(Seyn)とともに非存在(Nichtseyn)が属すると言うことに他ならない」[10]。夏の青葉は秋には紅葉する。青い葉が青くないとは言わないにせよ、葉は常に青いわけではない。葉が青くある(存在)のうちには青くない(非存在)ものになる可能性が宿されている。「ある」と「ない」の並存、それは矛盾律を危うくするのか否かが問われることになる[11]。

二　スケプシス主義の限界

ヘーゲルがスケプシス主義として重視するのは、ピュロンを祖とする古代のスケプシス主義である。彼はそれとヒュームやシュルツェに代表される近代のスケプシス主義とを厳しく区別する[12]。後者は経験的なもの、感性・直観の真理性は認めながら、それを基礎としそこから帰納的に導かれる一般的な法則や規則の妥当性を疑わしいとする。これに対し、前者は「感性や直観を真理の原理とするどころか、何よりも感覚的なものにその鋒先を向けた」（Enzy., §39.）ことに特徴が認められる。スケプシス主義の一般的主張は次の点にあるが、それはまず感覚的なものにおいて洞察されるのである。「諸事物は可変的である。それらは存在する。だが、それらの存在は真実ではなく、それらの非存在もまた措定されている。（……）すべてのものはそれ自体においては何ものでもなく、その本質は自己を止揚することである。それらはそれ自体において可変的であり、可変的であることがそれらの持つ必然性である」（G.d.Ph.II.S.361.）。

何ものも一定不変のあり方を永遠に保持することはない。万物は移ろう。このことが世界と諸現象についての見方となる。そうした可変性の意識は、感覚的なものにとどまらず、思惟の内容にまで及ぶ。こうして、意識は「すべてのものに非真理性を認めるように形成される」（ibid.,S.362.）のである。そこに成立するのがスケプシス主義に他ならない。

論理的に表現するならば、それは、規定・限定されたものすなわち有限なものは、有限であるが故に、存在するとともに存在しないとされざるをえず、その矛盾によって崩壊することを余儀なくされる。矛盾したものは存続しえないとするこの考え方は、さしあたり矛盾律に忠実であると言える。しかし、論理学の通念と異なるところは、矛盾は思惟されえないとするのではなく、あらゆるものにその否定ないし反対が付着していることを一旦は表明することである。それは、命題Sに対して必ず命題非Sが対立することを洞察し、アンティノミー（二律背反）を定立する。「すべての言表にはそれと対等の言表が対立させられる」（παντὶ λόγῳ λόγος ἴσος ἀντίκειται.）（Verhältniss.S.208.）と言うのである。そして、そこから否定的な帰結を導くわけである。すなわち、「これこれのものは矛盾を含んでいる。従って、それは解消し、存在することはない」（G.d.Ph.II.S.360.）と言うのである。

アンティノミーを定立しながら、スケプシス主義は相対立するものの対立・拮抗をそのまま認めるわけではない。それは、主張も反対主張も意味をなさないこと、それらが互いに打ち消しあうことによって妥当性を失い、無に帰することを主張する。すべてのものに矛盾を指摘し、すべてのものは動揺するものであり、確かなものはないと見なすのである。その時、何事にも同意を与えないこと、一切の断定を中止すること（判断中止 ἐποχή）が賢明な態度であることになる。何ものにも寄りかかることなく、むしろ拠るべきもののない無の境涯に立つことによって、却って他に煩わされることのない平静不動（ἀταραξία）、自足（αὐτάρχεια）の境地にいることができる。それを目指すところに、スケプシス主義の実践的な意図があるのである。

だが、ヘーゲルはスケプシス主義の可変性の意識を高く評価しながら、このような実践的帰結に対しては、それの消極性と抽象性を批判する。なぜなら、「否定的なものそれ自身は、またもや肯定的なものに対立する一面的な規定性である」（ibid.）からである。スケプティカーの無、平静不動、自足の境地は、規定・限定されたすべてのものを捨象したものであることによって、それ自身捨象されたものに対立する一面的なものに他ならない。そうした、一面性によって、それはそれ自身有限なものなのである。従って、それもまた否定を被らねばならないことになる。

ヘーゲルはそうした一面性に固執する態度を「悟性的」と呼ぶ。従って、「スケプシス主義は悟性として振る舞っているのである」（ibid.）。そして、その固執の故に、それの実践的境地も不安定なものとなる。それは、それに対する対立物の意識を捨てることはできず、また絶えず否定すべき対象を見いだすことなしには「スケプシス」の実践もありえない。それは、否定すべきものを絶えず探し求める働きであり、止住することなき無限進行である。有限なものを否定すると言いながら、それが到達しうるのはせいぜい悪無限に他ならない。『精神の現象学』の「自己意識」の章はスケプシス主義のこうした不安定さを明らかにし、それを「不幸な意識」に繋げて行くことになる（Phä.d.G.,S.120.）。

三　弁証法の積極性

とはいえ、スケプシス主義が無意味なものとして廃却されるわけではない。ヘーゲルはそこに彼の思惟方法である弁証法（Dialektik）の端緒を見る。弁証法とは、悟性的思惟が固定せんとする有限な規定が、その有限性の故に否定を伴っており、その反対と相即してあることを洞察する。Aは非Aとの対立においてあり、「AはAである」というだけでなく「Aは非Aでない」と言われる時に、初めて規定を得る。Aはむしろ非Aを契機として成り立っているのである。従って、Aを捉えようとすれば、一旦は非Aに眼を転じなければならない。Aを捉えようとする思惟は、非Aの思惟に、すなわちそれ自身の反対に転じなければならない。この動きがヘーゲルの言う弁証法である。従って、彼は、弁証法とは有限な諸規定がそれ自身の反対（das Gegeteil ihrer selbst）に移行することであると述べるのである（Enzy., §81.）。

このことによって、弁証法は悟性的思惟を超えていく。論理的なものの第二の面として弁証法が位置づけられるのはこのためである。そこにおいて、「有限で一面的で悟性的な規定は、その真の姿において、すなわちその否定として示される」（ibid.）。スケプシス主義はこのことを素朴な仕方で捉えていたと言えよう。「有限で一面的な悟性的規定」には必ずやその否定が対立者として付随していることを、それは洞察しているのである。ただし、それはAと非Aの内在的関係の把握、Aの非Aへの移行の洞察にまでは達しなかったために、二律背反を定立することにとどまらざるをえなかった。

ヘーゲルは、「弁証法的なものが悟性によってそれだけで切り離され、そして特に学問として述べられる場合、それはスケプシス主義となる」（ibid., §81.Zusatz. 2.）と言う。反対への移行という生動的な運動を硬直的に捉え、定立と反定立の対立、すなわち二律背反として理解するところに悟性の特性が現れている。まさしく、スケプシス主義は悟性として振る舞っているのである。

これに対して、弁証法はスケプシス主義の悟性的限界を超克することによって成立する。言い換えれば、スケプシス主義はその限界を超えて自己を貫徹しなければならない。その意味で、ヘーゲルは『精神の現象学』における進行を「自己を完遂するスケプシス主義」（der sich vollbringende Skepticismus）と呼ぶ（Phä.d.G.,S.56.）。

それは、右に述べたように、対立物の瓦解した後の廃墟としての虚無に佇むのではなく、新たな発展を見るのである。『精神の現象学』においてスケプシス主義の陥る矛盾を明らかにしたヘーゲルは、この意識を無にするのではなく、その矛盾を「不幸な意識」における自己矛盾の意識として捉え返す（ibid.）。スケプシス主義が自己と対象の間の分裂と矛盾を統合することができないのに対し、これを一つの意識のうちなる分裂として捉え返すのである。そこに新たな意識形態が見いだされている。スケプシス主義を超克する一つの仕方がここに示されていると言えよう。それの孕む矛盾は新たな意識形態の発端であり、一定の内容を持っている。

このように矛盾を否定的な結果に終わらせるのではなく、新たな積極的事態として把握していくことが弁証法である。それこそは、スケプシス主義の完遂、徹底であると言うべきものであろう。否定的なもののうちに肯定的なものを認めるところに、ヘーゲルの思考法の独自性がある。「弁証法がその成果として否定的なものを持つ場合、この否定的なものはまさに成果であるから、同時に肯定的なものである。というのは、この否定的なものは、それを成果として産み出したものを止揚されたものとして含んでおり、それなしには存在しないからである」（Enzy., §81.Zusatz. 2.）。否定とは、まさに否定されたものの否定であり、これなしにはない。それは特定の内容を持っており、絶対的な無ではなく、限定された無（das bestimmte Nichts）に他ならない[13]。その内容を考えようとすれば、その反対をともに考えねばならない。反対への移行が必然的である。その意味で、弁証法は「有限な諸規定の自己止揚」であるが、反対の規定に移行することに他ならないのである。

しかも、それは対象を外から観察し、そこに偶然的に矛盾を発見するといったものではありえない。この意味の主観的・外在的弁証法に対して、ヘーゲルは客観的・内在的弁証法を要求する[14]。それは有限な諸規定の内在的な超出（das immanente Hinausgehen）であり、それらが自己自身によって自己を止揚することでなければならない。従って、そこで要求されるのは、対象をまさしく対象として立て表象する（vorstellen）ことではなく、対象そのものの中に沈潜し、その内部に発展の可能性を見いだすような考察である。そこに、恣意的・外在的な考察に対し学的と呼ばれうる次元が拓かれる。「弁証法的なものは学問的進展を内から動かす魂であり、それによってのみ内的な連関と必然性が学問の内容に入り来り、そのうちにのみ有限なものの外面的でない真の超克が含まれている原理なのである」（Enzy., §81.）

とヘーゲルは言う。そして、それこそは「現実の世界のあらゆる運動、あらゆる生命、あらゆる活動の原理」（ibid.）であるとするのである。

四　思弁的理念の活動

以上のように、弁証法とは一の規定が反対の規定に移行することである。その際、移行によって以前のものを忘れてはならない。むしろ、両規定を総合的に捉えることが肝要である。それを遂行するのが「論理的なもの」の第三の面たる「思弁的な」面である。思弁とは、弁証法が明るみに出す対立的規定を統一する働き、一の規定が他の規定に移行する運動を俯瞰する働きである。換言すれば、対立しあう規定の移行と解消のうちに含まれている肯定的なものを把握することである。それによって初めて具体的・全体的なものが捉えられることになる。

だが、この全体を単一の命題で表現することはできない。なぜなら、対立した或いは区別されたものの統一を把握しようとする時、それらを繋辞「である」で繋ぐだけでは区別の面が看過される懼れがあるからである。命題の肯定的形式に対して否定的な形式を補わなければならない。「AはBである」は「AはBでない」ことを前提して主張されるのだからである。従って、再び二律背反の形式が要求されることになる。

ヘーゲルは『スケプシス主義論』において、哲学的認識ないし理性的認識の二律背反的な構造を示していた。

「理性的認識を表現する何らかの命題において、命題の中の反省されたもの、命題に含まれる諸概念が孤立させられ、それらが結合される仕方が考察されるならば、それらが互いに矛盾しあう仕方で結合されているということが示されるに違いない」（Verhältniss.,S.208.）。

「有限なものは無限である」、「一は多である」、「個別的なものは普遍的なものである」といった命題が理性命題

(Vernunftsatz) と言われているものである。それらにおいては、互いに矛盾しあう概念が主語と述語として結合されている。「一方は他方を排除する」(ibid.)。だが、「一方は他方との対立があってのみ規定されることができる」(ibid.) のである。しかし、「両者が一つのものとして結合されるならば、その結合は矛盾を含み、両者は同時に否定される」(ibid.)[15] ことになる。理性命題はそうした関係を表現しているのである。

そして、この矛盾が露呈するならば、理性命題は対立しあう二つの命題に分裂し、二律背反を生じる。「個別的なものは普遍的なものである」——「個別的なものは普遍的なものでない」のようにである。こうして、哲学はその最高の表現形式においてもスケプシス主義を宿していることになる。ヘーゲルは言う。「すべてのそのような理性命題は二つの端的に矛盾する命題に解体されるのであるから、スケプシス主義の原理——すべての言表には対等の言表が対立させられる——が最も強く現れる」(ibid.)。

このことは、『スケプシス主義論』に先立つ『差異論文』において、「二律背反は知と真理の最高の表現形式である」[16] とされていたことと符合する。意識に対して絶対者を構成するという課題を反省 (Reflexion) によって果たそうとする時、反省による措定は一面的たらざるをえず、その反対命題による補いを必要とするということがその理由であった。但し、その必要は、反省すなわち悟性的反省が絶対者の認識に携わろうとすることから生じたのである。二律背反は、その意味で、「悟性による理性の最高の形式的表現」(Dif.,S.26.) に他ならない。

それと同様に、ヘーゲルはスケプシス主義を「絶対者認識の否定的側面」(Verhältniss.,S.207.) として限定する。スケプシス主義と弁証法の相違からスケプシス主義と哲学の相違も明らかであるが、相反する命題を相互否定によって無に解消するスケプシス主義に対して、弁証法的移行の総合的把握としての哲学的認識は相対立する命題を相対立するままに保存するのである。それはまさに対立しあうものを自己の契機として含むものに他ならない。そして、それこそは区別に固執する悟性的反省にはなしえないことなのである。「最高の表現形式」において悟性が直面する崩壊の危機に対して、『差異論文』は「超越論的直観」(die transzendentale Anschauung) に支えを求めねばならなかった (Dif.,S.28.)[17]。

体系期のヘーゲルはそうした総合の働きを「思弁的理念」（die spekulative Idee）に求めている。

「思弁的理念は規定されたものではなく、命題のうちにある一面性を持つわけでもなく、有限でもない。それはまったく否定的なものを自己のうちに持っており、自己自身のうちに対立を含んでいる。（……）この理念そのものが外に向かって再び規定されたものである場合には、それは否定的なものにさらされている。だが、まさに自己自身を次のような仕方で前進させるということが理念の本性であり、実在性なのである。すなわち、規定されたものとしての理念が再び対立する被規定者との統一に達し、そのようにして自己を全体へと組織することである」（G.d.Ph.II.,S.397.）。

有限な一面的規定性を超克して対立者との統一に達しようとする運動が理念（Idee）に他ならない。そして、イデー――イデアリスムスの繋がりからすれば、イデアリスムスにはこのようなイデーの説という積極的な意味がなければならない。「思弁哲学のイデアリスムスは全体性の原理を持ち、抽象的な悟性規定の一面性を包括しているのである」（Enzy.,§82.）。また、それとともに、イデールという形容詞もこの意味のイデーに通じているはずである。ヘーゲルは、全体を統括する普遍的原理的なものをイデールと形容している。

「有限なものそのものに真実で究極的かつ絶対的な存在を帰する哲学は、哲学の名には値しないであろう。古代哲学であれ近代哲学であれ、哲学において原理とされたもの、すなわち水、物質、アトムは思想であり、普遍的なもの、イデールなものであって、直接的に見いだされるもの、すなわち感覚的個別性の形をとったものではない。あのタレースの水ですらそうである。たとえ経験的な水であっても、それは同時になおすべての他のものの自体ないし本質なのだからである」（W.d.L.I/1.S.142.）。

そして、有限なものがイデールとされるのは、このような普遍的なものによって措定されたものという意味においてであることが示される。

「他のものは自立的で自己において基礎づけられてはおらず、他のもの、水から措定されたもの、すなわちイデールなものだからである」（ibid.）。

そのようなものとして、イデールなものは原理のうちに根拠を持ち、そこにおいて止揚されるべきものとしてある。「イデール」が否定的な意味で用いられるのも、このような連関においてのことである。

従って、「イデール」には二つの意味がある。「一方ではイデールなものは、真に存在するものであるが、他方ではまたその契機がイデールなものであり、そこにおいて止揚されたものである」（ibid.S.143.）。ただし、両者は密接な関係を有し、合して一つの全体を表現しているのである。すなわち、原理としてのイデールなものが有限なものを措定し、有限なものを契機として保存しているという事態である。或いは、有限なものは有限であることによって止揚されるが、それによって廃棄されるのではなく、全体へと組織され、全体を構成する契機として肯定されるのである。

いずれにせよ、「一つの具体的な全体があり、諸契機はそれから不可分である」（ibid.）という体制が、「イデール」によって示されているのである。その意味で、それは一つの体系を示そうとするものに他ならない。換言すれば、一つの哲学が何らかの原理を持ち、この原理によって措定された契機を含む体系であろうとするならば、それは必然的にイデアリスムスたらざるをえないことが示されているのである。

こうして、ヘーゲルにおけるイデアリスムスの全体像が明らかになる。それは、諸々の規定を区別しつつ限界づけ、そうすることにおいてその限界を超えて包括的な全体に到達しようとする不断の運動である。そうした全体への志向によって、それは理想主義（Idealismus）と呼ばれてもよいかもしれない。そして、そのような運動を担うものとして、思惟は悟性的規定に固執するドグマティスムスに対しスケプシス主義に接近する。但し、スケプシス主義の否定的な一面性に対しては、より徹底したスケプシス主義、弁証法でなければならない。そして、右に見た総合の働きを遂行するのである。

「論理的なもの」のこれらの側面を具備することによって、ヘーゲルのイデアリスムスはすぐれて論理的であると言うことができる。それが論理的観念論（イデアリスムス）と呼ばれる所以は、思惟の論理的な振る舞いの諸側面を完全に体しているからに他ならない。そして、ヘーゲル哲学の特性を知る鍵もここに見出されるのである。

注

（1）R.Kroner, *Von Kant bis Hegel*, Tübingen 1961, Bd.1, S.545, Bd.2, S.79, 273.

（2）ヘーゲルの〈Idealismus〉を「観念論」と訳すことの問題性については、中埜肇『ヘーゲル哲学の根本にあるもの』以文社、一九七四年、九頁参照。

（3）こうした観念論的傾向の創始者は、デカルトである。彼は方法的懐疑によってそれ以上疑うことのできない確実なものを探求したが、さしあたり手にしたのは「考える私」とそれの持つ「観念」のみであった。この観念に対応する事物が現実に存在することは、改めて証明されるべきこととなる（外界存在証明）。この証明に信頼を寄せるか否かによって、様々な観念論のタイプが生まれる。カントは外界の存在を疑わしいとするか或いは不可能とするかに応じて、「蓋然的観念論」（problematischer Idealismus）と「独断的観念論」（dogmatischer Idealismus）を区別した。そして、前者をデカルトの見解とし、後者をバークリのそれとしたのである。I.Kant, *Kritik der reinen Vernunft*, 1781, 1787, B274.　ロックやコンディヤックの思想に基づき「観念の学」を新しい学問として導入したのは、デステュット・ドゥ・トゥラシーDestutt de Tracy（1754-1834）である。A.-L.-C. Destutt de Tracy, *Élements de d'idéologie*, Paris 1801.

（4）G.W.F.Hegel, *Die Phänomenologie des Geistes*, 1807, in: GW.9, Hamburg 1980, S.11.

（5）G.W.F.Hegel, *Wissenschaft der Logik*.I.（1812-3）.II.（1816）.I/1.（1832）, in: GW.11., 12, 21, Hamburg 1978, 1981, 1985. Abk.: W.d.L.I.,II.,I/1.

（6）G.W.F.Hegel, *Enzyklopädie der philosophischen Wissenschaften*, §79, in: *Werke in zwanzig Bänden*, 8, Frankfurt a.M. 1970. Abk.: Enzy.（α）「悟性としての思惟は、固定した規定性と他の規定性に対するそれの区別のもとに立ち止まる。そのような制限された

抽象物がこの思惟にとってはそれだけで存立し存在するものとして妥当する」（Enzy.,§80）。（β）「弁証法的な契機は、そうした有限な諸規定が自ら自己を止揚しそれに対立する規定に移行することである」（ibid.,§81）。（γ）「思弁的なものないし肯定的理性的なものは、対立のうちにある諸規定の統一、それらが解体し移行することの中に含まれている肯定的なものを捉える」（ibid.,§82）。

（7）ヘーゲルは「内在的な限界を持った或るものが（……）有限なものである」と言う。限界（Grenze）によって或るもの（Etwas）は他のものを否定するが、他のもの（Anderes）も或るものを否定する。このように双方を互いから分離するのが限界である。そのかぎり、限界においては双方ともが否定される。だが、限界は各々がそれであることを保障するものでもあるから、各々はそれによってある。従って、「限界とは、或るものと他のものがあるとともにあらぬことになる媒介である」。限界のこうした矛盾によって、或るものは自己自身を超えていくことになる。それは他のものとなり、変化するのである。W.d.L.I/1.S.113ff.

（8）矛盾律や排中律が物事を区別、対立の相において見ることを強いるのに対し、区別されたものの関係性を見る見地からすれば、それらの原理の妥当性は限定されたものとなる。

（9）G.W.F.Hegel, *Verhältniss des Skepticismus zur Philosophie*, 1802, in: GW.4., Hamburg 1968, S.206. Abk.: Verhältniss.

（10）G.W.F.Hegel, *Vorlesungen über die Geschichte der Philosophie*, II, in: *Werke in zwanzig Bänden*, 19, Frankfurt a.M. 1971S.361. Abk.: G.d.ph.II.

（11）夏には青かったものが秋には青くなくなったということは矛盾ではない。アリストテレスは、矛盾が生じる条件として、「同時に、同じ事情のもとで」ということを挙げている。しかし、「青くある」は「赤くない」ことである以上、「青くある」は対立のうちにあり、「青くない」ことと相即的である。それは、「青くないものでない」ことである。或いは、「青くある」は「青くない」ことによって際だたせられる。存在と非存在が並存しているという事情が見られねばならない。

（12）古代スケプシス主義の歴史については、山口祐弘『ヘーゲル哲学の思惟方法――弁証法の根源と課題――』学術出版会、二〇〇七年、二四〇頁以下参照。古代のスケプシス主義者アイネシデモスの名を借りたシュルツェは、ラインホルトの意識律に批判を加え、フィヒテの根本命題論と知識学を動機づけた。山口祐弘「ラインホルトとシュルツェ」『哲学の歴史』第七巻、中央公論新社、二〇〇七年、参照。

（13）Vgl. W.d.L.I/1.S.89; Phä.d.G.,S.57.

（14）ヘーゲルはプロタゴラスに代表されるソフィストやソクラテスの弁証法を主観的・外在的弁証法と理解し、エレア派のゼノンのそれを客観的弁証法と評する。しかし、後者もまた運動否定論に見られるように、消極的・否定的な結果を導くだけであり、弁証法を客観的なものの理法とするには至っていないとする。真に客観的・内在的な弁証法を説いたのはヘラクレイトスであった。山口祐弘『ヘーゲル哲学の思惟方法』、学術出版会、二〇〇七年、二四四頁参照。

（15）理性命題はまた思弁的命題（der spekulative Satz）とも呼ばれる。相反するものを結合する形として、それは無限判断（das unendliche Urteil）と同じ構造を持つ。

（16）G.W.F.Hegel, *Differenz des Fichte'schen und Scheling'schen Systems der Philosophie, in Beziehung auf Reinhold's Beyträge zur leichtern Übersicht des Zustands der Philosophie zu Anfang des neunzehnten Jahrhunderts, erstes Heft*, 1801, in: GW.4.S.26.

（17）Vgl. Enzy., §82.Zusatz.　直観の不可欠性について、ヘーゲルは次のように言う。「いったい直観なくして哲学するとはどういうことであろうか？　絶対的な有限性のうちで際限なく分散することである」（Dif.S.28.）。この分散を避けることができないのが悟性的反省であり、それが直観と合一されることで哲学知が成立するのである。この直観と一体となった知が後述の「思弁」（Spekulation）に他ならない。「直観」は「思弁」に吸収されて、やがて術語としては用いられなくなる。

第三章　存在観の転換

序

ヘーゲルは論理学にロゴスの学という意味を持たせた[1]。ロゴスとは、古来、人間の思考の働きの表現としての言葉を意味するのみならず、宇宙を貫く理法のことでもあった。それは、アナクサゴラスの「ヌース」に相当する[2]。彼は、宇宙はヌースによって貫かれていると語ったのである。その思想は、『新約聖書』「ヨハネ伝」冒頭の「初めに言葉があった、そしてすべてのものは言葉によって成った[3]」という記述を想起させる。

ヘーゲルは、こうした思想を復活させつつ、論理学を形而上学ないし存在論として展開しようとしたのである[4]。だが、そのことが可能となるためには、単に思惟と存在の一致を説く素朴実在論に戻るだけでは十分ではなく、近代の主観主義的・観念論的傾向を打破し超克しなければならなかった。思惟と存在の対立に固執することから生ずる矛盾やアポリアを解消し、両者の一致を確認した上で新たな実在論を構築しなければならなかった。それは素朴実在論をも主観的観念論をも止揚した観念＝実在論を構築することに他ならない[5]。

そこにおいて、思惟は存在であり、存在は思惟であると言われうることになる。思惟とその働きは存在とその運動に他ならない。その境位に達するために、ヘーゲルは対象との対立に囚われている自然的意識を克服すべく、『意識の経験の学』すなわち『精神の現象学』を執筆しなければならなかった。[6] その到達点たる絶対知（das absolute Wissen）（Phä.d.G.,S.422.）は、自己を知るのみの純粋知（das reine Wissen）であり、如何なる対立にも繋縛されない自由な知である。そして、それが「純粋存在」（das reine Seyn）と呼び換えられ（W.d.L.I/1.S.55.）、『論理の学』の冒頭に置かれることになるのである。

こうして、ヘーゲルは新たな存在概念を獲得することになる。それは、思惟ないし知としての存在であり、存在としての思惟ないし知である。そして、それこそがロゴスと称されるものに他ならない。そこでは、存在は不動のものではなく、思惟とともに動くものであることになる。パルメニデスが「あるものはある」[7] として存在の不動性を説き、不変性をこそ真理の徴標であるとしたのに対し、存在の可動性を主張するところにヘーゲルの独自性が認められる。そこには、伝統的な存在観と真理観の根底的な転換があると言わねばならない。その転換の意味は何であったか、それは存在、真理思想に如何なる結果をもたらしたか、を考えることが課題となる。

一　実体的真理観から主体的真理観へ

これまでの考察によれば、存在を「AはAである」としか言わせない牢固な同一性原理のもとに置かれ閉ざされたものとしてではなく、自己を開き開示する（sich offenbaren, manifestieren）ものとして捉えることがヘーゲルの意図するところであった。彼は、そうした自己開示を現象する（erscheinen）ことと表現した。真に存在するものを絶対者と呼ぶならば、絶対者は世界を超越し隔絶された彼岸にあるのではなく、世界となって現象するものであることを認めなければならない。そうした要求を、ヘーゲルは「真なるものを実体（Substanz）としてではなく、それに劣らず主体（Subjekt）として捉え表現することが肝要である」（Phä.d.G.,S.18.）と言い表したのである。真なるもの、絶対者は現象する主体であり、「現象する絶対者」（das erscheinende Absolute）であるとすることが、ヘーゲルの意図であった。[8]

では、そうした「現象する絶対者」という思想そのものをヘーゲルは如何にして獲得することができたのか。単に歴史的な追跡にとどまらず、その正当化を求めようとすれば、『論理の学』そのものの中にそれを見出さねばならない。『論理の学』が一切の学の中心であり基礎であるとすれば、その根拠をそれ自身の中に持たねばならず、その展開自身がその根拠を明らかにすることでなければならない。前に向かっての進行は根拠に向かっての背進である。すなわち、『論理の学』の論述は、真理が主体であることの証明でなければならないのである。『論理の学』の第三巻が[9]「主観（主体）的論理学」（die subjective Logik）と呼ばれ、「概念論」（Begriffslehre）とされることの意味はここにある。論述のすべては主体の概念に向けての進行である。そして、「概念論」においてこそ主体たる真理が何であるかが、最も具体的に示されることになるはずである。だが、「概念論」が「存在論」、「本質論」を前段階としている以上[10]、これらの巻に実体的真理観から主体的真理観に至るための議論は見出されなければならない。

「存在論」の冒頭において、「あるものはある」として、「存在」（Seyn）の不動の自己同一性を確保しようとしたパルメニデスの真理観は揺るがされる。そうした同一性命題は何も語ったことにならず、「存在」を無規定とすることによって、却ってその反対、「無」（Nichts）とすることが露呈する[11]。しかも、それは、無規定性（Unbestimmtheit）という規定性（Bestimmtheit）を持つことになる。一切の規定を超えていると考えられるものが直ちに限定されたものとなっているという逆説が認められる。これは、抽象的な同一性の形式A＝Aによって真理を語ろうとすることの虚しさを示すものである。それは、絶対的なもの、無限定かつ無限なものを相対的なもの、有限なものを捨象したものとして考えることが不当であることを物語っている。

ヘーゲルは「如何にして無限なものが自己の外に出て有限性に達するのかに答えることが、しばしば哲学の本質的課題と見なされる」と記している（ibid.S.139.）。それは、ヘーゲル自身の課題であることを示唆していると言えるが、この問いそのものに対するヘーゲルの批判的な姿勢を表してもいる。無限なものを有限なものから分離した上で、前者から後者が如何にして発出するのかと問うことは、すでに無限なものを有限なものに転化させた上での問いであり、無限なものは有限なものであると語っているに等しいからである。ここから導かれるのは、無限なものを有限なものから分離して考えることは意味をなさず、無限なものは有限なものを宿すものとして考えなければならないということである。ヘーゲルは前のように考えられた無限を「悪無限」（die schlechte Unendlichkeit）もしくは「抽象的一面的無限」（das abstracte einseitige Unendliche）と呼び、後のように考えられた無限を「真無限」（das wahrhafte Unendliche）と呼ぶ（ibid. S.124.）。後者は、特殊なものを捨象した抽象的普遍に対して、特殊なものを包摂する「具体的普遍」（die concrete Allgemeinheit）（W.d.L.II.S.80.88.159.）の概念に対応する。

そうした無限なものは、それに対立するもののない全体でなければならない。全体こそは、他に対することなく「それだけである」（für sich sein）と言えるものである（W.d.L.I/1.S.144.）。それは、一切の有限なものを自己の契機として包括し、諸契機となって展開するとともに、それらを自己に向けて収斂させるものである。そこに一と多の統一が成立する。

だが、すべての有限者が一なるものの契機となることは、それら相互の質的差異を失い、多くの同じ一となることである。ここに「量」（Größe, Quantität）の概念が成立する（ibid.S.173.）。質的な差異に無頓着に増減するのが「量」である。だが、量の変化は質的変化と無関係とは言えない。量の増減がものの「質」（Qualität）を変化させることがある。質と量の統一としての「質量」（Maass, Maß）の概念が生まれる（ibid.S.323.）。ものは一定の量によってその特性を持つ。ある特性を持ったものは、固有の量を持つ。このような形で成り立っているのが「質量」である。それは、量が一定の限度を超えれば、違った質になるということを意味する。こうして、量の変化に従って順次に異なったものが生成するという過程が見られる。ヘーゲルはそれを「結節線」（Knotenlinie）と呼ぶ。

諸々のものが異なっていながら一つの線上にあるという事情は、根底に一つの基体（Substrat）があって、それが様々な形態で現れるという見方を生む。根底に無差別的なものがあって、それが差別あるものとして現出するというのである。それは、「本質」(Wesen)とその「現象」(Erscheinung)という関係として捉え返される。ヘーゲルはこの構造をシェリングの「絶対的無差別」(die absolute Indifferenz)の概念に読み込む(ibid.,S.373.)。「無差別」(Indifferenz)とは、一切の規定性に対して無関係な(indifferent)存在、抽象的な無関係性としての存在に対して用いられる表現である。だが、それに「絶対的」という形容がつけられるならば、一切の規定性(質、量、質量)を否定することによって媒介され単純な統一となったものとなる。それは、まさに否定を介してあるものとして、否定されたものと不可分である。これらは、絶対的無差別を基体とし、その状態としてこれに付帯していることになる。しかも、外在的なものとして付帯しているだけではなく、まさにそうであるが故に消滅するもの、自己を止揚するものとしてある。そして、この消滅、自己止揚の結果こそが無差別なのである。その意味で、それは存在の一切の規定の否定によって媒介されたものに他ならず、しかもそれらの規定は無差別のうちに帰入していると言わねばならない。換言すれば、無差別は否定的な関係を含んでおり、具体的なものである。それはもはや基体とすら呼ぶべきものではない。それは、諸規定を自らの定在となす存在なのである。

それをその定在となお対立していると見なすとすれば、外在的反省の見地に立っているからである。区別された定在が自己を止揚し統一に達することがその規定なのであり、しかも、統一とは絶対的な否定性であり、無関係性としての自己自身に対する無関係性なのである。

こうして、無差別とは自己に対する単純で無限な否定的関係であり、自己自身から自己を突き離すこと、自己自身との非両立性と言われることになる。諸規定はそれから突き離されたものとしてあるが、自存するのでも放置されるのでもなく、統一に属し、それによって支えられている。とはいえ、統一から突き離されたものとしてあるのである。それらは、ただある(nur seiend)のではなく、措定された(gesetzt)ものとしてあるのである。

こうして、無関係性としての存在も区別された諸規定の無媒介性もともに止揚される。存在論の冒頭における直接的な存在は止揚され、単純な自己関係のみがあることになる。ここから見れば、冒頭の直接的存在自身がこの関係の一契機でしかなかったことが明らかになる。存在は、こうした自らの止揚を通して自己と一体となった存在、すなわち「本質」（Wesen）となる。無規定な存在から始められた「存在論」は、「本質論」に移行するのである（W.d.L.I.S.230, 237; ibid.,I/1.S.381.）。

二　絶対者と反省

本質は、存在の背後に隠れ潜んでいるものではない。存在の止揚によってなったものとして、本質は存在を宿し、またそれへと表出する（scheinen）ものに他ならない。表出は影像（Schein）を生じる。しかし、それは、本質の影像として、本質から分離されず、そこへと還帰する。ヘーゲルはこの運動を「反省」（Reflexion）と呼ぶ（W.d.L.I.S.244.）。〈Reflexion〉は、もと、光源から発出した光が反射され、反転して光源のもとに帰ってくる運動を表す言葉であった。光源は反射光によって照らし出される。本質もまた、表出することにより、表出を通して明るみに出る。まさしく、隠れた性質ではなく、隈無く明るみに出た本質を、ヘーゲルは「現実性」（Wirklichkeit）と呼ぶ（ibid.S.369.）。それは、隠れた実体であった絶対者がその覆いを拭い去ったところである。絶対者と反省の関係はどのようなものであるのかが見届けられなければならない。

規定・限定されたもの、有限かつ相対的なものを超越したものとして絶対者を考えるならば、それをそれ自身は規定を持たないもの、無規定・無限定な（unbestimmt）ものとしていることになる。スピノザの実体、シェリングの絶対的無差別はそうした見方の産物であった[12]。ヘーゲルは、スピノザの実体論を無世界説（Akosmismus）と呼んだ[13]。また、シェリングの絶対的無差別を「すべての牛が黒くなる夜」と評した（Phä.d.G.S.17.）。それらによって「単純で純粋な同一性」が思念されているとしても、「一切の述語の否定」と「空虚なもの」の想念があるだけとなる（W.d.L.I.S.370.）。人は、それらを考えるためには、一切の規定を否定しなければならない。ヘーゲルはそれを「絶対的同一性」（die absolute Identität）と表現する。「そのうちには生成はない。なぜなら、絶対者は存在ではないからである。また、それは、自己を反省する規定作用でもない。なぜなら、それは、自己のうちでのみ自己を規定する本質ではないからである。また、それは自己を外化するのでもない。なぜなら、それは内なるものと外なるものとの同一性としてあるからである」（ibid.,S.371.）。

反省はそこから除外されている。「反省は同一性に対して外在的である」。従って、反省に残された仕事は、「その働きを絶対者のうちで止揚することでしかない」。そうすることが、絶対者への道であり、絶対者への通路を拓くとなのである。絶対者はそうした否定の道を通ってのみ開示される。ヘーゲルは、それを絶対者の否定的な開示（Auslegung）と呼ぶ（ibid.）。

だが、翻って見るならば、反省がそれの生み出す諸規定とともにそのように否定されることは、それらが絶対者に関係づけられることである。否定されることは没落する（zugrundegehen）ことである。だが、没落とは、根拠に帰る（zum Grunde gehen）ことであり、自らの根拠を見出し、そこに立脚することである。「有限なものは、それが没落することにおいて絶対者に関係しており、絶対者をそれ自身のうちに含んでいるという本性を示すのである」（ibid.,S.372.）。それらは、絶対者の影像に他ならなかったのであり、絶対者がそれに存立を与えていると見なされる。「影像が影像であるのは、絶対者がその中で表出するかぎりにおいてである」（ibid.）。従って、絶対者の否定的開示とされたものは、その肯定的開示でもあることになる。

こうして、絶対者と有限なものの隔たりはなくなる。絶対者は有限なものとして現象するものに他ならず、自己自身を開示するものである。「絶対者の開示は絶対者自身の働き」に他ならない（ibid.）。こうして、自己自身を開示するもの、現象するものとしての絶対者観が獲得される。それこそは、有限なもの、相対的なものを真に超越した絶対者、すなわちそれらに対立したものではなく、それらとの関係を保持し、それらを包摂するものとしての絶対者、真無限としての絶対者の思想に他ならない。それは「絶対的絶対者」（das absolut Absolute）と名づけられる（ibid.,S.373.）。

それは、形式において自己に還帰した絶対者、形式と内容の区別がなく、形式が内容に等しい絶対者である、とヘーゲルは言う。

ここから見れば、一切の規定を捨象した抽象的同一性、絶対的同一性としての絶対者は、相対的な絶対者にすぎない。それは、反省が外在的な視点から諸規定を捨象することによって措定したものである。それは、無規定であると言っても、規定性に対立した一規定性であり、規定された絶対者である。それは外的反省が絶対者に付与（attribuo）した規定に他ならない。とはいえ、絶対者が一切の規定を包摂するものである以上、その規定を排除することはできない。それは、絶対者に付与された「属性」（Attribut）として、絶対者に帰属することになる。言い換えれば、単純な同一性という規定のうちにある絶対者が属性なのである。

絶対的同一性が一つの規定であるということは、幾つもの属性があることを示唆する。スピノザは、実体に無数の属性があることを認めていた。また、属性が規定であるということは、それが止揚されるべきものであることを意味する。それは否定的なものとしての否定的なものである。それは、単純な絶対者の中に沈められるべき虚しいもの、外的影像にすぎない。ヘーゲルはこれを「様態」（Modus）と呼ぶ（ibid.,S.374.）。

属性には、（一）、単純な自己同一性のうちにあるものとしての絶対者という意味と、（二）、否定的なものとしての否定的なものという意味の二つの意味があることになる。属性はこの二つを繋ぐ媒辞である。そして、第二の意味が様態と呼ばれるものに他ならない。従って、属性は絶対者の内なるものとされるにせよ、自己を様態として措定することを自己の規定とする。それによって、絶対者は自己の外にあることになり、可変性と偶然性に曝されることになる。形式と内容的諸規定を欠く多様となるのである。

とはいえ、様態は絶対者が外にあることであり外在性であるとしても、その外在性は捉え返されている。それは、外在性として措定された外在性であり、絶対者に無関係ではなく、そのもとに連れ戻される。それは、絶対者である自己同一性である。すなわち、絶対者は様態を外在性として措定することによってこそ、絶対的な同一性なのである。

そこには、否定の否定、自己に関係する否定性がある。こうして、絶対者が自己を外化し、外化したものを回収することによって自己に還帰するという運動が完結する。「絶対的同一性から始まり、属性、さらに様態に移行することによって、（スピノザにおける）絶対者の開示は完全に諸契機を辿り通すのである」（ibid.,S.375.）。「最初の無差別的同一性としての絶対者は、それ自身規定された絶対者ないし属性にすぎない。それは、まだ反省されていない絶対者である。この規定性は規定性であるために反省する運動に属している。それによってのみ、絶対者は最初の同一的なものとして規定されているのである。同様に、それを通してのみ、絶対者は絶対的な形式を持ち、自己に等しくあるものではなく、自己自身に等しいものとして措定するものなのである」（ibid.）。様態は、まさしく絶対者自身の反省の運動の一契機に他ならなかったのである。それは、絶対者が自己を啓示すべく反省を遂行するものであること、自己を啓示する（offenbaren）ことが、その内容であることを意味している。絶対者は自己を啓示し現象するものであるという現象する絶対者の思想が確立されているのである。

ヘーゲルは、スピノザ主義の批判は外在的批判であってはならない、と言う。その真の論駁には、その立場を先ず本質的で必然的なものとして認め、次にこの立場が自己自身に基づいてより以上の立場に達することを見るという形を取らねばならない（W.d.L.II.,S.15.）。彼は、「実体性の関係」（das Verhältniß der Substantialität）は、自体的かつ対自的に考察されるならば、概念（Begriff）に移行する（ibid.）ということを見届けることによってそれをなし遂げようとする。

実体とは一切の可能性と現実性を自己のうちに含む絶対的な本質であり、自己自身にのみ関係する否定性としての同一性である。ヘーゲルはこれを「絶対的な力」（die absolute Macht）と呼ぶ（W.d.L.I.,S.395; ibid.II.,S.12.）。

絶対的な力としての実体は、自己を区別して諸々の実体となる。それは、受動的な実体（die passive Substanz）と能動的な実体（die aktive Substanz）の関係になる。能動的な実体は受動的な実体をその制約として前提し、これに関係する。関係するとは、この他なる前提を止揚し、措定することである。能動的な実体は、これによって原因（Ursache）となる。これに対して、受動的な実体は措定されてあることであり、原因の結果（Wirkung）を受け入れる。そのことによって、それは別の規定を獲得する。だが、それにとっての別の規定とは、原因性（Ursachlichkeit）に他ならない。それによって、それは、それ自身原因、力、活動性となる。それ故、原因が措定するのは、自己と同一の原因自身である。作用は、原因を他のものに移し置くことであり、措定されてあることとすることである。それは、結果の中でそれのあるものとして示される。原因は結果となり、結果は原因となって、各々はそれ自身の反対となる。両者は同じものとなり、否定的関係は同一的関係である。実体は、自己自身の反対の中でのみ自己自身と同一であることになる。そこに、絶対的同一性の本質が認められるのである。

そのため、原因と結果、能動的実体と受動的実体という区別は仮象であったことが明らかとなる。自体的・根源的にあるものとして前提されていたものは、止揚される。それは対自化される。こうして、絶対的実体は自己自身に還帰し、絶対性を回復する。しかも、自己を区別し措定されたものとなった中で、そうするのである。絶対的にあること、すなわち自体的対自的にあることが、措定されてあることを通して初めて成就する。ヘーゲルはこれを無限なものの自己自身のうちへの反省（Reflexion des Unendlichen in sich selbst）と表現し、実体の完成（die Vollendung der Substanz）と言う。そして、それを実体以上のもの、概念（Begriff）、主体（Subjekt）であるとする。実体性の関係は概念に移行する。それは、概念こそが実体の真理であり、実体の開示であって、その覆いを取り除き、盲目的な必然性から解放された自由の境地であることを意味する（W.d.L.I.S.409.）。

三　概念の具体性

「概念論」において、ヘーゲルは「概念の概念」を提示する。「概念は、自己自身への単純な自己関係のうちにある絶対的な規定性である。だが、この規定性も、自己自身にのみ関係するものとして、直ちに単純な同一性である。規定性がこのように自己自身に関係するということは、規定性が自己と合致することである。だがまた、規定性を否定することに他ならない。「概念とは、自己とのかかる同等性として普遍的なものである。とはいえ、この同一性は同様に否定性という規定を有している。同一性は自己自身に関係する否定ないし規定性である。従って、概念は個別的なもの（das Einzelne）である」（W.d.L.II.,S.16.）。

概念（A）が自己自身への単純な関係のうちにあることをA＝Aと表記するならば、それは空虚な同一性を表現するにすぎない。それは、具体性を欠いた無であり、具体性に対立する規定性である。Aでないものに対立するAである（A≠-A）。それは同一性を示しているとしても、普遍的なものの同一性ではなく、規定性Bの同一性にすぎない（B＝B）。それは特殊なものである。そして、それは、それが捨象しているものとの関係を宿している。よって、それはこの関係を顕在化させねばならない。規定性Bは再び否定される。かくて、規定性の否定としての普遍的なもの（das Allgemeine）が現出するのである。だが、それは規定性の否定によって成立するのであるから、否定性（Negativität）であって、規定性から離れるわけにはいかない。その自己同一性は自己否定的なものであり、自己を規定性にもたらしつつこれを止揚する運動なのである。ヘーゲルはこのようなあり方を「個別性」（die Einzelheit）と呼ぶのである（ibid.,S.32, 49.）。

ヘーゲルはこうした概念の現存を「自我」（Ich）に見出す。「自我は、概念として現存するに至った純粋概念それ自身である」（ibid.,S.17.）。彼はそれをカントの「超越論的統覚」（die transzendentale Apperzeption）に結びつけ、「概念の本質をなす統一は、統覚の根源的総合的統一として、〈私は考える〉もしくは自己意識の統一として認識される」と述べる（ibid.,S.17f.）。そして、この認識こそは『純粋理性批判』の最も深く最も正しい洞察の一つであると評する。

こうした概念としての自我は、次のような本性を持つ。「自我とは、第一に、自己自身に関係するこの純粋な統一である。だが、直接的にそうだというのではなく、一切の規定性と内容を捨象し無制限な自己同等性へと還帰するかぎりにおいてである。従って、自我は普遍性である。それは統一である。だが、捨象する働きとして現れるあの否定的な振る舞いによってのみ自己との統一なのであり、それによって一切の規定されたあり方を解消されたものとして含む統一に他ならない。第二に、自我はまた直ちに自己自身に関係する否定性として個別性であり、絶対的に規定されたものであって、他者に対立し他者を排除するものに他ならない。それは、個体的な人格（Persönlichkeit）である。右の絶対的普遍性は直ちにまた絶対的な個別化である。それだけであるということは端的に措定されてあることであり、措定されてあることとの統一を通してのみそれだけであるものである。かかる普遍性やこのような仕方でそれだけであることのみが、概念としての自我の本性をなしているのである」（ibid.,S.17.）。

自我のこのようなあり方から、統覚の働きについての理解も得られる。「対象を把握するとは、実際には自我が対象をわがものとなし、それを貫き、自我固有の形式、すなわち直ちに規定性である普遍性、直ちに普遍性である規定性にもたらすことに他ならない」（ibid.,S.18.）。統覚は直観によって与えられる多様を総合し統一するものであるが、それが可能なのは、自我が自己を規定性にもたらすとともに普遍性でもあるからに他ならない。規定性を生ずる「区別する働き」を概念は本質的な契機として持つという思想を、ヘーゲルはカントの「先天的（ア・プリオリな）総合判断」の思想に認める。そこにこそ「統覚の根源的総合」の思想があり、概念の本性の真の把握に至るための端緒があると見なすのである。

「概念はア・プリオリに総合であり」、「規定性と区別を自己自身のうちに含んでいる」。それによって、概念は「一切の有限な規定性と多様性の根拠であり、源泉なのである」（ibid.,S.23.）。このように言うならば、ヘーゲルは概念をカントが神的知性とした「直観的悟性」（anschauender Verstand, intellectus intuitus）[14]に比すべきものとしていることになる。カントはこの理念によって「思弁的で、真に無限な概念の端緒」を与えていたとヘーゲルは評する（ibid.）。

だが、カントが超越論的統覚に限界を設けていたことも事実である。統覚は自己を直観することはできず、悟性概念と同様、感性的直観を欠いては空虚である。それに対して、ヘーゲルは感性と悟性という二つの能力を概念に一元化する。「直観や表象のうちにある対象は現象にすぎない。対象はまずわれわれの前に現れるが、思惟はその直接性を止揚し、対象から措定されたものを作り出す。だが、対象のかかる措定されたあり方こそは対象の絶対的存在であり、その客観性なのである。対象はこの客観性を概念のうちに有する。そして、概念とは自己意識の統一であり、対象はこの統一のうちに取り上げられる。従って、対象の客観性ないし概念はそれ自身自己意識の本性に他ならず、自我自身以外の契機や規定を持つことはないのである」（ibid.,S.18.）。

統覚すなわち自己意識の統一こそが対象の客観的実在性の根拠をなすという考えは、カントのそれに他ならない。だが、カントはそれによって認識の素材までも統覚から導き出すということは考えなかった。概念から存在を「取り出す」（herausklauben）ことは不可能である（ibid.,S.19.）。このため、カントは「直観的悟性」を人間の能力としては認めようとしなかったのである。

だが、ヘーゲルは、感覚的存在の実在性がどのような事情にあるかを考察する。「哲学は、感情や直観、感覚的意識の諸段階を、それらが悟性の生成にあたって制約となるかぎり、悟性に先行させる。とはいえ、ただ次のような仕方で制約であるかぎりにおいてである。すなわち、概念がそれらの弁証法と虚無性からそれらの根拠として発現するというようにであって、概念がそれらの実在性（Realität）によって制約されているというようにではないのである」（ibid.,S.21.）。

さらに、ヘーゲルは、実在性を出来上がったものと見なし、概念をそれに対立させることに対して、概念独自の弁証法を示す。すなわち、「形式的な抽象態においてある概念は不完全なものとして示され、それ自身のうちに基礎を持つ弁証法によって実在性に移行する」と言うのである。「それも、概念が実在性を自己から生み出すように移行するのであって、概念に対立するものと見なされる出来あがった実在性に再び後退するようにではない」（ibid.,S.24f.）。概念にはその抽象性を超える運動が備わっているのであり、実在性を持つことなしには概念ではありえないのである。

総じて、ヘーゲルにおいて、「実在性」（Realität）とは「規定された存在」（das bestimmte Seyn）のことである。概念が普遍的なものであるならば、かかる存在を包摂していなければならない。のみならず、それを自己の規定として生み出すのでなければならない。概念は実在性との統一である。この意味において、概念は普遍性（Allgemeinheit）、特殊性（Besonderheit）、個別性（Einzelheit）を契機とするとされるのである。

概念は次のようにして規定されたものとなる。「概念は、自己自身を直接的で無規定な普遍性として傍らに置く。まさにこの無規定的なものがその規定性をなすのである」(ibid.,S.38.)。このように規定されたものは特殊に他ならない。直接的、無媒介的、無規定的とは媒介や規定の否定であり、この否定によってなったものとして、普遍性はそれ自身一つの規定性であり、特殊なものである。否定された規定性としての特殊と普遍性として規定された特殊が並び立つことになる。だが、真の意味の普遍はこれらの特殊を超え包摂するものでなければならない。それは、右の否定を否定することによって定立される。二つの特殊はこの普遍のもとに下属する。こうして、普遍を類とし特殊を種とする秩序が成立するのである。

並存する特殊なものの一方は、「普遍性という形式を持った規定性」であり、「規定された普遍」である。普遍性という形式を持ちながら規定されたものであるかぎり、この規定性は明確にされ、止揚されねばならない。規定性は自己自身に関係しつつ自己を止揚する。そのようにして、「規定された規定性（die bestimmte Bestimmtheit）となるのである」。この運動は、「絶対的な否定性」（die absolute Negativität）と表現される。それによって、特殊は普遍へと止揚され、そこに保持される。そして、かかる否定性を備えた自己関係的規定性が「個別性」なのである。従って、「個別性」とは「概念がその規定性から自己自身に反省すること」である。それは、普遍的なものの具体的なあり方、「具体的普遍」（das konkrete Allgemeine）である。そして、それこそは実在性を含む概念、「概念と実在性の統一」（die Einheit des Begriffs und der Realität）とされる事柄に他ならない（ibid.,S.175.）。

四　真の存在

真理は、概念と実在性が統一されたところにこそある。ヘーゲルはそれを「理念」（Idee）と呼ぶ（ibid.,S.173.）。真にあると言えるのは理念のみである。この統一に達しないものは有限なものであり、機械論（力学）的、化学的に規定されるか、外在的な目的によって規定されるかのいずれかである。それはせいぜい外的合目的性に達しうるにすぎない。機械的機制（Mechanismus）と作用因のみによる結合（nexus effectivus）の限界を認め、有機物の把握をめぐっては目的論（Teleologie）と目的因による結合（nexus finalis）の思想が必要である。その必要性を説いたのは、カントであった（KU.,§65.）。だが、彼はそれに統制的な機能を与えたのみで、実質的な探求は機械論に委ねた。畢竟、彼においては、自然は壮大な機械的組織である。そうした自然に対して、人間は究極目的とされ、自然に目的を付与する立場に立つ。だが、その目的は自然に対しては外在的にすぎない。機械論と目的論が統一されていないことがこうした結果を生むのである。

これに対して、ヘーゲルは機械的機制と化学機序（Chemismus）を弁証法的に止揚することによって、目的論を導く（W.d.L.II.,S.133~172.）。合目的性はもはや機械的機制に対する外的合目的性（die äußere Zweckmäßigkeit）ではなく、内的合目的性（die innere Zweckmäßigkeit）となる。それは、概念によってすべてが規定され概念を目的とし実現する過程である。カントが統制的なものとしてのみ認めた内的合目的性を、ヘーゲルは現実的なものとする。理念はもはや単なる統制的理念ではない。そこにおいて拓かれているのは、存在の新たな次元であり、「真の存在」（das wahre Seyn）である。

そこから見れば、概念に無関係と思われるもの、外面的なものは移ろいゆくもの、機械的な暴力によって消滅するものにすぎない。だが、このように消滅することは、それが真にあるものではないことを示し、この真でないことを否定することであって、概念に一体化することを意味する。有限なもの、可変的なものが消滅することにおいて顕現するのが概念であり、概念とはこの意味での否定的統一ないし否定性に他ならない。従って、カントの言うように、概念は内容なしには空虚であり、加工する素材を必要とすると言っても、素材は「概念に対立し、それだけで存立する抽象的な存在」ではありえず、止揚されることによって概念の規定性となるべきものであることになる（ibid.,S.177.）。

このように、ヘーゲルの概念思想は有限なもの、可変的なものを過ぎゆくに任せず、その生成、消滅を通して概念を見るという否定的な態度によって成立している。それによって、変化を貫く普遍者としての概念観が生まれ、概念の包括性と存在論的な優位性が導かれるのである。概念は、今や、可変的なものを貫き、その過程を通して自己を実現する主体（Subjekt）として考えられる。内的合目的性を語りうるのはこうした概念においてのことであり、有機的な生が十全に捉えられるのもここにおいてである。

カントの有機体論はドイツ観念論に大きな影響を与えた。それは、シェリングの有機的自然観(15)を経てヘーゲルに達する。ヘーゲルの「生命」（Leben）の思想はその現れに他ならない。そして、ヘーゲルは「生命」を理念の最初の段階に置くのである（W.d.L.II.,S.179.）。それは、まだ自覚化されていない直接的な理念である。生命とは、「自己の客観性から区別され自己のうちで単純さを保ちつつ、自己の客観性を貫き、自己目的として客観性のうちに自己の手段を有し、それを自己の手段として措定するが、かかる手段に内在していて、そこに実現され自己と同一となっている目的である概念」（ibid.,S.177.）とされる。

客観性を手段とする目的である概念は、また客観性の実体でもある。「生命とは（……）絶対的な普遍性である。それが自己に帯びる客観性は概念によって完全に貫かれており、概念のみを実体として有する。部分として、或いは他の外的反省によって区別されるものは、自己自身のうちに完全な概念を有する。概念はそのうちに遍在する魂であり、単純な自己関係であって、客観的存在に属する多様性の中でも一つであり続けるのである」（ibid.,S.181.）。

だが、実体であるとはいえ、それは静的な実体ではない。それは主体的な実体であり、衝動、しかも特殊な区別を備えた特殊な衝動を持つ。だが、このような特殊性を統一にもたらし、そのうちで自己を保存する普遍的な一者であり、否定的な統一である。このように自己に関係し自己に対してある概念を、ヘーゲルは「魂」（Seele）と呼ぶ（ibid.）。それは、次のような過程を辿る。

まず、それは無媒介な客観性を自己に対立するもの、生なき自然として前提し、それと交渉する。そのようなものとして、それは「個別的なもの」ないし「生きた個体」である。当初、それは客観性に対して無関係であり、客観性の側もそれに対して無関係である。だが、生命はかかる前提を止揚し、自己に無関係な客観性を否定的なものとして措定し、それを支配する力となる。それは、自己自身と他のものとの統一として、普遍的なものとなる。それは、自己の個別性を止揚し、自己自身に対するものとして客観的存在に関係する。そこに、「類」(Gattung)が成立する。生命はこの過程を通して自己の概念に還帰する。だが、最初の分裂は繰り返され、そこから新しい個体が生まれ、古い個体は死滅する。生命はこのような生成、消滅を繰り返すが、しかしそこに止まるのではない。それを通して、普遍的かつ自由なものとして自覚的に存在する概念(Begriff)が生まれるのである。生命は、無媒介な段階から自己自身に関係するもの、自己に対してあるものとなるのである。それは、普遍性としてある普遍者に他ならない(ibid.,S.191.)。

だが、そのように言う時、概念は、特殊性を廃棄した抽象的な普遍性となっている、従って、そこには普遍と特殊の分裂があり、「根源的分割(判断)」(Urteil)がある。それは、客観性に対立する主観性である。生命が客観性に埋没している概念であるとすれば、この主観性は生命の理念と対立する。概念は生命を超えて高まっているとも言えるが、主観的な概念として、生命としての客観的な概念に対立しているにすぎない。こうした主観的な概念にとっては、客観的な概念との同一性を回復することが課題となる。

「認識」(Erkennen)の働きはこの課題を遂行することである。それは、主観的概念の主観性を超え、概念と実在性の同一性すなわち真なるものを求めることである。その目的は理念(Idee)である。だが、理念が追求されうるのは、主観的な概念と客観的な概念が本来ともに概念そのものであることによる。従って、主観のなすことは、対象を本来の概念規定に変え、自己自身と関係することのみである。真理を発見するとは、客観に自己の実在性を与えることである。認識するものとされるものがともに概念であることによって、両極の同一性は保証される。「認識するものは自らの概念のうちに客観的世界の全本質性を有している。その行程は、客観的世界の具体的な内容を概念と同一なものとして自己に対して措定し、また逆に概念を客観性と同一なものとして措定することである」(ibid.,S.199.)。

だが、認識が概念の分裂ないし判断を前提している以上、右の同一性が直ちに現実化するわけではない。「概念の対自存在には自体的にある世界という前提が対立している。それは、無関係な他在であって、概念自身の確信に対してはただ非本質的なものという価値を持つにすぎない」(ibid.,S.200.)。概念はこの他在を止揚せねばならない。それは、客観のうちに自己自身との同一性を直観しようとする。しかし、対立がある以上、認識するとは「与えられたものを捕捉する(auffassen)こと」以上のものではありえない。自己自身に対して否定的となり、眼の前にあるものに対して受動的になることが、自体的に存在する世界との一致を獲得する所以と考えられる。そのようにして、与えられたものがそれ自身においてあるがままに自己を示しうるようにするのである。だが、それは、与えられたものを主観によって規定されたものとして捉えることには達しない。概念がそこで自己自身を見出すということはない。対象はあくまで外在的で、概念によって規定されていない素材であるにとどまる。

だが、概念はなお自己を実現しようとする衝動を持つ。それは、他のものが自体的にあるという前提を払拭して、客観的世界のうちで自己自身によって自己に客観性を与え、自己を完成しようとする。そこに実践、行為が成立する(ibid.,S.230.)。認識活動においては、主観的概念は、普遍的だが自体的には無規定なものとして現実に向き合う。行為においては、主観的概念は現実的なものとして現実的なものに向き合う。そして、現実性についての自己の確信が世界を圧倒し、世界の非現実性を確信しようとするのである。主観のうちにある規定が客観的となり、主観は客観性を取り戻し、規定された普遍性となる。規定性は概念のうちに含まれ、概念に等しい。しかも、個別的外的現実としてある。それは「善」(das Gute)と呼ばれる。それは、内容を自己のうちに有する自己規定者である。内容は規定され制限されている。とはいえ、概念の自己規定態として、特殊なもの(das Besondere)であり、しかも概念との同一性を保つものとして無限な個別性である。

しかし、かかる善も有限性の運命に曝されないわけにはいかない。主観的な目的の表現としての善は、それに現実的な存在を与えることである。だが、この存在は偶然的で壊れやすい。そのため、善は崩壊の可能性を孕んでいる。

さらに、その内容は制限されているため、多様な善があることになる。善自身の間で衝突や抗争が生まれ、破壊しあう危険がある。こうした問題が生ずるのは、客観的な世界が依然前提としてあり、それ独自の運行をなすからである。それが善の実現に対する障害となり、それを不可能とするのである。従って、善は当為（Sollen）にとどまる。「なお二つの世界が対立しあっている。一方には、主観の国が透明な思想の純粋な広がりのうちにあり、他方では、客観性の国が外の多様な現実性の境位にある。後者は未開の闇の国に他ならない」（ibid.S.233.）。

善は、この対立を克服しないかぎり、完成されえない。その欠陥は、客観性の国が真の国であるという意識が欠如していることにある。「実践的理念には、理論的な理念が欠けている」（ibid.）とヘーゲルは言う。「善の理念は、真の理念のうちにのみその補完物を見出すことができる」（ibid.）。認識と実践、知と行為が真に統一されたものにならなければならない。「認識活動はただ捕捉することとしての自覚しか持たず、それだけでは未規定な概念の自己同一性としてしか自己を知らない。充実すなわちそれ自体において規定された客観性は、右の同一性にとっては所与であり、真に存在するものは主観的な措定作用から独立にある現実である。これに対して、実践的理念にとっては、この現実は克服しがたい制限として対立しもするのであって、それだけでは実のないもの、その真の規定と価値を善の目的によってのみ獲得するべきものに他ならない。従って、意志自身だけではその目的の達成に対する障害である。つまり、認識活動から分離され、外なる現実が意志に対しては真なる存在という形式を獲得していないために、障害なのである」（ibid.）。

認識活動にとっては客観的世界のみが真の存在であり、行為においては主観の意志のみが絶対的である。後者にとって、客観的世界は単なる素材である。どちらも、一方の極のみを絶対化している。それが、目的の達成を不可能にしているのである。必要なことは、主観的なものと客観的なものがともに理念であり、その点で同一であることを確認することである。そうすれば、「同じものによって同じものを知る」（エンペドクレス ca.490～430BC）[16]という関係が成立し、行為は、真なる世界において真なるものを顕彰すること、自体的にあるものを対自化することという意味を獲得する。

そこにおいて、真と善は統一される。それは、何ら遮られることなく、あるものをあるがままに捉え、かつあらしめることに他ならない。妨げのない自由と自在性が得られる。しかも、自然の成り行き、必然性に逆らうことがない。必然性と自由が統一されているのである。ヘーゲルは、自然法爾（親鸞）[17]ともいうべきこの境地を「絶対的理念」（die absolute Idee）と呼び（W.d.L.II.,S.236.）、論理の学の最高段階とする。概念論においてヘーゲルが目指したのは、こうした知と行為の一致する境地なのであった。そこにおいては、存在と当為の対立はもはやなく、概念は両者の統一として「真なる存在」（das wahre Seyn）であることになる。それはまた「不変の生命」（das unveränderliche Leben）、「自己を知る真理」（die sich wissende Wahrheit）、「一切の真理」（alle Wahrheit）と規定される。ヘーゲルは、そこにこそ「哲学の唯一の対象と内容」を見出すのである（ibid.）。

そして、そこには哲学の対象と哲学の対立ももはやない。「自己を知る真理」として、それは知の契機をすでに含んでいる。真理は哲学知の主体そのものであり、この主体が自己を知ることが真理の開顕なのである。知と行為の統一的主体として真理はあり、また自己を認識する。そのような主体として、概念は再び「人格」（Persönlichkeit）と同一視される。「自由な主観的概念は自覚的であり、人格を有する」（ibid.）。しかも、それは一切の規定性を廃棄するのではなく、自己の規定、特殊化として含む普遍者であり、様々な形態のうちに自己を認めるのでなければならない。それは、「人（Person）としては、不加入なアトム的主観性ではあるが、排他的な個別性なのではなく、普遍性であり、認識であることを自覚しているのであって、その他者のうちに自己自身の客観性を対象として持つのである」（ibid.）。

こうして、ヘーゲルが「本来的な形而上学」と呼んだ「論理の学」が目指したものが何であったかが明らかとなる。「永遠の本質における神の記述」、「絶対者の述定」を課題として着手された「論理の学」は、真と善の統一としての「真の存在」（das wahre Seyn）を究極の到達点とするのである。その表現は、一見、人知を越えた超絶的なものを思わせるかもしれない。また、その中に存在、真、善、一といった超越疇が含まれていることは、伝統的な形而上学との関連を示唆する。その意味で、概念論は概念の「形而上学」と見なされうる。だが、それが認識（知）と実践（行為）の統一を目指し、超越的な神にではなく、人格的な自由のうちにその完成を見出す点に、カント以来の、さらには近代の立場が示されていると言える。そして、それによってヘーゲルの哲学は現代に語りかけることができるのである。

注

(1) 本巻序章を参照。
(2) G.W.F.Hegel, *Vorlesungen über die Geschichte der Philosophie*, I, in: Werke.18., 1971, S.369~378.
(3) *Das Alte Testament, Genesis*, I, 1-31; *Das Neue Testament, Johannes Evangelium*, I, 1-3.
(4) G.W.F.Hegel, *Wissenschaft der Logik*,I/1., 1832, in: GW.21., Erste Vorrede, S.7, Einleitung, S.48.
(5) 山口祐弘『ドイツ観念論の思索圏――哲学的反省の展開と広袤』学術出版会、二〇一〇年、第四部「観念＝実在論の競合」を参照。
(6) G.W.F.Hegel, *Die Phänomenologie des Geistes*, 1807, in: GW.9., 1969. Abk.: Phä.d.G.
(7) Parmenides, Fr. 346.「あらぬものがあるということは決して証明されぬであろうから」。G.S.Kirk & J.E.Raven, *The Presocratic Philosophers*, Cambridge 1960, p.271; G.W.F.Hegel, G.d.Ph.,I.,S.288.
(8) G・W・F・ヘーゲル『理性の復権――フィヒテとシェリングの哲学体系の差異』山口祐弘、星野勉、山田忠彰訳、批評社、一九九五年、訳者解説を参照。
(9) G.W.F.Hegel, *Wissenschaft der Logik*,II., 1816, in: GW.12.
(10) G.W.F.Hegel, *Wissenschaft der Logik*,I., 1812/1813, in: GW.11.
(11) W.d.L.I/1.,S.68f.
(12) 山口祐弘「ヘーゲルにおける無差別論の転回――ドイツ観念論の岐路――」『思想』No.1102、岩波書店、二〇一六年二月。本巻第四部第三章を参照。
(13) G.d.Ph.,III., in: Werke.,20, S.163.
(14) I.Kant, *Kritik der Urteilskraft*, Berlin 1790, S.347, 350f. Abk.: KU.
(15) F.W.J.Schelling, *Ideen zu einer Philosophie der Natur, als Einleitung in das Studium dieser Wissenschaft*, 1797, 2.Aufl. 1802, in: *Schellings Werke*,1., hrsg. von *M. Schröter*, 1972, S.691. 山口祐弘『ドイツ観念論の思索圏』、前掲書、一一八頁を参照。

(16) Parmenides. Fr. 3.「知ることと存在することは同じである」。*The Presocratic Philosophers*, p.269.

(17)「自然法爾事。自然といふは、自はおのづからといふ。行者のはからいにあらず、然といふはしからしむといふことばなり。しからしむといふは行者のはからいにあらず」。親鸞『末燈鈔』(一二三三年)、五、5、親鸞全集。春秋社、二〇一〇年、三三〇～一頁。

第二部　学の原理と展開

第一章　原理の探究
――純粋知の生成と境位――

序

ヘーゲルは『論理の学』第一部「存在論」の冒頭で「学は何によって始められねばならないか」（Womit muß der Anfang der Wissenschaft gemacht werden?）」（W.d.L.I/1.,S.53.）[1] という問いを立てる。学とは幅広い領域と意味を持つ。しかし、ヘーゲルにおいては、学の学たる所以は体系性にある。そして、諸々の学は一つの体系とならねばならない。それは知への愛（Liebe zum Wissen）と称されてきた哲学が現実の知となったものであり、現実的な知（wirkliches Wissen）である。哲学は以後この意味の学でなければならない（Phä.d.G.,S.11.）[2]。こうした体系としての学の理念はカントが提起し、ドイツ観念論が追求してきたものであった。従って、右の問いは体系としての哲学の始めを問うものだと言うことができる。

そうした学の始まりとは何か。知への愛は学への動機として学の始まりに当たるかもしれない。アリストテレスは知的探求の更なる動機として「驚き」を挙げた。未知のものに遭遇して驚き、「それがなにゆえにそうあるのか」という問いを抱くことから探求は始まるのである（Met.,981a20~982b20.）[3]。この「なにゆえに」に当たるものは、第一の原理や原因とされるとともに、「なにのために」すなわち善や目的を含むとされている。

しかし、学ないし哲学を右のように解するかぎり、その始まりとは単なる心理的な動機ではありえない。むしろアリストテレスの言う「なにゆえに」に当たるもの、一切の事柄がそこから導出され、説明されうるような第一原理でなければならない。イオニアの自然哲学者が万物の根源（ἀρχή）として求めたものが、ヘーゲルの意図する学の始まりなのである。

だが、そのような意味でならば、哲学は常に根源を求めてきたと言える。そのかぎり、ヘーゲルの問いは陳腐にすら見えるかもしれない。だが、見方を変えれば、それはまた極めて挑戦的且つ野心的でもある。それは、従来の哲学が掲げた原理に納得せず、独自に原理を追求しようとするものだからである。その問いはヘーゲルが如何に先行する諸思想と対決し、独自のものを打ち出そうとしているかという観点から考察されねばならない。

一　探求の困難

ヘーゲルが生きた近代において原理、原因の探求の先駆けをなしたのは、デカルトであった。彼は、真理は確実で疑いの余地なく確信できるものでなければならないと考え、厳しい懐疑の末に、有名な「コギト・エルゴ・スム」に到達した[4]。そして、それを哲学の第一原理とし、また一切の真理の基準とした。知はそれと同等の明証性を持つのでなければ真理とは見なされえず、そして、その基準に適う単純な知が合成されることによって複雑な知が成り立つのであり、すべての知は一つの連鎖をなし、体系を形づくっている、と考えたのである（Method., p.19.）。

そこに演繹体系という理念が成立する。それが大陸合理論の流れを生み出したことは言うまでもない。やや時を置いてそれを再確認したのはカントであった。カントは哲学を「原理からの認識」（cognitio ex principiis）として「理性認識」（Vernunfterkenntnis）と呼び、数学と同類のものとした。それは、「所与からの認識」（cognitio ex datis）としての「歴史的認識」（die historische Erkenntnis）と対照されるものであった。数学との違いは、数学が「純粋直観」を手段として用い概念を直観的に構成することができるのに対し、哲学は「概念」によってのみ思惟せねばならないという点にある（K.d.r.V.,A835,B863～A838,B866.）[5]。カントはその違いを、数学は「概念の構成に基づく認識」だが、哲学は「概念に基づく認識」であるという形で示した。

しかし、それは、出発点とすべき原理をどのように定立するかをめぐって困難を生じる。カントは次のように述べるのである。――数学は概念を任意に結合し総合的に定義を与え、そこから定理を導出するという方法を用いるが、哲学は与えられる概念をどこまでも分析し、最大の明証性に達するようにしなければならない。認識の第一根拠についても、私は既に一つの概念を持っていて、それの判明、周密かつ確定的な概念を求めなければならない。探求の目標は、それ以上分析できず、確実に知られるようなものである[6]。――しかし、哲学は直観的明証性に訴えることができない以上、分析がどこで終わるのかは知りえない。ここからカントは「原理自身の源泉を探求し、確証し、或いは放棄する権利は留保される」（ibid.,A838,B866.）と言う。彼の有名な言葉、「人は哲学を学ぶことはできない。ただ哲学することを学ぶことができるだけである」（ibid.,A837,B865.）は、哲学する（philosophieren）という主体的な行為を重視し推奨するもののように解されているが、実は哲学が未だ原理を確立し、それに基づく体系を構築していないことを告白したものに他ならなかった。

従って、カント以後も原理の探求は二転三転せざるをえない。カント哲学の紹介者として名をなしたラインホルトは、カントの課題に答えるべく、「根元哲学」（Elementarphilosophie）を構想し、その原理を「絶対的第一根本命題」として定立しようとし、「意識律」（Satz des Bewußtseins）を立てた[7]が、懐疑家アイネシデムス・シュルツェはこれが矛盾律をなお前提としており、真の根源的原理ではないとして鋭く批判した[8]。その批判を克服すべく、フィヒテは「知識学」（Wissenschaftslehre）を構想し、同一律や矛盾律すらをも基礎づける独自の根本命題を定立したのである[9]。こうした経緯は哲学において原理を立てることが如何に困難であるかを物語っている。

ヘーゲルの「学は何によって始められねばならないか」という問いは、こうした困難の自覚の上に立てられている。彼はデカルトの「方法的懐疑」に倣うかのように、『精神の現象学』の方法を「自己を完遂する懐疑ないしスケプシス主義（der sich vollbringende Skepticismus）」（Phäd.G.,S.56.）と名づけ、自然的意識の持つ臆見を暴き、これを学の境位と出発点に導こうとした。[10] その境位が「絶対知」（das absolute Wissen）であり、そこにおいて「論理の学」、「自然哲学」、「精神哲学」から成る体系が構築されることになるのである。そこでは、知と対象の区別と対立は克服されており、知るもの（精神）と知られるものとが一体であり、知（精神）が自己自身を知ることになっている（ibid.,S.427.）。それはフィヒテの言う「知の知」（Wissen vom Wissen）と構造上違いはない。フィヒテはそれをいかなる対象の知でもないものとしていたが、[11] ヘーゲルは『論理の学』でそれを「純粋知」（das reine Wissen）と規定する一方、そこでは知自身が最早知ではなくなると述べている。対象のない知はありえないからである。彼は、それは知が消滅することであるとして、それを「純粋存在」（das reine Seyn）と表現したのである（W.d.L.I/1,S.55.）。哲学が始まりを求めるならば知そのものの否定にまで行き着かねばならないとされているのである。

このことは、多分に逆説的なことであり、始まりを考えることを更に難しくする。ヘーゲル自身、近代においてそれをめぐって特別の困難が生じていることを指摘している。「近年、哲学における始まりを見つけることが困難であるという意識が生まれている」と言うのである。従来、思惟は思惟の内容にのみ関心を持ち、思惟そのものに注意を向けることはなかった、だが、教養の進展とともに「認識作用の振る舞い」に注意を向けるようになり、主観的な働きを最早偶然的な事柄ではなく、客観的真理の本質的な契機として捉えるようになった（ibid.,S.54.）。まさしく思惟の歩みにおいて第一のものは何か、が問題となるのである。思惟し始めるということはどういうことか。しかも、その始めは原理から思惟し始めるということでなければならない。そして、その原理は思惟にとっての第一の原理であるとともに、思惟の歩みの第一歩でもなければならないのである。

ヘーゲルの言う「教養の進展」とは、思惟する主体を発見した近代主観主義の登場のことに他ならない。先述のとおり、始元、原理、アルケーの探求は、哲学の開始以来基本的な課題であった。それは、水、一者、ヌース、イデア、実体、モナド等として語られた（ibid.,S.53.）。しかし、これらはどれも客観的な万物の始元（原理）であり、思惟する主観ないし思惟作用そのものというわけではなかった。それに対し、近代においては、原理は認識の本性に関係する思惟、直観、自我、主観性と考えられるようになった。この意味では、ヘーゲルをイオニアの自然哲学に直結させるわけにはいかない。

この方向においては、自我（Ich）が始元としての特権的な地位を占めることができるかもしれない。それは、先に見た演繹的体系の理念、すべての知は最初の真理から導出されねばならないという要求と、最初の真理は周知のものであり、直接確実なものでなければならないという要求をともに満たすように思われるからである（ibid.,S.62.）。自我は直接的な自己意識（Selbstbewußtsein）、単純な自己確信（Gewißheit seiner selbst）であり、他のものへの配慮を必要としないものと考えられる。それはまさしく誰にとっても最も身近（直接的）であり、それ以外の表象よりもよく知られた（既知の）ものである。しかも、それは単純なものであって、分割されることがない。自我はこの意味で始めとするに相応しく思われるのでる。

もとより、このようなものであるためには、自我は、異なる主観によって異なるような偶然的なものであってはならない。しかし、自我はまた多くの偶然的なものを帰属させる具体的なものであり、限りなく多様性に富んだものでもある。そして、そのようなものとして自己を意識してもいる（ibid.,S.63.）。そのような自我を普遍的な学の始元とするわけにはいかず、自我は純化され抽象的な自我とならねばならない。しかし、このような自我は最早われわれが意識している普通の自我ではなく、また直接的なものでも周知のものでもないと言わざるをえない。自我をめぐって二義性が生じ、自我を始めとすることには曖昧さが残るのである。

こうした自我を含め、従来関心が向けられたのは依然内容的な規定であった。「始めること」そのことは問題とはされなかった。独断的な態度で原理を証明しようとしたり、これを批判して主観的な基準を見出そうとすることはあったにせよ、これらも始めることとそのことの意義を問うことはしなかった。また、「ピストルから発射するかのように」とヘーゲルがグロテスクに形容した、内的啓示、信仰、知的直観によっていきなり始めようとすることも真にこの問いと取り組んでいるとは言えない（ibid.,S.53.）。そこで、ヘーゲルは始めることとそのことの考察が必要であると考え、それに取りかかるのである。

二　始元への道と学の境位

さて、始めるとは思惟し始めることである以上、思惟は始めに当たっては囚われのない自由な境位になければならない。ヘーゲルが「純粋知」（das reine Wissen）と呼ぶのはそのようなものである。純粋知においてこそ始まらねばならない。そうすることによって始まりは「論理的」（logisch）になる、とヘーゲルは言う（ibid.,S.54.）。そこへの上昇が求められる。右に見た自我の純化ということもこの上昇を意味すると言えよう（ibid.,S.63.）。しかし、この上昇はどのようにしてなされるのか。それがただ直接的に要求されるだけだとすれば、それは主観性と偶然性を免れない。それが真の要求であることを示すには、具体的な内容を持った自我が固有の必然性によって純粋知に進んで行くのでなければならない。さもなければ、純粋知は知的直観のようなものとなり、恣意的なものか、特定の者のみが所有する意識の状態の一つだということになる。

それは自我をすら超えたものである。そして、自我の持っていた利点、既知のもの、直接的なものという利点を放棄することも辞さない（ibid.,S.63f.）。自我はこの見せかけの利点によって主観的な自我を想起させ、混乱と誤解を誘発したのであった。ヘーゲルはこの意味の主観主義を非難した。主観主義は克服不可能な対立者としての客観を前にしており、制限されたものである。これに対して、純粋知においては主観的なものと客観的なものの区別は消滅していなければならない。このため、始まりを自我に求めることはできなくなるのである（ibid.）。ヘーゲルは次のように述べている。

「自我から出発する学の実際的な展開によって示されるのは、客観が自我のうちで、自我に対する他者という永続的な規定を持ち、保持し、従って出発点とされる自我は意識の対立を真に止揚した純粋知ではなく、現象に囚われているということである」（ibid.,S.64.）。

学の境位はあくまで思惟（Denken）である。自我であれ、知的直観であれ、或いは永遠なもの、神的なもの、絶対的なものであれ、それらは思惟のうちでこそ意味を持つ。考察されるのは、それらが思惟する知のうちに現れる仕方にすぎない。ヘーゲルは言う。「絶対的なもの、永遠なもの、神といった表現のうちに（……）、またそれらの直観と思想のうちに（……）より多くのものが含まれていようとも、そのうちにあるものは、思惟するものとしての知、表象する（vorstellen）ものとしてのそれではない知のうちにまず現れなければならない」（ibid.,S.65.）と。「表象する」〈vorstellen〉とは本来「前に」〈vor〉「立てる」〈stellen〉ということであり、知と対象の対立を含んでいる。そうした対立を超えた知が求められるのである。

では、そうした純粋知、思惟にはどのようにして到達できるのか。そこへの道は、先に見たとおり『精神の現象学』である。それは意識を主題とする学、意識の学であり、意識が学の概念、純粋知を帰結として持つようになる過程を叙述する（ibid.,S.54.）。その意味で、それは「意識の経験の学」（die Wissenschaft der Erfahrung des Bewußtseyns）である。しかし、意識を絶対者たる精神（Geist）の現象形態として捉えることによって、それは「精神の現象の学」（die Wissenschaft der Erscheinung des Geistes）という意味を持つに至る。意識は直接的で感覚的な段階から出発して、自己と対象が真に一致しているか否かを吟味し、対象との不一致、対立を止揚して純粋知に達する。その過程を記録するものが「意識の経験の学」であり、「精神の現象の学」である。純粋知とは対象を最早自己に対立したものとして前にしてはおらず、それを自己として、或いは自己を対象として知る知であり、自己確信（Gewißheit seiner selbst）のことに他ならない。それも、単に対象を捨象することによって成立するものではなく、一切の否定的対立を超えたものとして、客観に対する主観という性格を最早払拭している。対象と知の一致としての真理が自己知（Selbstwissen）として成立しており、その意味で真理は確信（Gewißheit＜Wissen）となっているのである（ibid.,S.55.）。真理は確信、確実性となるのであり、そこにはハイデガーの言うように、近代における真理観の転換がある。[12]

そこには、他のものと他のものによる媒介は一切見出されない。純粋知は区別を含んではおらず、区別のないものであり、単純な一性である。しかし、区別のない知、対立する他のものの知でない知というものはなお知と言うことができるのか。ヘーゲルは「こうした区別のないものは（……）知であることを止める」と言っている（ibid.）。この言葉による限り、知が知であるのは何らかの区別を含むことによってなのである。

従って、純粋知とは最早知とは言えないものである。それはただ「単純な直接性」（eine einfache Unmittelbarkeit）と言う他はない。「ただ単純な直接性があるだけである」（ibid.）とヘーゲルは述べる。

しかし、単純な直接性（Unmittelbarkeit）とは媒介可能である（mittelbar）ことの否定であり、媒介されていない（unvermittelt）ということであって、媒介を否定し媒介から区別されたものと解される恐れがある。そのように理解する場合には、「反省」（Reflexion）が働いており、媒介と無媒介性を対立させ、前者の否定として後者を規定しているのである。ここで、反省とは物事を分離・対立させ、対立を固定する働きのことである。[13] 従って、右の意味の直接性は一つの反省的な表現である。そうした理解は避けなければならない。

そのため、ヘーゲルはこの単純な直接性を「純粋な存在」（das reine Seyn）と言い換える。それは何の規定も内実も持たない「存在一般」であり、「それ以外には何もない」（Nichts）」（ibid.,S.56.）と言う。自己のうちに何の規定も持たないだけでなく、外なる他のものもなく、他のものに対する規定もない。ちなみに、ヘーゲルは『精神の現象学』において精神の自己知たる絶対知を「精神の自己意識の夜」（die Nacht des Selbstbewußtseyns des Geistes）と規定していた（Phä.d.G.,S.433.）。この「夜」という表現には、ヘーゲルがシェリングの「絶対的無差別」（die absolute Indifferenz）を批判するために用いた「すべての牛が黒くなる夜」という表現を想起させるものがあろう（ibid.S.17.）。

こうした存在の思想によって、パルメニデスの「存在」、「一者」が想い起こされるかもしれない。彼が臆見の道を捨て真理の道を選んだ結果到達したものは、その外と言えるもののない「球」としてイメージされる。[14] 同様に、『精神の現象学』は臆見の国から脱出し、真理の国に参入しようとする歩みである。その歩みを一つの媒介過程と解すると、存在の無媒介性、直接性というあり方に抵触するようにも思われる。しかし、それは媒介を止揚する媒介（eine Vermittlung, welche zugleich Aufheben ihrer selbst ist）である。それは真でない意識を次々と否定することによって真理に到達する否定の道であり、懐疑の道（der Weg des Zweifels）である。個々の意識形態が悉く挫折するという意味では、それは絶望の道（der Weg der Verzweifelung）である。到達されたものは先行する何ものによっても規定されず、拘束されることはない。それはむしろ一切のものが崩壊して帰入する根底、根拠（Grund）に他ならない。

人がもしそうした媒介を厭い一気に真理に達しようとするならば、思惟そのものを考察しようとする「決断」（Entschluß）があるだけだとヘーゲルは言う（W.d.L.I/1.S.56.）。しかし、それは恣意的な決断であるわけにはいかない。何も前提せず、まったく媒介されておらず、何の根拠もないものとして思惟の始まりを立てなければならない。そうしたものとして、それは直接的なものであり、学全体の根拠となるのである。『エンツィクロペディー』でヘーゲルは、すべてのことに対する懐疑、すべてのことについての完全な無前提性が学には要求されるとし、それは、純粋に思惟しようとする「決断」の中で、すべてのことを捨象するとともに、それの完全な捨象の働きと思惟の単純性を捉える自由によって達成されると言っている。それは「完遂された（vollbracht）懐疑ないしスケプシス主義」と同じ境位にある（Enzy.,§78.）。[15]『精神の現象学』における「自己を完遂する（sich vollbringend）スケプシス主義」の到達点がここに示されている。つまり、後者における意識の長い経験の成果が、ここでは決断によって一挙に達成されるのである。それによって獲得されるものは一つの直接的なものではなく、唯一の直接的なもの自身（das Unmittelbare selbst）でなければならない。ヘーゲルはそれを絶対的な始まりとも抽象的な始まりとも言っている。そのようなものとして、それは他のものに対しても、自己のうちにも規定を持たないのである。

しかし、学を決断によって始めるということは、ヘーゲルが危惧したピストルから発射するようなことではないのか。それは学の公共性を拒み、学を秘教的なものとする危険がある。先行する思想家たちに対する批判的な立場によっても、ヘーゲルは学の始まりがむしろ帰結として導かれることを要求するのである。

こうした考え方は、だが、かつてラインホルトが考えた方法と混同される惧れがある。彼はまず仮説的蓋然的なものから始めて、真理への愛によって導かれ、第一の真理に到達しようとしたのである。哲学的思索は最初のうちは探索することであり、真理への愛こそが肝心だとされている[16]。しかし、ヘーゲルは『差異論文』においてこうした考え方を厳しく批判した。彼は、ラインホルトのように仮説的蓋然的なものから出発しても、真理に達するという保証はなく、いつまでも真理の殿堂の外陣にとどまるだけだと言うのである（Dif.S.11.）[17]。

真理への道行きが保証されるためには、出発点そのものが真理によって支えられていなければならない。ハイデガーがヘーゲルに見た「絶対者の臨現」（die Parusie des Absoluten）がそれである。ハイデガーは、「絶対者は即且つ対自的にわれわれのもとにありあろうとしている（のでなければ）」という『精神の現象学』緒論におけるヘーゲルの論述からこの概念を作るのである（Vgl. Phä.d.G.S.53.）[18]。意識のあらゆる形態のもとに絶対者がすでに居合わせていると考えるならば、絶対者への通路は拓かれると期待される。「精神の現象」という発想はまさにその表現に他ならない。こうして、出発点そのものは、暫定的、蓋然的仮定的に設定されただけで後に廃棄されるようなものではなく（Vgl. W.d.L.I/1.S.58.）、それ自身真理を宿していることになる。そして、哲学において前進するということは、最初のもの（が真なるものであること）を根拠づけることである。前進するとは根拠へ戻ることであり、根源的に真なるものに帰ることに他ならない。そのように見るならば、『精神の現象学』の進行も、感覚的確信から出発しながらその最も内なる真理としての絶対知に帰ることであると解される。更に、精神の動き全体について見るならば、絶対精神が一切の存在の具体的且つ究極の真理として現れるが、それは自由に自己を外化し、直接的な存在の形態をとり、世界となる（世界を創造する）ものとして理解されるのである（ibid.,S.57.）。

こうして、学は一つの円環となる。そこでは「最初のものは最後のものであり、最後のものが最初のものである」。根源的なものはあらゆるものの根拠として最後に現れるのであり、これが最初のものなのである（ibid.,S.57f.）。しかし、それは最後に現れるという意味では帰結である。そして、それに先行していたものは決して消滅することはなく、後に続くものの基礎となる。進行もその基礎から逸脱することはない。この進行を通して、先行したものは直接的なものから媒介され根拠づけられたものとなり、完成され内容のある認識となるのである。

この考え方を適用すれば、『精神の現象学』では「絶対知」こそが最後にして最初のもの、先行する意識諸形態の根拠であることになる[19]。

こうして、純粋存在は純粋知がそこへと帰っていくべきものである（ibid.,S.59.）。それは、知が対象と一体化することによって到達した統一である（ibid.）。知はそこに消え入っており、統一との区別はなく、独自の規定を自己のもとに残してはいない（ibid.）。この意味で、純粋存在は直接的なものである。とはいえ、それは知の消滅によって媒介されたものに他ならない。従って、それは「まったく直接的なものであると同じく、まったく媒介されたもの」と言われる。知のもとには何も残されていないために、知の恣意的な浮動は起こりえない。そうであるからこそ、それは学の始まりであることができるのである。

学が始まり進展するということは、こうした純粋存在が規定され解明されていくということである。それは、純粋存在が更にその根拠を目指して進み、根拠から明らかになることだと言える。それは、当初は何の規定も持たず、始まりであるという抽象的な規定を持つだけである。それは閉ざされた状態にある。その状態が開かれ、その有様と真相が顕現し、それが自由に自己を展開することが明らかになった時、それは根拠に達し根拠そのものになったと言うことができるのである。

その際、知のもとには何も残されていないのであるから、知が付け加えるものは何もない。知は退き内容がなるがままに任せねばならない（ibid.S.60.）。その場合には「存在」という規定すらが余計となる。「ただ始められる」ということがあるのみである。「始まりとは何か」が改めて確認されねばならない。

三　存在の根源性と逆説

「始まりとは何か」。それは、「まだ何もない。何かが生まれなければならない」状態と解されるかもしれない。しかし、まったく何もないのであれば、そこから何かが始まり生まれるということもありえない。それを無と表現するとしても、その無は何かが生まれる可能性を宿した無、否むしろ可能性そのものと見るべきである。従って、「始まりは純粋な無ではなく、そこから何かが出発すべき無」である。それ故、何らかの意味の存在があるのでなければならない。存在とは現実的なもののことであるとすれば、それ以前のものは「非存在」（Nichtseyn）というべきかもしれない。或いは、可能存在ないし存在可能性と言うべきところである。それをヘーゲルは「存在でもある非存在および非存在でもある存在」（Nichtseyn, das zugleich Seyn, und Seyn, das zugleich Nichtseyn ist）と表現する。彼がアリストテレスの「デュナミス」、「エネルゲイア」、彼自身の「即自存在」（Ansichseyn）、「対自存在」（Fürsichseyn）という用語を避けるのは、純粋絶対無と存在の中間を示すためである。それを彼は「存在と無の統一」（die Einheit des Seyns und des Nichts）であるとも言い表している。

そうした可能的存在、存在可能性は、存在、現実存在を目指す。始まりは他のものを指示する。それはまさしく他のものとしての存在に関係しており、その意味で「非存在」なのである。始まりつつあるものはまだなく、初めて存在に向かうのであるから、存在を自己の対立者として含んでいる。そして、存在は非存在から離れていて、これを止揚する関係にある。従って、存在と非存在、現実存在と可能存在の間には対立もあることになる。

しかし、始まりつつあるものは、可能なものとしてではあれ既にあるのでなければならない。しかし、それはまだ完成された現実的なものとしてあるわけではない。可能的にあるということと現実的にはないということが一体であり、直接結合されている。始まりはこれらの統一であり、存在と非存在の統一、存在と無の統一である。それは、区別されているものが区別されていないということであり、区別されていることと区別されていないことが統一されているということである。これをヘーゲルは「同一性と非同一性の同一性」（die Identität der Identität und der Nichtidentität）と表現する（ibid.,S.60.）。

しかし、こうした始まりの分析もヘーゲルの真意には合致していない。それは始まりを何か既知のものとして前提しているからである。それは他の学問が或る具体的な対象を前提し、誰もがそれの観念を持つことを要求した上で、その分析に取りかかるのと同じである。しかし、哲学の始めは具体的なものではありえず、それ自身の内部に関係を含むものでもなく、第一のもの、第二のものであるといったものではありえない。始め自身は分析可能なものではなく、単純で空虚な直接性でなければならない。従って、それはまったく空虚なものとしての存在（das Seyn, als das ganz Leere）である（ibid.,S.62.）。存在という空虚な言葉、それ以上の意味を持たない単純なもの、この空虚なものが哲学の始めなのである、とヘーゲルは言う（ibid.,S.65.）。

ヘーゲルは、一旦は知が帰っていくべき「純粋存在」の概念をすら捨象して「始まり」そのものに考察を向けたのだが、このように始まりの通念に縛られることを拒否して再び存在に立ち戻るのである。但し、その存在とは単なる空虚に他ならない。それこそが哲学の始めであると言う時、彼は何を意図しているのか。それは、先に見たように、(20)哲学を志すものが一切の内容と規定を捨象して何もないところに立つことを要求しているように見える。哲学は如何なる偏向も囚われも持ってはならず、無私かつ無前提に思索しなければならない。それは強靱な抽象の能力を必要とする。『精神の現象学』の行程を導いているものもそれに他ならない。とはいえ、それが目指すところが空虚であるとすれば、そこから何が始まると言えるのか。様々な規定が生じるのは如何にしてであるかを改めて問わねばならない。まさに始めの始めたる所以が問題となるのである。

単なる存在としての存在から何が出てくるのか。この問いは、パルメニデスの思想や無世界説と評されるスピノザの哲学、更にはシェリングの絶対的無差別（die absolute Indifferenz）の概念への批判に通じる意味を持つ[21]。そればかりでなく、あらゆる体系の思考にとって避けて通ることのできない問いである。万物の根源は水であると規定した後、タレースは万物の発生をそこからうまく説明することができたのか。このことを、コリングウッドはミレトス学派の挫折として論じた[22]。つまり、アルケーを言うことはできても、そこから現象を導き出すことはできていないというのである。ヘーゲルの答えも同じく否定的のように見える。「存在論」第一章の「規定性（質）」の記述を見てみる。

「存在、純粋存在は——それ以上の一切の規定を欠く。それは無規定（unbestimmt）であり、直接的ないし無媒介（unmittelbar）である。それは自己自身とのみ等しい。また他のものに対して等しくないということもない。それはそれ自身の内にも外にも差異性を持たない。何らかの規定ないし内容があって、この内容が存在のうちで区別されていたり、或いはそれによって存在が他のものから区別されたものとして措定されるようであれば、それは純粋に保持されることはなかろう。それは純粋な無規定性ないし空虚なのである（die reine Unbestimmtheit und Leere）」（W.d.L.I/1.S.68f.）[23]。

存在は一切の規定を欠いている。その意味で「それは自己自身とのみ等しい」。この命題はパルメニデスに帰せられる「あるものはある」の言い換えと見なすことができる。しかし、また「存在は他のものに等しくないということもない」（nicht ungleich gegen Anderes）とも言われる。このことは奇異に思われるかもしれない。「等しくないということもない」という二重否定は、形式論理的には「等しい」と同じになるが、しかし「存在が他のものに等しい」という主張が成り立つはずはない。抑も他のものなどまったく想定されておらず、それと等しいか等しくないかということは問題とはならないはずだからである。「存在は他のものに対して等しくなく等しくなくもない」と言わねばならない。前の「等しくなく」の「なく」と後の「等しくなくもない」の「ない」は、一切の関係の拒絶を表している。

存在と他のものが並び存していて、その平面上で等しい、等しくないと言うのではなく、この比較の平面を遮断してこれを超越する否定を遂行しているのである。それは「無限否定」と呼ぶべき否定である。

こうした否定は、ヘーゲルが判断論において「定在の判断」を論じる中で、「肯定判断」、「否定判断」に対して「無限判断」（unendliches Urtheil）を立てる時に現れる（W.d.L.II.,S.69f.）[24]。肯定判断「このバラは赤い」と否定判断「このバラは赤くない」は、「このバラ」が色を持つという共通の前提のもとで成り立つ対立であり、否定「ない」はこの前提を超えていくことはない。それは限定された否定であり、判断者に対して別の色を探索することを求める。しかし、どんな色が現れようとも、「このバラ」が色によって規定し尽くされるわけではない。「このバラ」を実体と見なし、実体と属性という区別を前提するならば、実体そのものはあらゆる属性を超えたところにある。従って、「このバラ」については色という領域そのものが否定され、結局「このバラはこのバラである」という他はなくなるのである。それは色という領域のみならず一切の性質とそれの帰属する領域を否定するものに他ならない。それによって実体が実体として確保されるわけである。ヘーゲルはこうした同一性命題の形を取ったものを「肯定的無限判断」（das positiv unendliche Urtheil）と呼んでいる。その際、「無限」（unendlich）とは「無限定」（unbestimmt）ということであろう。そう解することによって、カントの無限判断との接点が得られるのである。

カントは、「魂は死すべきものではない」（Die Seele ist nicht sterblich.）という否定判断に対して、「魂は非可死的である」（Die Seele ist nicht-sterblich.）というように、〈nicht〉と〈sterblich〉を接着させて一つの述語とし、形の上では肯定的でありながら意味の上では否定的な判断を「無限判断」と呼んだ（K.d.r.V.,A71ff.,B97f.）。それは「魂」を「死すべきもの」、「可死的なもの」の領域から隔離し、それ以外の無限領域に置くという働きをする。そして、それ以上の規定を「魂」に与えることはない。その際、「無限」とは「無規定的」という意味を含んでいると思われる。主語を無規定なものとする否定が遂行されるという点を、ヘーゲルは独自の無限判断として継承するのである。

しかし、そこで遂行されている否定を顕在的に示そうとするならば、例えば、「精神は赤くない」、「風は青くない」

といった例を用いなければならない。これらの判断は、「精神」、「風」は色を持たないということを主張する。ヘーゲルはそれを「否定的無限判断」（das negativ unendliche Urtheil）と呼んでいる。この否定は上の前提を踏み越える否定であり、無限否定に他ならない。そして、それを表現するものが無限判断なのである。

論理学を学習するに当たって、判断の質として肯定と否定だけを考えるならば、ここに言う無限否定に気づくことはなく、またそれが問題になることもない。しかし、古今の思想において同様の思想がないわけではなかった。アリストテレスは「人間」に対する「非人間」という概念を「無規定的名辞」と呼び、この「非」という否定は存在するものをも存在しないものをも覆うとしている。[25]ラッセルは述語否定と文否定を区別し、[26]また、古代インドの文法学における「定立的否定」と「非定立的否定」の違いは、まさにヘーゲルの否定判断と無限判断の違いに対応する。[27]

ラッセルの記述理論に倣えば、「二十世紀末日の日本の大統領は女性である」という言明を非現実的として否定する時、その否定は「女性である」のみにかかり、従って「二十世紀末日の日本の大統領は男性である」と言おうとするものではない。否定は文全体の否定でなければならず、女性・男性の区別はおろか、「二十世紀末日の日本の大統領」という想定そのものを斥けるのでなければならない。また、古代インドでは、「ここにはバラモンはいない」と言う時、二つの意味を認め、「ここにはバラモンでない人がいる」という含意を認める場合と、バラモン以外の人の存在を積極的に含意しない場合を区別した。そして、前者を「定立的否定（パリウダーサ）」と言い、後者を「非定立的否定（プラサジャ・プラティシェーダ）」と呼び、その違いを、否定詞「ない」の位置によって明示したというのである。

こうして、無限否定によって確保される存在は一切の述語を斥ける。それは大きいわけでも大きくない（小さい）わけでもなく、美しいわけでも美しくない（醜い）わけでもない。その前では、こうした矛盾した言明すらが許容されるのである。「あるものはある」を同一律の表現であるとするならば、これはそれに抵触する事態に他ならない。同一性の表現が矛盾を招来し矛盾律を損なうからである。それは同一性の自己破壊と呼ぶべき現象である。それはキュニコス派のアンティステネスが同一律を余りにも厳格に考えたために、何も言えなくなり定義を下すこともできなくなってしまったという故事を想起させる(28)。論理学の第一原則が論理を解体してしまうのである。

このことは人を戸惑わせることとなろう。人は沈黙するか、矛盾することを言うかのどちらかになる。そして、矛盾したことを言うのは何も言わないことに等しいのであるから、結局何も言わないことになる（W.d.L.I.S.264.）。ヘーゲルも同一性言明によっては何も言われないと述べている。矛盾した言明に呼応するかのように、同一性言明は何も言わず、語ることとそのことを否定するのである。

このことを裏付けるかのようにヘーゲルは続ける。

「存在のうちでは何も直観されない。もしここで直観することについて語られるとすればだが。或いは、存在はこの純粋で空虚な直観作用自身にすぎない。同様に、何かがその中で思惟されるということもない。或いは、存在は同様にこの空虚な思惟作用にすぎない」（W.d.L.I/1.S.69.）。

ここでは直観作用や思惟作用がまだ生きている。何かを直観し考えることと、何も直観せず考えないことはなお区別されうる限り、後者は意味を持つとヘーゲルは次の項で述べている。しかし、何も直観せず考えないということは直観でも思惟でもないということではないのか。直観や思惟は存在を前にして殆ど自己の否定、消滅を経験しつつあるかのように思われる。そして、それは先の議論、存在とは知が消え入るものであるとしたことからすれば、極めて整合的である。ここからはヤコービの言うような「非知の哲学」（Philosophie des Nichtwissens）、「非哲学」（Unphilosophie）へはほんの一歩しかないように思われる(29)。まさに哲学は危機に直面しているのである。

四　移行と生成の意味

「存在」の思想はそのような危機を孕んでいる。そして、何も思惟され直観されないということから、ヘーゲルは「存在とは実際には無（Nichts）であり、無以上でも以下でもない」と結論するのである。それは、存在が直観や思惟すらも受け付けないということの表明ととるべきである。

この無についてヘーゲルは存在と同様の議論を行っている。

「無、純粋無、それは自己自身との単純な同等性であり、完全な空虚さ（Leerheit）、無規定性、無内容性（Bestimmungs- und Inhaltslosigkeit）である。それ自身の内に区別がないことである」（W.d.L.I/1.S.69.）。

無は、存在と同様空虚な直観作用、思惟作用である。そして、無が存在と同じく無規定性であることから、「無は純粋存在と同じものである」とヘーゲルは論決するのである。

ここには一種の三段論法がある。

存在は無規定性であり空虚である
無は完全な空虚であり無規定性である
故に、存在は無であり、無は存在と同じである

二つの前提のコプラが主語と述語の同一性を表しているとすれば、この推理は妥当である。さもなければ、これは、形式論理学的には「媒概念不周延の誤謬」に当たる。この誤謬にかかわらず、なお存在と無が同じであるとする理由があるのか否かが問われる。

内容的に見れば、存在も無も一切の限定と規定を超えたところにある。それらは規定されたものの全領域の外、無規定性の領域に置かれているのである。それは、先に見た無限判断の言い表す事態に当たる。そして、それら自身には何の規定もなく、区別の徴表もない。両者が同じとされるのは、両者が区別されえないという意味においてに他な

らない。

無もまた、ここでは何かに対する無ではない。無は、通常何かに対する無として、何かでないこととして理解される。否定判断で表現される否定はそうしたものである。それは肯定に対する否定であり、存在と関わりを持つ無である。のみならず、肯定的な意味を含んでいる。「このバラは赤くない」と言う場合、赤でない他の色を示唆している。しかし、ここではそうした一切の含みが斥けられる。無を存在の対立者として「非存在」（Nichtseyn）とすることも拒まれるのである。存在が有限な存在を超える無限否定によって確保されたように、無についても有限な否定を超える無限否定が遂行されなければならない。そうした無限否定の結果が存在とも言われ無とも言われていると解されるのである。

しかし、次の段でヘーゲルは論調を変える。「純粋存在と純粋無は同じである」と言いながら、今度は「それらは同じではない」と言うのである。真理は、それらが区別されていないことではなく、「それらがまったく区別されておりながら、また分離されておらず分離されえもせず、各々が直ちにその反対のうちで消滅する」（ibid.）ことであると言う。ヘーゲルは次のように述べている。「人は、存在はむしろ無とはまったく別のものであると考える。そして、それらの絶対的区別ほど明らかなものはなく、その区別を示しうることほど易しいことはないように思われる。だが、このことは不可能であり、区別は語られえないことを確信することも同じくたやすい」（ibid.,S.79.）。区別を語りえないから、両者は同じだというのである。

ともあれ、これまでの議論からすると、存在と無が区別されていると言うのは唐突である。最早どうして区別を言うことができるのか。存在と区別された無の来歴をヘーゲルはまったく語っていない。注で述べられていることを含めて敢えて推測するならば、純粋無とは、右に見たように、限定を持った否定の限定性・規定性を捨象することによって獲得されたものであり、無限否定の産物に他ならない。その背景には限定された「或るもの」（Etwas）と「他のもの」（Anderes）の区別と対立がある。それらは後の「定在」（Daseyn）の章で主題化されるものである。それぞれはそれぞれであるとともに他ではない。存在と無がそこでは結合されている。そもそも有限なものにおいては、それで「ある」ということは他で「ない」ことであり、他で「ない」ことによってそれで「ある」。スピノザが〈Determinatio est negatio.〉と記したように、事物の限定は否定である[30]。存在は否定によって、否定は存在によって成り立っているのである。

従って、純粋存在と純粋無といっても、自己自身とのみ等しいと言いながら、存在と否定という相反する方向に行われた抽象化の極致であるから、相互に緊張関係を保持しており、その対立者を省み、反転せざるをえない。ヘーゲルはそれを「移行」（Übergang）と言い、「生成」（Werden）とも「運動」（Bewegung）とも言う。純粋存在と純粋無の真相は、「両者が区別されてはいるが、また直ちに自己を止揚してしまった区別によって区別されている場である運動」である。それをヘーゲルは「一方が他方のうちに直ちに消滅する運動」とも言う。「消滅」（verschwinden）という表現は強すぎるようであるが、それは、存在は無によって意味を持ち、無は存在によって意味を持つということの表現に他ならない。無限否定によって両者が区別できなくなったところでは、両者は否定の方向によってしか理解されず、互いから引き離されることによって、従ってまた互いに引き合うことによってしか理解されない。

ちなみに、先の無限判断に戻るならば、「自己は物である」といった『精神の現象学』に現れる無限判断はこうした緊張関係の中で成立するものであり、無限判断のもう一つの形態である（Phä.d.G.,S.191.）。ヘルマン・シュミッツが定式化したように、完全に対立しあうとされるものが無媒介に結合されるのである[31]。

こうした緊張関係の中で生まれるものが有限なものである。存在と無は互いに浸食しあい否定しあう。それは、フィヒテの「可分的自我」（das teilbare Ich）と「可分的非我」（das teilbare Nichtich）の関係に似ている（Grundlage.,S.108.）。まったく無規定な存在が無によって浸食され否定されることによって有限な存在、或るものが生じるのである。存在を満月に喩えるなら、月は闇によって削られ欠けていく。しかし、闇の方も光によって削られていく。光の範囲が徐々に拡大し、満月となるならば、光は光、闇は闇となる。そこに、如何なる否定によっても限定されない純粋な存在と、如何なる光によっても破られることのない純粋な闇が成立する（Vgl.W.d.L.I/1.S.80.）。この闇が純粋無に当たるのである。

純粋無と純粋存在とは、存在と否定とを完全に引き離した結果得られた二つの抽象物である。それらは最早まったく独立であり、無関係であると見られるかもしれない。しかし、月は闇によって知られ、闇は光によって知られる。一方は他方なしにはなく、互いに照らしあう。この相関性のところをヘーゲルは「存在と無の統一」と言い、「移行」、「生成」と言うのである。

しかし、だからといって、光が闇となり、闇が光となる、と言うことができようか。或いは、文字通り、一方が他方のうちに消滅すると言うことができるであろうか。こうした強い関係を言うためには、単なる相関、相照以上のことを考えなければならない。今、光と闇が互いに重なり合い、合体したとする。ヘーゲルはその状態を「濁った光」、「照らされた闇」と言っている。存在と無に即して言えば、それは「規定された存在」と言い換えられ、「定在」（Daseyn）と呼ばれる。存在（S）と無（N）が完全に重なり合っているから、どの一点をとってもN＋S、S＋Nとなる。恰も磁石のどの点を取ってもN＋S（北と南）であるようにである。SとNは完全に移行してしまっている。ヘーゲルは純粋存在と純粋無は移行する、移行しつつあるというのではなく、移行してしまっている（ist übergegangen）と言うが、それによって表現しているのは、こうしたことではなかろうか。

こうして、「ありかつあらぬ」という事態が成立する。ヘーゲルはそれを「運動」（Bewegung）の表現と考える。「或るものが運動するのは、それがこの今ここにあり、別の今そこにあるということによってではなく、それが同じ今ここにあるとともにここになく、同じここにあると同時にないということによってである」（W.d.L.I.S.287.）とヘーゲルは述べている(32)。あるかと思えばなく、ないかと思えばあるのが運動である。それはまた「生成」（Werden）とも言い換えられる。

実を言えば、ヘーゲルが純粋存在のうちに見ていたものは、パルメニデスの存在なのであった。「純粋存在という単純な思想を絶対的なもの、唯一の真理として（……）最初に言い表したのは、エレア学派就中パルメニデスであった」と彼は言っている（W.d.L.I/1.S.70.）。あれほど近代に執着したヘーゲルがパルメニデスに始まりを見出したということは、哲学史上の学の開始を問題とするなら別として、彼自らが古代哲学に立ち帰ったということであり、意外の感を与える。しかも、彼は始めをエレア学派のように「一者」とすることを批判していたのである。しかし、彼が存在のもとに立ち止まるのではなく、生成を説くに至ったことは画期的なことである。それは、パルメニデスの静止的真理観を超えて、ヘラクレイトスの流動的真理観を受け入れたということを意味するからである。それはヨーロッパにおける哲学史の二大潮流を総合する立場に立つことに他ならない。また、それは、彼自身を含むドイツ観念論の中での論争テーマ、スピノザの無世界説やシェリングの絶対的無差別の批判に通じている。更には、ヤコービの直接知との対決も含んでいる（ibid.,S.82.）。そうした近代哲学の対立を背景にしてヘーゲルが古代を見ていたとするならば、そこには彼独自の哲学史との対話があったということになる。

そもそも彼は近代を分裂の時代と捉えていたが、分裂を克服して統一を恢復すること、絶対者を意識のうちで構成することを哲学の課題とした。彼の方法とされる弁証法もこの課題に寄与するべきものであった。そこでは、絶対者は分裂した世界の外にあるのではなく、後者をうちに宿すものとして考えられねばならなかった。相対に対立する絶対は真の絶対ではなく、有限に対立する無限も真の無限とは言えない。相対的なものから絶対的なものに至り、絶対的なものから相対的なものを導き出しうる体系こそが、彼の追究する体系なのである。

一切の規定を捨象した純粋存在に至り、そこから直ちにまた生成に移行することは、こうした体系の理念に対応するものと言える。一旦パルメニデスの立場に立ち、そこからヘラクレイトスの思想に移る手法は、右のような彼の哲学的課題を哲学史に投影したものに他ならない。逆に見れば、ヘーゲルは古代以来の哲学的問題を普遍的な問題として引き受けようとしたのである。それは、プラトンやアリストテレスが等しく取り組んだ問題であった。

そして、そこから緊張に満ちた思惟の動きが始まる。哲学の営みはこの緊張を引き受け、そこに孕まれているものを顕在化していくことである。しかし、その歩みは発散する無限進行となるのではなく、始めに戻る円環をなすとされている。それによって哲学は体系となるのである。

今日では体系という思想に懐疑的な声を聴くことが多い。ヘーゲルは体系の見地から「真理は全体である」としたが、アドルノは「全体は非真理である」というテーゼを対置し、体系への不信感を表明したが、哲学における思弁的契機の存続には期待を寄せた。所与の事実に宿る現存の力を突破し超越するところに思弁の働きはあり、それは否定性に徹する「否定弁証法」と深く繋っている。アドルノはそのためには思想の自由が不可欠であると説く。全体としての真理はなお理念として彼の胸中にあったと思われる(33)。

注

（1）G.W.F.Hegel, *Wissenschaft der Logik*, I/1., 1832, in: G.W.F.Hegel, *Gesammelte Werke*, 21, Hamburg 1985. Abk: W.d.L.I/1.
（2）G.W.F.Hegel, *Die Phänomenologie des Geistes*, 1807, in: GW.9., 1980. Abk.: Phä.d.G.
（3）*Aristoteles' Metaphysik*, Hamburg 1978.
（4）R. Descartes, *Discours de la méthode*, 1637, in: *ŒUVRES DE DESCARTES*,VI., Paris 1982,p.32f.; *Meditationes de prima philosophia*, 1649, in: op.cit.,VII., p.25. Abk.: Method.
（5）I.Kant, *Kritik der reinen Vernunft*, 1781, 1787. Abk: Kd.r.V.
（6）I.Kant, *Untersuchung über die Deutlichkeit der Grundsätze der natürlichen Theologie und der Moral*, *Zur Beantwortung der Frage, welche die Königl.Akademie der Wissenschaften zu Berlin auf das Jahr 1763 aufgegeben hat*, 1764, in: *Kants Werke*, II.
（7）K.L.Reinhold, *Versuch einer neuen Theorie des menschlichen Vorstellungsvermögens*, 1789; *Über das Fundament des philosophischen Wissens*, 1791, Hamburg 1978. ラインホルトの意識律とは、「意識の中で表象は主観によって主観と客観から区別されるとともに、両者に関係させられる」（Fundament.,S.78.）というものであった。
（8）G.E.Schulze, *Aenesidemus oder über die Fundamente der von dem Herrn Professor Reinhold in Jena gelieferten Elementar-Philosophie*, 1792, Hamburg 1996.
（9）J.G.Fichte, *Grundlage der gesammten Wissenschaftslehre*, 1794, in: *Fichtes Werke*, I., Berlin 1971. フィヒテは「自我は根源的端的

に自己自身の存在を定立する」という命題を絶対的第一根本命題とした（ibid.,S.98）。

（10）ここで、「懐疑」の語源「スケプシス」はもと「探求する（inquiry）こと」という意味であり、その意味を活かして〈Skepticismus〉に対して「スケプシス主義」という訳語を当てる。

（11）J.G.Fichte, *Darstellung der Wissenschaftslehre aus dem Jahre 1801*, in: *Fichtes Werke*, II., Berlin 1971.

（12）確信（Gewißheit）は確実性という意味を持つが、知る（Wissen）に由来する言葉である。ハイデガーは「近代哲学がそれにとって確固たる国であるところに足を踏み入れて以来、確信としての真理が支配的である。真なるものとは無制約の自己知の中で知られたものである」と言う。M.Heidegger, *Hegels Begriff der Erfahrung*, in: *Holzwege*, Frankfurt a.M. 1963, S.124.

（13）ヘーゲルは悟性の反省作用について次のように述べる。「反省的悟性のもとで理解されるのは、抽象しそうすることで分割し、それが行った諸分離の中に留まる悟性である」。但し、ヘーゲルは反省の機能をそのようにのみ限定したわけではない。反省に支配された近代の反省哲学を克服することが彼の課題であったが、それに与るのも反省なのであった。拙著『ドイツ観念論における反省理論』勁草書房、一九九一年、参照。

（14）H.Diels & W. Kranz, *Fragmente der Vorsokratiker*, I., Berlin 1974, S.238.

（15）G.W.F.Hegel, *Enzyklopädie der philosophischen Wissenschaften*, I., 1830, in: *Werke in zwanzig Bänden*, I., Frankfurt a.M. 1970. Abk.: Enzy.

（16）K.L.Reinhold, *Beyträge zur leichtern Uebersicht des Zustandes der Philosaophie beym Anfange des 19. Jahrhunderts, Erstes Heft*, 1801, S.74.

（17）G.W.F.Hegel, *Differenz des Fichte'schen und Schelling'schen Systems der Philosophie in Beziehung auf Reinhold's Beyträge zur leichtern Übersicht des Zustands der Philosophie zu Anfang des neunzehnten Jahrhunderts Istes Heft*, Jena 1801, in: *Gesammelte Werke* (GW.).4., Hamburg 1968. Abk.: Dif. 『差異論文』は、ドイツにおける新たな思想的運動に関するラインホルトの無理解を正し、フィヒテとシェリングの哲学体系の差異を明らかにして、自らの哲学的出発点を確認しようとするヘーゲルの野心的な哲学的処女作であった。そのフルタイトルは、『ラインホルトによる十九世紀初頭の哲学の状態を概観するための寄稿との関係における、フィヒテとシェリングの哲学体系の差異』である。

（18）M.Heidegger, op.cit.,S.126.

（19）『論理の学』では、「絶対理念」（die absolute Idee）がそれであることになる。そして、「純粋存在」はそこに至るための発端であり、そこに根拠を見出すべきものである。とはいえ、それは『精神の現象学』の帰結であり、絶対知、純粋知の直接性が捉え返されたものに他ならない。

（20）第二節参照。
（21）B.d.Spinoza, *Ethica ordine geometrico demonstrata*, 1677, in: *Spinoza, Opera*, Ⅱ., Heidelberg 1972; F.W.J.Schelling, *Darstellung meines Systems der Philosophie*, 1801, in: *Schellings Werke*,3., München 1977; G.W.F.Hegel, *Vorlesungen über die Geschichte der Philosophie*,Ⅲ, S.163, 437, in: *Werke in zwanzig Bänden*, 20, Frankfurt a. M. 1971. Abk.: Gd.Ph.Ⅲ.
（22）R. G. Collingwood, *The Idea of Nature*, 1945, Oxford 1960.
（23）「それは無規定（unbestimmt）であり直接的ないし無媒介（unmittelbar）である」の原文は〈In seiner unbestimmten Unmittelbarkeit ist es（……）〉である。
（24）G.W.F.Hegel, *Wissenschaft der Logik*,Ⅱ., 1816, in: GW.12., Hamburg 1981. Abk.: W.d.L.Ⅱ.
（25）Aristoteles, *Lehre vom Satz*, 2.3 Kapitel, Hamburg 1962, S.96; *Metaphysik*, 1057a33~36, Hamburg 1980, Zweiter Band, X, S. 166f.
（26）三浦俊彦『ラッセルのパラドクス』、岩波書店、二〇〇五年。
（27）立川武蔵『「空」の構造』、第三文明社、一九八六年。
（28）アリストテレスは、「アンティステネスは、なにものもただそれ独自の言葉でしか言い表されえないと考え、一つには一つあるのみと言い」（Met.1024b32.）、「アンティステネスの仲間とかれらのように無教養な連中（……）によると、物事の何であるかを定義することはできない」（ibid.,1043b24.）と言う。
（29）F.Jacobi, *Jacobi an Fichte*, 1799, S.9, 44 in: Werke.,Ⅲ., Darmstadt 1980.
（30）B.d.Spinoza, *Epistola L*. in: *Spinoza, Opera*, Ⅳ., S.240, Heidelberg 1972.
（31）H.Schmitz, *Hegel als Denker der Individualität*, Meisenheim/Glan 1957.
（32）運動を「この今ここにあり、別の今そこにある」と理解する場合には、ゼノンの飛矢静止論に抗しえないこととなろう。
（33）Th.W.Adorno, *Negative Dialektik*, Frankfurt a.M.1966.

第二章　差異の発現
――ドイツ観念論の内部論争とヘーゲル――

序

『論理の学』「存在論」第一部第三章「対自存在」(1) の冒頭で、ヘーゲルは、「定在」(Daseyn) は差異、二元論の領域 (die Sphäre der Differenz, des Dualismus) であり、有限性の野 (das Feld der Endlichkeit) であると言う (W.d.L.I/1.S.144.)。定在は「規定された存在」(bestimmtes Seyn) とされ、存在と否定を含み、両者を結合し統一してはいるものの、それらの統一はまだ措定されているわけではないからである。

だが、そもそも定在は如何にして生まれたのか。定在は「生成」(Werden) を前提し、生成とは存在 (Seyn) と無 (Nichts) が相互に移行することである。存在と無の区別と対立がなければ、生成はなく、定在はない。否、後続のすべてのカテゴリーはこの区別に基づいて生ずるのである。それは一切の規定性の源であると言ってよい。

ここには、ドイツ観念論における重要な争点に触れるものがある。それは、まったく無差別なものから如何にして差異が生ずるのかという問題であった。それは、シェリングの『わが哲学体系の叙述』が惹起した論争であり、シェリングがその答えを保留したことによって、その同一性哲学への批判を招き、その解決に向けて諸哲学者の努力がなされることとなったのである。(2) それに対するヘーゲル独自の取り組みをここに見出すことができる。すなわち、ヘーゲルは「学は何によって始められねばならないか」を問い、存在、「純粋存在」(das reine Seyn) を学の始元とした (ibid.,S.53.)。(3) だが、それだけでは、規定性や差異を導きだすには十分ではない。存在は無規定であり、外からも内においても規定されてはいないからである。存在とともに無 (Nichts) を語りえたことによって、彼は問題に答えることができたのであった。

そう見れば、ヘーゲルの出発点は二元的であったと言える。差異の導出の根底にはそもそも差異があったのである。存在と無という根源的差異がどのように変容していくかという観点から、生成以後の展開を捉えることができる。とはいえ、存在と無を並置することから始めることにヘーゲルが同意することはありえない。存在は無に移行する、或いは移行してしまっていると言いながら、存在の先行性は揺るがない。その立場を二元論とすることは適切ではない。存在の一元論は維持されなければならない。だが、それだけに、一元論と二元性をどう結びつけるのかは、困難な問題となる。本章は、こうした見地からヘーゲルの論述を分析し、彼の思索の真相に迫ることを目的とする。

一　存在の思惟の逆説

始元としての存在から如何にして規定されたものが導かれるのか。存在論の冒頭の論述に、その答えの手懸かりを読み取ることができる。

「存在は規定されておらず媒介されえないもの (無規定的な直接者 das unbestimmte Unmittelbare) である。(……)。それは規定されていないが故に、質を欠く存在である。しかし、自体的に言えば、それに無規定性という性格が属するのは、規定されたものないし質的なものとの対立においてのみである。だが、存在一般に対立するのは規定された存在そのものである。しかし、そのことによって存在の無規定性そのものが存在の質となる。それ故、最初の存在は自体的に規定されたものであることが示されよう」(ibid.,S.68.)。

「定在」とは、前述のとおり、「規定された存在」(bestimmtes Seyn) とされる (ibid.,S.96.)。従って、ここでは、「無規定的な存在が規定された存在すなわち定在である」ことが説かれているのである。

この逆説的な転換を引き起こすのは、無規定的・無媒介なものを前にする反省 (Reflexion) である。[4] 反省は、無規定的・無媒介とされているものの真相を問う。それを洞察するならば、それは、規定されたものとの対立の中でしか考えられていないということが分かる。すなわち、それは、それ自身対立の項である。よって、それには規定性が属する。それは、それ自身規定されたものなのである。

このことは、無規定的・無媒介的という表現そのもののうちに含まれている。まさしく規定性 (Bestimmtheit)、媒介可能性 (Mittelbarkeit) の否定として、無規定性 (Unbestimmtheit)、直接性 (Unmittelbarkeit) という語はある。それは、一の対立概念なのである。従って、右の論述はこのことを顕在化させたものと言えよう。

こうして、まったく規定されていないとされるものが規定されたものであることが洞察される。「無規定的なものは規定されたものである」という洞察が生まれるのである。それは一つの概念が反対のものとなることを示しているように見える。規定を持たないという意味に反して、反対の意味が付与されるのである。それは右の捉え方を洞察した結果に他ならない。そこには、ヘーゲルが論理的なものの第二の面とした弁証法的な面の働きがある。[5]

だが、無規定な存在は規定されたものとされるだけではない。規定されたものとは有限なものである。しかし、有限なものは無限なものとの相関概念であり、規定されたものは無規定なものとの相関概念である。有限なもの、規定されたものを考える時には、同時に無限なもの、無規定なものを考えている。それらは、それ自身のもとにとどまることはできず、止揚される。それらが一つの関係をなすことが認められる。この関係は、有限なものと無限なものの対立、規定されたものと無規定なものの対立を超える次元である。ヘーゲルはそれを「存在の自己自身に対する無限な関係」と言う。「有限な存在としての定在は自己を止揚し、存在の自己自身に対する無限な関係に移行する」(ibid.,S.68.)。そして、この無限な自己関係が「対自存在」(Fürsichseyn)と呼ばれるようになるのである(ibid.,S.144.)。「対自」(für sich)という表現は、自己に対し自己に向かうという関係構造を示すが、また「それだけで」という意味をも持つ。まさしく対立を超え、それだけである境位に存在は立つのである。始元の存在の意味は、ここで回復されていると言えよう。そして、有限な存在を超越するこの働きは、論理的なものの第三の面とされた思弁的な面のそれに他ならない。論理的思惟の全側面が存在論冒頭の論述に関わっていることが分かる。このように見れば、無規定なものから規定されたものを導出するものは、論理的思惟の一つの面であった。まさに無規定なものとして思惟せんとすることが、それを規定されたものにするのである。この事情を存在論の本文において見ることにしよう。第一章「A　存在」において、ヘーゲルは言う。

「存在、純粋存在はそれ以上の一切の規定を欠いている」(ibid.,S.68.)。

この文は、存在をまったく抽象的なものとして理解することを求めているように見える。つまり、一切の規定を捨象したものとしてである。だが、そのように解すれば、存在は規定に対立したものとなる。対立があってはならないとすれば、「一切の規定を欠いている」という否定は、この抽象をすら否定する否定の否定を意味すると考えねばならない。

にもかかわらず、存在は無規定的・無媒介的(直接的)と表現される。対立的な表現を免れることはできないのである。だが、ヘーゲルはその誤解を正そうとする。「それは自己自身とのみ等しく、また他のものに等しくないということもない」(nur sich selbst gleich und auch nicht ungleich gegen anderes)(ibid.)。前半は、「存在は存在である」と述べていることと同じである。これに対し、後半の「等しくなくはない」という二重否定を形式的に解すれば、「存在は他のもに等しい」と言っているように見える。これは前半に矛盾する。しかし、それは、多くのものがあるのではなく、存在しかないこと、その限り、それでない他のものはなく、従って他のものに等しくないということもないことを主張しているのである。比較すべき相手はそもそもなく、外のものに対する差異も同等性もないのである。比較の相手を前提する相対的否定ではなく、比較そのものを否定する否定が遂行されていることになる。

だがまた、ヘーゲルは、存在それ自身の内部に差異があるというわけではない、と言う。存在は自己自身に等しく、存在は存在であるからである。しかし、右の否定の否定のプロセスを考えるならば、この主張は存在を抽象的なものに引き戻す恐れがある。

「何らかの規定やその中で区別されるような内容、或いはそれが他のものから区別されたものとして措定されるような内容があれば、存在は純粋な形で堅持されることはないであろう」(ibid.,S.69.)。

このようにヘーゲルは付言する。そして、「存在は純粋な（まったくの）無規定性であり、空虚さである」(ibid.) と主張するのである。対立の止揚を背景に持つ存在も、それだけとして見れば、如何なる規定も語りえず、如何なる内容も見出しえないと言っているとも解しえよう。しかし、少なくともそれは否定の否定という歴史を持つのでなければならない。その意味で、この付言は存在を無規定性という面に引きつけようとする姿勢の現れと見られる。

しかし、それを前にした時、思惟は如何なる経験をするのか。「その中では何も直観されない (Nichts)。(……) 或いは、存在はこうした空虚な思惟作用 (diß leere Denken) である」(ibid.) とヘーゲルは言う。直観し思惟するものから見れば、何も直観できず思惟できないという事情があるのみである。まさしく直観や思惟にとっては、存在は何ものでもなく空虚であると見えざるをえない。それらは機能停止に陥り、限界に直面していることになる。それは、それらが存在をまったく抽象的なものとして捉えようとした結果であり、その証左であると言えよう。従って、「存在、無規定的直接者（無媒介なもの）は実際は無であり、無以上でも以下でもない」(ibid.) と言わざるをえないこととなるのである。

ここにあるのは、抽象的な同一性言明は何も語っていないということと同じ事情である。[6]「AはAである」と言う限りでは、Aが何であるかはまったく規定されていない。Aを限定すべき他のものは捨象されている。そのようにしてAの同一性を確保しようとする思惟は悟性的である。「存在は自己自身とのみ等しい」とし、「存在は存在である」とするのは、同じ悟性の次元の思惟に他ならない。総じて、存在を悟性的に理解しようとすることが、存在を空虚なものとして捉える結果となるのである。

無は、この悟性的抽象的理解の非生産性を示すものに他ならない。それは、完全な空虚さ、無規定性、無内容性であり、それ自身のうちに区別を有しないことである。それは「同じ規定ないしむしろ無規定性であり、したがって総じて純粋存在と同じものである」（ibid.）とヘーゲルは言う。「同じ規定」と言い、これを「無規定性」と言い換えたところにヘーゲルの真意が現れている。彼は、何も直観されず思惟されないことを、或るものが直観され思惟されることと区別して捉えるのであり、その区別が妥当である限り、何も直観せず思惟しないことが意味を持つと言うのだからである。つまり、両者は区別された作用であり、よって規定された作用である。それに応じて、直観された無は、直観され思惟された或るものから区別されそれと対立したものであることになる。

まさにこの意味で、「純粋存在と純粋無は同じである」（ibid.）。或いは、純粋無は純粋存在の否定的な本性を顕在化させたものであると言えよう。それは、無反省な直観と悟性的な思惟に自覚を促すものであると言うことができるかもしれない。振り返れば、存在は無に移行してしまっている（ist übergegangen）ということが分かるのである。或いは、むしろ、存在を空虚とし無として抽象的否定的に捉えようとする態度が先にあったと言うべきかもしれない。

こうした自覚と反省の深まりを見るならば、純粋存在と純粋無は同じであるとされながら、それらが区別されていることも認められていることが分かる。「それらは区別されてはいるが、同様に不可分である」（ibid.）ことが事の真相である。純粋存在の真相は純粋無であり、純粋無は純粋存在の真相という意味で純粋存在である。従って、純粋無もまた純粋存在として捉えられ、これへと移行しているのでなければならない。

こうして、「存在は存在である」という言明は、「存在は無である」という言明に移行せねばならない。それは、前者の自己反省による弁証法的移行である。存在と無の間には「規定的否定」(die bestimmte Negation)の関係がある。純粋無そのものがこの文脈においては規定的な無(das bestimmte Nichts)に他ならない。ヘーゲルはその関係を、各々はその反対のうちに消滅すると表現する(ibid.)。それらの真相は、一方が他方に消滅する運動である。このような形で存在が無と区別されていながら不可分であるということ、それは古来「生成」(Werden)と呼ばれてきた。現象があるとともにないことが生成であり、運動であったのである。

生成がこのような形で導かれることの背景にあるのは、存在が当初否定の否定として思弁的に捉えられず、悟性的・抽象的に捉えられたという事情である。一切の規定と限定を超えたものとして考えようとしながら、それを矢張り「AはAである」という形式で捉える他はなかったということが、存在を無に転化させ無として捉える結果となったのである。

そうであるとすれば、移行や生成が発生する場は、抽象化された存在、規定された存在に他ならない。そうした存在が無であることが判明するのであり、無に移行するのである。それに応じて、無もまた無規定的・無区別的とされながら、規定された無であることになる。そうした存在と無が対立しつつ関係することにおいて、二元論の領域は設定されていると言うことができる。

二　定在するものの発生

純粋存在は一切の規定性を捨象したものとして捉えられる。その限り、それは無である。そして、無規定的であるとされながら、却って規定されたものである。規定性の否定であることによって規定性に対立しており、限定されているからである。直接的で無媒介であるということも維持しがたい。それは、この対立を介して捉えられたのであり、媒介されたものだからである。

このような存在は無であると言う時の無の概念もまた規定されている。それは規定を持たず内容を持たないとされることによって、却って限定されている。何か或るものの無としての規定的な無ではないにせよ、まさしく規定的な無の規定性に対立することで規定されたものとなっているのである（ibid.）。

こうして、純粋存在と純粋無の関係は規定されたものの間の関係である。両者の同一性の確認は、両者が規定されたものであることの確認である。存在は無に移行するのではなく、移行してしまっていると言う。それは、純粋存在を純粋存在として把握することは不可能であり、把握しようとした時すでに規定されたものとしてしまっているということに他ならない。純粋存在が先ずあって、それが無に転ずるというわけではない。そのような暇すらない事情が述べられているのである。その意味で「純粋存在と純粋無は同一なのである」。

とはいえ、純粋存在はさしあたり主語であり、純粋無は述語である。純粋存在が空虚であることの確認が「純粋存在は無である」という命題だからである。両者の関係には、この意味の区別がある。だが、この区別は、一方が実体で他方が属性であるという区別ではない。純粋無であるということ以上のものを純粋存在が残すわけにはいかない。純粋無が純粋存在なのである。主語は完全に述語のうちに吸収され、述語が主語に取って代わらねばならない。「無が存在なのである」。「存在は無である」という命題は、ヘーゲルが思弁的命題に要求したこと、主語から述語の方向に読むとともに、述語から主語に向かって読むという両方向の読み方を求める。(7)

このことが、両者は同じであるとされながらまた区別されており、区別されておりながらまた分離されておらず、分離されえないということの意味である。各々は互いに反対でありながら、反対のうちに消滅すると言う。自己のうちに何かを残すのではなく、完全に反対のうちに吸収されるのである。

それは、存在は存在に、無は無にとどまることはできないということである。「あるものはある」、「ないものはない」

としたパルメニデスの主張の崩壊を意味する。運動、生成を宇宙の真相としたヘラクレイトスの世界観に支持を与えることである。いまここにあるものがすでになく、ないものが生まれ、あるものが消滅することが運動であり、生成である。「存在と無の真相は、一方が他方のうちで直ちに消えるということの運動であり、生成である」(ibid.) とされる所以である。

生成においては、存在と無は分離されない。この不可分性によって、存在は存在ではなく、無は無ではない。しかし、存在と無がまったく消滅するというわけではない。両者は捨象されるわけではなく、保存される。生成は存在と無の統一とされねばならない。しかも、存在と無という区別を宿し、内に限定を有する統一である。それは規定された統一である。存在と無はその中で当初認められていた自立性を失い、契機となっている。区別されてはいるが、同時に止揚されたものとしてである。

それらが互いに区別されていながら止揚されているということは、その各々が他方との統一としてあるということである。存在は直接的であるとともに無への関係として、無も直接的であるとともに存在への関係としてある。生成はこれら二つの統一を契機とする統一である。但し、契機としての統一の中で、存在と無は違う価値を持つ。一方では無が直接的であり、無が存在に関係し、存在に移行する。他方では、存在が直接的であり、無に移行する。前者は発生 (Entstehen) と呼ばれ、後者は消滅 (Vergehen) と呼ばれる (ibid.,S.93.)。

発生と消滅は方向を異にするが、ともに消滅である。それらは互いに無力化しあう。消滅においては存在が無に移行するが、無もまた存在に移行し発生となる。それぞれはそれ自身の反対となる。しかも、他方によってではなく、自己自身において自己を止揚し、それ自身において自らの反対なのである。

このようにして、それらは均衡を維持する。しかし、存在と無が消滅するという面のみから見ると、生成は停止する。生成はそれらが区別されていることを前提するからである。生成そのものが消滅し、消滅することが消滅する。無から反転した存在、存在から反転した無の統一があるのみである。こうして、静止的な統一が結果する。生成は動揺であるが、それは支えを持たず、動きを止めた結果となるのである。

このことは、生成には矛盾（Widerspruch）があるということである。生成とは、存在と無が互いのうちに消滅し、存在と無一般が消滅することである。だが、それらの区別がなければ生成もない。生成は両者の無差別と区別に基づいて成り立つ。互いに対立しあうものを結合することによって生成はある。だが、こうした結合は生成を破壊することとなるのである。

その結果は何か。それは全くの空無ではない。動きを止め、静止したものとなった存在と無の統一に他ならない。ヘーゲルはそれを静止的な単純性と表現する(8)。そして、再び存在と規定する。もとより、始元の存在ではなく、右の過程の結果としての、全過程を総括するものとしての存在である。それは、存在と無の統一が一面的で直接的な統一の形をとったものであり、存在するものとしてあるものに他ならない。ヘーゲルはそれを「定在」（Daseyn）と呼ぶのである。

定在とは「規定された存在（bestimmtes Seyn）である」（ibid.,S.96.）。それは、始元の存在が無規定的とされたのとは違う次元にある。その中には存在と無の区別がある。しかも、これらは規定されたものとしての存在と無である。そうした両契機を宿すものとして、定在は内に規定を有している。だが、定在は存在という一面的な規定のうちにあるという意味でも規定されている。それは、その背景にあった生成という媒介過程を置き去りにし、最初の出発点であるかのように登場する。それは存在と無の単純な一体性であり、この単純性の故に直接的なものという形式を持つからである。しかし、定在が含むもう一つの契機、無は存在という規定に抗して同じく定在のうちに現れる。これによって、存在という規定がまさしく規定であるということが明らかになるのである。

「定在はそもそも非存在を伴う存在である。この結果、この非存在は存在との単純な統一のうちに取り上げられている。非存在が存在のうちに取り上げられ、具体的な全体が存在、直接性の形式を帯びていることが規定性そのものの本質をなすのである」（ibid.,S.97.）。「定在はこのような意味で規定された存在であり、具体的なものである。従って、そこからは直ちに幾つもの規定、その契機の様々な関係が現れる」（ibid.,S.98.）。これに対して、始元の存在は無規定的であり、そのうちには何の規定も生じないのであった。まさしく有限な事物は如何にして導出されるのかという問いへの答えは定在のうちにあり、また定在の規定性を導出する中で与えられていると言わねばならない。

存在と規定性は密着している。この関係は直接的であり、そこには区別は立てられない。存在と一体の規定性、それをヘーゲルは「存在する規定性」（die seyende Bestimmtheit）と言い、「質」（Qualität）と名づける。それは、まったく単純で直接的なものである。そして、この単純さの故に、質についてそれ以上のことを語ることはできない。質は、定義や説明によって理解することはできず、ただそのようなものとして受け取ることができるだけである。

しかし、規定性とは、そもそも存在が無と不可分であり、無と表裏一体であって、無によって規定されているということである。定在のうちには、存在と無がともに含まれている。従って、質をただ直接的に存在するだけの規定性と解することは正しくない。その一面性は正されなければならない。定在はその基準としてある。

無とは、当初、存在が何ものでもなく無に他ならないということを意味するものであったから、ここでは、質とは他の何ものによっても捉えられずそれ自身によってしか理解されないという否定的な事情を言うものに他ならないであろう。質は他の何ものでもないという形で捉えられるのである。すなわち、反省された（reflektiert）ものとして捉えられるのである。直接的で存在と一体の規定性を否定的に表現したものが、無である。それは否定（Verneinung）である。存在の否定という意味では、それはそれ自身同様に反省されたものである。存在する規定性が更に否定的に規定されたもの（das Bestimmte einer Bestimmtheit）が、無に他ならない（ibid.）。

存在する直接性としての質が無から区別されて捉えられるならば、「実在性」（Realität）と呼ばれる。これに対して、この質が否定とともに語られる場合には、「否定」（Negation）となる（ibid.）。この否定は質であるが、欠如と見なされる。欠如とは、一つの質があることに対して、それがないということである。「赤い」ということに対して「赤くない」ということである。そして、「赤い」は「赤くない」に接し、これと対峙する形で「赤い」である。「赤くない」が「赤い」を囲繞し、「赤い」をあらしめているのである。こうした否定は限界（Grenze）と呼ばれ、更には制限（Schranke）の概念に発展する（ibid.,S.110,118.）。スピノザは「規定は否定である」（Determinatio est negatio.）と語ったが(9)、まさしくこの構造がここに示されているのである。

この意味で実在性は否定を宿している。しかし、それは隠れがちであり、存在の面のみが強調される。その時、実在性は肯定的なものと見なされ、否定や制限や欠如はそこから排除される。

一方、単なる欠如として捉えられた否定の側も定在であることには変わりがない。無は存在と一体であり、一方は他方を超えることはなく、双方で定在を構成していたのである。存在が無に伴うように、無にも存在が伴う。定在が無の側から見られ、存在の否定すなわち非存在（Nichtseyn）として捉えられたものが否定なのである。

このように定在のうちには、二つの質が現れる。すなわち、実在性と否定の区別がである。だが、これらの区別は区別されたままであるのではなくまた止揚されてもいる。実在性は否定を含み、否定もまた存在に対する非存在として存在から分離されておらず、定在に属するからである。とはいえ、区別は抹消されるわけではない。また止揚によって定在としての始めに帰るわけでもない。事実起こっていることは、定在一般の概念が獲得され、そのうちに区別が認められ、そしてこの区別が止揚されているということである。区別の止揚によって定在の単純性が回復されるのである。この過程を通して、定在は本来の規定性を得る。それは定在自身の規定性に他ならない。それによって、定在は自己を失うことなく、自己のうちにあることになる（Insichseyn）（ibid.,S.103.）。

三　有限性の領域

定在は分裂し分散することなく凝固性を保つ。その意味で、それは「もの」と化す。ヘーゲルはそれを「定在するもの」（Daseyendes）と言い、「或るもの」（Etwas）と言う。こうして、一見安定的に見える「もの」が導出されるのである。

そこには、否定の否定の構造があり、存在するものとしての単純な自己関係がある。しかも、この単純な自己関係は自己媒介（die Vermittlung seiner mit sich selbst）（ibid.,S.103.）によって回復されたのである。こうした自己媒介は生成のうちにすでにあるものであった。それが或るもののうちで措定されたものとなっているのである。措定されているということは、単純な同一者として規定されているということに他ならない。

とはいえ、或るものは実在性の側における定在の統一である。それに対しては、否定の側における統一もなければならない。それもまた定在するものではある。ただし、或るものを否定するもの（Negation des Etwas）、他のもの（ein Anderes）である（ibid.,S.105.）。或るものと他のものは、生成を構成する存在と無に対応する。生成としての存在から無への移行は、ここでは或るものが他のものになることである。すなわち、変化（Veränderung）（ibid.,S.104.）である。それをヘーゲルは「具体的なものとなった生成」（ibid.）と言う。とはいえ、この生成は概念のうちにあるにすぎず、まだ措定されたものとなっているわけではない。或るものは、自己に関係する中で単純に自己を保持しているにすぎない。それの否定である他のものも、同じく質的なものであって、他のもの一般としてあるにすぎない。或るものと他のものは互いに無関係に対しあっているにすぎない。こうして、相異なる二つのものが並び存するという体制が生まれるのである。それは、それぞれが有限なものとしてあることを物語っており、まさしく有限性の領域（ibid.,S.144.）が拓かれるのである。

さて、或るものと他のものがまったく無関係であるとすれば、或るものに対する他のものという規定は二次的となる。どちらが或るもので、どちらが他のものであるかは一義的には定まらない。どちらもが或るものであり、またそれに対する他のものでありうる。それを決定するのは、第三者が行う比較（das Vergleichen des Dritten）である。他のものについて見れば、それは或るものとの関係において他のものという意味を持つが、また或るものの外にそれだけであるということになる（ibid.,S.106.）。

だが、他のものという概念を或るものから切り離してまったくそれだけで捉えたらどうなるか。まったくそれ自身との関係においてである。そうすると、それは或るものの他のものというのではなく、それ自身における他のもの（das Andere an ihm selbst）（ibid.）であることになる。それをヘーゲルは「それ自身の他者」（das Andere seiner selbst）（ibid.）と言う。同一であることを些かも含まない他を考えるとすれば、それが自己同一性を保つことはありえず、これを否定し自己自身の他者とならねばならない。それは「自己のうちでまったく不等なもの、自己を否定するもの、自己を変じていくもの」（das in sich schlechthin Ungleiche, sich Negirende, das sich Verändernde）（ibid.）たらざるをえない。他のものは変わり、更に他のものになるのである。

だが、そうであることが他のものの本領であるとすれば、他のものはそのことによって却って自己同一性を保持していることになる。それが変じていくものは矢張り他のものであり、変ずるということ以上の規定を持ってはいないからである。変ずることにおいて、それは自己自身に出会うことになる。まさに変ずることがそれの本性であり、変ずる中で自己同一性を見出すのである。そこでは他であること（他在）は止揚され、自己同一的なもの、他のものとは反対の或るもの（mit sich identisches Etwas）が見出されることになる（ibid.）。他のものは「それ自身の反対」であることが明らかになるのである。

或るものの方はどうであるか。定在の一方の契機、無を否定して自己に帰った存在が定在する「或るもの」であった。それはそれの否定に面しつつ、その中で自己を保持している。それはそれの否定（非定在）と一体であるとともに一体でない。このような構造をヘーゲルは関係（Beziehung）と言う。「或るものはそれの他在との関係のうちにある」と言うのである。他在は或るものの中に含まれているとともにそれから分離されている。この意味で、或るものは他のものに対してある（Seyn für Anderes）。

そこには他のものとの対抗緊張がある。他のものへの関係に抗して自己に関係しているのである（Beziehung auf sich gegen seine Beziehung auf Anderes）（ibid.,S.107.）。或いは、不等性に抗する自己同等性（Gleichheit mit sich gegen seine

Ungleichheit）がある（ibid.）。そのようなあり方をヘーゲルは自体的にあること、自体存在（Ansichseyn）と表現している（ibid.）。

すなわち、自体的にあるということは、非定在に対する否定的な関係である。それは他在をそれの外にあるものとし、これと対立している。或るものが自体的にある限り、それは他のものであることと他のものに対してあることから解放されている。だが、それはまた非存在を自らに具えている。なぜなら、それは他に対してあることの否定、他に対してあらぬこと（das Nichtseyn-für-Anderes）だからである。そのような仕方で他に対してあるのである。自体的にあることが他に対してあることを指示するように、他に対してあることが自体的にあることを指示する。それは存在の単純な自己関係の否定であるが、存在をこの否定から自己へ反省したものとして指示するのである。

自体存在と対他存在が或るものの規定であるということは、こうした事情を含んでいる。そして、それは両規定の同一性にまで発展する。或るものはそれが自体的にあるものを付帯的に持ち、それが他に対してあることとしてあるあり方がそれの自体的なあり方でもあることになる。自と他の区別はなく、内と外の区別もない。自体的とは対他的に対立し、これを捨象する抽象的な規定である以上、外的な規定に他ならない。それはそれ自身付帯的である（ibid.,S.108.）。或るものが自体的にのみあるものは、その或るものに付帯的に（an ihm）のみあるのである。他に対してあることと或るものの自体とは同一である（ibid.）。対他存在はそのような仕方で或るものに付帯している。それはそれ自身自己内反省した規定性である。そのようにして、それは単純な存在する規定性（seyende Bestimmtheit）、「質」（Qualität）となる。こうした規定性をヘーゲルは「規定」（Bestimmung）と呼ぶ（ibid.,S.110.）。

規定とは、或るものの中の自体的なものと付帯的な存在との統一であり、そのようなものとしての質（ibid.）である。それによって、或るものは他のものと関わり規定される可能性に曝されながらも、それに抗して自己同一性を保持する。他のものと関係することによって様々な規定性が生まれるが、これらがあるものの自体的なあり方に則りそれを満たすようになっている場合、或るものはその規定を実現していると言われる。だが、規定の概念は、或るものが自体的にあるものがそれに付着してもいるということを含むにせよ、それには吸収されないものもある。これは、外にあるものとして対立し直接的なあり方をしている感覚や自然である。これに対しては、規定は「当為」(Sollen) という意味を持つことになる (ibid.S.111.)。

この規定の外にあるもの、それは他のものに対するというあり方しか持たない。或るものにはなおこうした規定性が付属している。それはそれなりの存在を持つが、或るものの自体存在には属さず、その外面として付着しているにすぎない。そのようなものをヘーゲルは「性状」(Beschaffenheit) と呼ぶ (ibid.)。

この性状によって、或るものは他のものの影響を被り、他のものとの関係に巻き込まれ、規定される。それは偶然的な事柄である。とはいえ、外面的なものに曝され性状を持つということも、或るものの性質である。それによって或るものは変化する。しかし、この変化は或るものの表面にとどまり、その規定を変えるには至らない。或るものはその中で自己を保持するのである。

規定と性状はこのように区別される。だが、規定が性状に移行し、性状が規定に移行することもある。或るものの自体的なあり方とは、そもそも対他存在との緊張関係において成立していたものであった。それは対他存在を伴っている。或いは、自体的なもの自身が付帯的なものである。よって、それは他のものとの関係すべてに対して開かれている。それは他のものを含む規定性、性状と結合される可能性を有している。性状が自体存在の中に入り込み、規定は性状となる (ibid.S.112.)。

また、性状がまったく孤立させられ、それだけであるとされるならば、それ自身自己に関係する定在となり、規定性を持った自体存在、規定となる。規定と性状はこのように転換しあう。両者を分離しようとも、性状は規定に依存し、また性状が或るもの自体に属することによって、或るものは性状とともに変化するということになる。変化は最早表面的ではない。或るものの本質に関わる変化が生じる。否定が或るものに内在的なものとして措定され、或るものの自己内存在の展開されたものとなるのである (ibid.)。

こうして、或るものは自己自身に基づいて他のものに関係する。他在が或るもの固有の契機としてそのうちに措定されており、或るものの自己内存在は否定を含み、それを介して或るものは肯定的な存在を得ているからである。他のものは或るものから区別され、或るものの外に置かれる。だが、それらは概念的に繋がっており、単に外在的に向かいあっているだけでなく、或るものは他のものに移行するという連関が成り立つ。しかも、他のものが他のものであるだけではなく、或るものも他のものに対して他のものである。或るものの自己内存在は他在の否定（他であることでないこと）であり、或るもの自身が否定的なのであって、他のものが停止するところに他ならないからである。或るものは、否定的に他のものに関係することによって、自己を保持する。それは、否定の否定として自己内存在を保持する。これがそれの自体存在をなすのである。それは他のものに対する他のものに他ならないからである。

四　有限者の矛盾と無限への回帰

否定の否定は或るものの自己内存在に達する一連の過程であるが、二つの否定は別々の或るものを意味しもする。よって、そこには、両者を分離するとともに関係づける働きがある。ヘーゲルはそれを一つの規定性に纏め、「限界」（Grenze）と名づける。

この分離の面から見るならば、或るものは他のものに対してあらぬこと（das Nichtseyn-für-Anderes）になる。限界においては、この面が際だってくる。或るものは自己のうちに還帰しており、他のものは限界によって侵入することを阻止される。とはいえ、或るものが他のものに対してそれであることが失われるわけではない。限界は或るものと他のものとを分離するとともに関係づけるものであるから、或るものと他のものを観念的に含んでいる。それらは、本来、契機としてあるにすぎなかったのである。二元論の領域である定在の領域でのみ、それらは質的に区別されたものとして措定されるのである。限界は両者を含むとともに区別する。それは、このような矛盾した機能である。この点を更に分析するならば、限界によって或るものは他のものを斥け、自己の存在を確保するが、またそれ自身の存在を失いもする。なぜなら、限界は他のものが或るものを斥けるところでもあるからである。それは、或るものが他のものに対して持つ限界でもある。それ故、限界は他のものがあらぬところであるのみならず、或るものがあらぬことになるところに他ならない。

とはいえ、限界によって或るものはそれのあるところとなり、その中に自らの質を持つ。他のものも同様である。こうして、限界においては、或るものも他のものも、それぞれ制限されたものとしてにせよ、あるものである。限界とは、或るものと他のものがあるとともにあらぬことになる媒介である（ibid.S.114）。

あるということとあらぬということを別々のものとし、直接的な質的区別と見るならば、或るものがある（定在する）ということとあらぬ（定在しない）ことは分離する。或るものはあるかぎりあらぬことはなく、あらぬかぎりあることはない。従って、限界は或るものがあらぬことになるところだとすれば、或るものと限界は別であり、或るものは限界の外ないし内側にあり、他のものもそうである。限界は或るものでも他のものでもない第三のものである。

だが、このように考えるならば、或るものと他のものは定在一般となり、区別のないものとなる。各々は或るもの一般ないし他のもの一般でしかなく、同じものとなる。両者は、限界によって互いに区別されていなければならない。限界は両者が区別されていることをともに示すところであり、両者を区別するとともに統一するところである。それは定在がそうであったのと同様である。従って、或るものの存在と限界を分かつことはできない（ibid.S.115）。それにもかかわらず、限界と直接的な存在を区別するならば、限界のこの分裂は或るもの自身の分裂を惹起する。或るものは自己を自己自身から分離し、自己の非存在を指示し、これを自己の存在として語り、それへと移行せざるをえない（ibid.）。

第一の面からすれば、或るものの限界において、他のものが直ちに始まる。第二の面からすれば、或るものは自己自身を超えて行かされる矛盾であり、動揺するものである。いずれにせよ、限界において、或るものは他のものに移行する。或るものは、それに内在する限界によって自己を超えていくよう指示される。それは、或るものが或るものにとどまることができないということであり、その自己同一性を維持することができないということである。或るものは或るものでない。それは、こうした自己矛盾（der Widerspruch seiner selbst）（ibid.,S.116.）に他ならない。ヘーゲルはこうした自己矛盾を宿しているものを「有限なもの」（das Endliche）と名づける（ibid.）。すなわち、ヘーゲルはこのようなものとして有限なものを導出するのである。それは、有限なものもまた決してそれ自身のもとにとどまらず、その有限性を止揚して無限なもの（das Unendliche）となる必然性を宿していることを意味するものに他ならない。

以上の考察によって、ヘーゲルが、如何にして無規定的無限定的な純粋存在から有限なものが導き出されるのかという問いにどのように答えたのかが明らかになる。それは、始めに述べたとおり、シェリングの同一性哲学への疑問に始まり、ドイツ観念論を動かした問いであった。のみならず、あらゆる統一的体系、統一的宇宙観を目指す哲学的思索の中心的な問いであった[10]。その解決の難しさこそが、様々な哲学を生み出してきたと言って過言ではない。とりわけ、近代においては、第一原理の定立には主観・客観の対立を克服するという課題が伴っていた。『精神の現象学』においてこの課題を果したヘーゲルは、有限なものの導出のために如何なる工夫を凝らしたか。始元としての純粋存在に論理的思惟の様々な側面を関わらせることによって、無規定性のうちに規定性を見出し、更にこれを止揚しようとする努力のあることが分かる。有限なものは弁証法と思弁によって再び無限なものに還帰しなければならない[11]。そうした思惟の働きを注視することによって、ヘーゲルは体系的円環を構想することができたのである。それは、存在と思惟の対立の克服を主張しながら、なお思惟を一契機として保存することによって可能となったと言える。近代主観主義の精神がそこに息づいているのである。

注

（1） G.W.F.Hegel, *Wissenschaft der Logik*, I/1., Berlin 1832, in: GW.21., Hamburg 1985, S.144f. Abk.: W.d.L.I/1.

（2） F.W.J.Schelling, *Darstellung meines Systems der Philosophie*, 1801. エッシェンマイヤーは、『非哲学への移行における哲学』（*Die Philosophie in ihrem Uebergange zur Nichtphilosophie*, 1803）において、シェリングの同一性哲学のこの欠陥を指摘する。これに対して、シェリングは、『哲学と宗教』（*Philosophie und Religion*, 1804）を著し、哲学を擁護する見地から反論を試みるが、フィヒテは一八〇四年の講義において真理論と現象論からなる独自の超越論哲学の体系を構想するとともに、一八〇五年の講義と翌年の『知識学の従来の運命とその概念について』（*Über das bisherige Schicksal der Wissenschaftslehre und ihren Begriff*, 1806）において、シェリングを批判しつつ、絶対者から有限者の発出の必然性を追求する。中・後期における現象論の主題がここに生まれるのである。一方、ヘーゲルは、シェリングに与しつつ、『差異論文』において、絶対的無差別から差別相への展開を必然的なものと見なしていたが、フィヒテによる現象論の構想と前後して独自の現象学の構想を練り、『精神の現象学』として公刊する。その中で、シェリングとシェリング学徒への批判が示されていることは周知のことである。なお、ヘーゲルは、『論理の学』において、「無限なものが如何にして自己の外に出て、有限性に達するか」という問いに答えることが、哲学の本質であるとされてきたと述べ、それをめぐる考察の仕方を示している。W.d.L.I/1.S.139ff. 山口祐弘「同一性哲学のアポリアと一八〇五年知識学の実存思想」『思想』第一〇四五号、岩波書店、二〇一一年。

（3） 山口祐弘「ヘーゲルにおける哲学の始元——純粋知の生成と境位——」『理想』第八六〇号、平成二〇年二月。前章参照。

（4） ここに「反省」（Reflexion）の作用を読み込むことは早計であるという見方もありえよう。反省は本質の運動とされているからである。しかし、「無規定性」という表現は明らかに規定性の否定として対立概念であって、規定性との反照関係にあり、それ自身反省の表現である。

（5） ヘーゲルは「論理的なもの」（das Logische）に三つの側面、抽象的・悟性的、否定的理性的・弁証法的、肯定的理性的・思弁的な面を認めた。第二の弁証法的な面とは、思惟規定がその真相においてはそれの反対であることを洞察するものに他ならない。G.W.F.Hegel, *Enzyklopädie der philosophischen Wissenschaften*,I.,1830, §79~82, in: *Werke in zwanzig Bänden*,8., Frankfurt a. M. 1970. Vgl. W.d.L.I/1.S.92.

（6） G.W.F.Hegel, *Wissenschaft der Logik*, I., in: GW.11.S.264, Hamburg 1978. Abk.: W.d.L.I. ヘーゲルは言う。「すなわち、例えば、植物とは何か、という問に対して、植物は——植物であるという答えが与えられる場合、そうした命題の真理は社会によって吟味され、社会全体によって認められるが、同時に、それによっては何も言われていないということ（daß damit Nichts gesagt ist）が、同じく一致して主張される」。同一性命題はこのように何も主張していないということと同じであり、ヘーゲルは、本質論においては、この事態を同一性が区別に反転することとして捉える。「区別は（……）同一的言明によって語られる無（das Nichts, das durch das identische Sprechen gesagt wird）である」（ibid.,S.265.）

（7）G.W.F.Hegel, *Die Phänomenologie des Geistes*, 1807, in: GW.9., Hamburg 1980, S.44.

（8）原文は次のとおりである。〈die zur Einfachheit gewordene Einheit des Seyns und Nichts〉

（9）Baruch de Spinoza, *Epistola L*, in: *Opera*, Ⅳ, Heidelberg 1972, p.246. 次章参照。

（10）フィヒテは、すべての哲学と知識学が共有すべき課題として、次のことを求める。すなわち、多様なものの原理として統一＝Aを明らかにし、また逆に多様なものは、その存在根拠に関して言えば、Aという原理から発生したものとしてのみあることを捉えることをである。J.G.Fichte, *Die Wissenschaftslehre Zweiter Vortrag im Jahre 1804 vom 16 April bis 8. Juni*, herausgegeben von Reinhard Lauth und Joachim Widermann, Hamburg 1975.

（11）山口祐弘「ヘーゲルにおける無限性の回復——有限なものへの眼差し——」駒澤大学『文化』第二六号、二〇〇八年三月。次章参照。

第三章　無限性の回復

——有限なものへの眼差し——

序

万物は滅びる——これは世の理であると説かれる。だが、この命題そのものは滅び去ることはないのか。この命題そのものは万物の中には含まれないのか。その場合には、この命題そのものが否定され、無効となる。この命題自身の妥当性は残したまま万物の中に含ませるならば、滅びないものが万物の中にあり、矢張り「万物は滅びる」は成り立たなくなる。この命題を万物から除外するならば、万物より少ないものが滅びるということになる。(1)

物事には限りがあり、有限なもの（das Endliche）は滅びる。経験はこのことを教える。有限なものが何かであるのは、それでないものに接してである。有限なものは必ずそれでなくなるところを有している。あることとないことが相即していることが有限なものの構造である。その境界面は限界（Grenze）と言われる。この限界によってその存在は限定されており、欠陥を持つ。これが有限なものが永続的ではありえない理由である。或いは、有限なものは一時も存立しえないと言うべきかもしれない。それでないものに依拠せずには存立しえず、それでないものとの交渉を必要とするのである。

有限なものはこの交渉によって生かされながら、不断に内実を変えている。それは変化する。或いは、もとの形は消滅して別の形のものとなる。だが、そこで生まれるものは再び有限なものである。有限なものは有限なものになる。そして、どこまでも有限なものが消滅し切ることはない。このことは「万物は滅びる」の逆である。個体としての有限なものは滅びるにせよ、有限なもの一般、有限なものがあるということは変わらない。

このように見れば、万物が滅びることはないということもできるかもしれない。「滅びることが滅び去る」（Das Vergehen vergeht.）のである。それは、滅び移ろいゆくということがないというのではなく、滅びることを一段上から見ることを意味しよう。滅びゆく様を俯瞰し、諸行無常を達観しているのである。滅びることを懼れ、そこから逃れるのではなく、諦観しつつこの情景を受け取めているのである。滅びるとはあるものがなくなることである。それを達観するということは、あることにもないことにも執着せず、あることもないことをともに容認し、しかもあるでもないでもないという見地に立つことである。(2)

ヘーゲルは早くから、無限なもの（das Unendliche）を見失い有限なものに囚われている近代世界と近代哲学を克服し、無限なものを回復することを哲学の課題としていた。(3) その課題はどのようにして解決されたのか。このことが見極められなければならない。『論理の学』存在論の「定在」（Daseyn）の章(4)における有限性と無限性の考察はこの問題に対する一つの答えとなろう。ヘーゲルにおける有限性（Endlichkeit）と無限性（Unendlichkeit）の概念を分析し、そこに働いている論理的思惟を明らかにすることが本章の課題である。

一　有限なものの存在様式

「有限なものの生誕の時はその死の時である」（W.d.L.I/1.S.116.）。無常観の極致はこのようなものになる。死はまだ先にあり、生を外在的に襲うといったものではない。生のうちに死が孕まれている。「有限なものは（……）その終わりへと規定されている（zu seinem Ende bestimmt zu sein）」（ibid.S.117.）。それは常にその終わりに臨んでいるのである。「有限なものは滅し去る」（ibid.S.116.）。しかも、「滅し去るということが可能であり、滅することなく存在するということもありうるというのではない」（ibid.）。「有限なものの存在そのものが滅し去ることの萌芽をその自己内存在として有しているのである」（ibid.）。

このことはもの（或るもの Etwas）にはその限界が内在的なものとして具わっていることから来る。[5]「内在的な限界を具えた或るものが有限なものである」（ibid.）。限界を具えていることによって或るものは護られ、安定した存在でありうるという面がある。だが、限界は同時に或るものを限定する否定であり、或るものの存在とこの否定の間には対立がある。それが或るものの自己内存在の構造である。存在と無の否定的相即（統一）は「生成」（Werden）であった。或るものは従って生成（ibid.S.104.）である。そして、そのようなあり方が有限性とされるのである。

従って、有限なものの本性はそれの存在の否定、非存在であり、これがそのあり方である。有限なものは存在する。（……）だが、それは否定的なものとして自己自身に関係し、まさにこの自己自身に関係することにおいて自己と自己の存在を超えて行かしめられる」（ibid.S.116.）。その存在の真理はそれの終わりに他ならない。

こうした有限性への思いは嘆きを伴っている。ものには没落の宿命のみがあって肯定的な存在は最早残されてはいないと思われるからである。あるのは空虚な無であり、虚無である。だが、そうした虚無だけを見るとすれば、それは始元の無に立ち戻ることになる。そうした抽象的な無は止揚されたはずであった。ここでは否定のみが固定され、肯定的なものに対して対立させられているのである。終わりだけが見られ、肯定的なもの、無限なものへと肯定的に向かいそれと結びつこうとすることは拒まれ、宥和の可能性は断ち切られている。

そうした見方は悟性的と呼ばれねばならない。そして、消失の嘆きも悟性がもたらすのである。悟性は非存在を不滅のもの、絶対的なもの、永遠のものとする。有限なものの可滅性そのものを滅し去ることはできない。それができれば、ものは有限性から解放され、存在を回復するはずである（ibid.S.117.）。

だが、有限なものを絶対化することはニヒリズムには受け入れられるとしても、哲学や知性はそこにとどまることはできない。有限なものは制限されたもの、可滅的なものであり、不滅ではない、従って止揚されるべきものであるとするのが一般的である。ヘーゲルは有限なものはイデール（ideell）であるとすることがイデアリスムス（Idealismus）であると述べた。イデールとは真なる存在ではないということである。まさに有限なものの可滅性のもとに立ち止まるのではなく、それを超えていくことが必要なのである。[6]

有限なものへの囚われを脱し、無限なもの、絶対的なものを回復することがヘーゲルにおける哲学の課題であった。そのためには、「可滅性と滅し去るということが滅し去る」（Das Vergehen vergeht.）（ibid.,S.117.）のでなければならない。そのためには有限なものの滅亡が無限なものに通じていることが必要であろう。だが、その通路は当面塞がれている。滅し去るということが最後のものであり、有限なものと無限なものとは協調しえず結合されえない。両者はまったく対立しており、無限なものには絶対的な存在が帰せられるが、有限なものは無限なものの否定として捉えられるにすぎない。この絶対的な断絶のもとでは、無媒介な飛躍的結合、無限判断的な結合しか考えることはできない。

しかし、有限なものがまったく虚しいものであり虚無的なものであるということにとどまることも困難である。虚無的なものはまさしく虚無的であるが故に、否定されねばならない。滅し去るということは究極のものではなく、それ自身滅し去るのである。この事情は、有限なものの構成契機を更に分析すれば具体的に明らかになる。

或るものは有限であるとされるだけでは十分ではない。それは、それではないものから自己のうちに反省しており、「規定」（Bestimmung）と「性状」（Beschaffenheit）を具えつつ自己のうちにある。それは限界を持つ。しかし、限界は外からそれを限定するのではなく、或るものに内在しており、或るものの自己内存在の質をなすものに他ならない。その質とは有限性である。

「規定」とは、或るものが自体的にあるあり方としての肯定的な規定性のことを言う（ibid.,S.110.）。或るものは、他のものと関わり、それによって規定されることに抗して（gegen）、この自体的なあり方に従ってある。規定は、或るものが他のものに対してある中で自己を主張し続けるものである。これに対して、或るものの存在（定在）でありながらその自体的なあり方には属しておらず外面的なあり方にとどまっている「規定性」がある。これを「性状」と言う（ibid.,S.111.）。規定と性状はさしあたりは区別される。或るものは、その規定の面からすると性状に対して無関心である。

だが、規定は性状に移行し、性状は規定に移行する。或るものの自体的なあり方は、或るものが他に対していることから自己のうちに反省したことによって成り立っているのであり、他のものに対していることによって媒介されている。よって、対他存在（Seyn für Anderes）が或るものの契機として、或るものに付帯して（an ihm）いるのである。自体的なあり方はこれに付きまとわれており、よってそれ自身或るものに付帯していることになる。「或るものが自体的に（an sich）あるものは、それに付帯してもある。そのかぎり、対他存在に付きまとわれている。規定はそれによってそのようなものとして他のものへの関係に対して開かれているのである」（ibid.,S.112.）。こうして、他在が自体的なあり方、規定の中に持ち込まれ、規定は性状に引き下げられる。逆に、性状の側は外のもの、他のものの中に基礎づけられているように見えながら、規定に依存している。外からする規定作用は或るもの自身の内在的規定作用によって規定されている。更には、性状は、或るものが自体的にあるものに属している。そのため、或るものは性状とともに変化することになる（ibid.）。

こうした規定は、他在（Andersseyn）を、あるものの自体的なあり方に属するものとして含んでいる。他在の外面性はあるもの自身の内面性のうちにあるとともに、それから区別された外面性であり続ける。とはいえ、或るものに付帯しているのである。こうした他在は、或るものを他のものから分かつ限界であり、他のものという否定を否定することとして規定されている。そのため、或るものに内在する他在は、外面性と内面性という両面の関係であり、規定と性状を具える或るものの自己との統一である。それは、或るものの自体的なあり方である規定が或るものに内在する限界を否定しつつその限界に関係することである。或るものの自己自身に向けられた関係なのである。こうして、或るものが自己と同一なものとして自己のうちにあるということは、それ自身ではないことに関係している。しかも、後者は或るもの自身なのである。この関係は否定の否定であり、自己のうちにあるものの否定である。否定的なものが本質的なものとして或るものによって措定されている。それは或るもの固有の限界である。だが、このように措定された限界は、「限界」に代えて「制限」（Schranke）と名づけられる（ibid.,S.118.）。

だが、制限は否定的なものとして措定されたものであるだけではない。限界が或るものと他のものに共通のものとして自体的にある規定の規定性でもあるように、制限もそうなのである。自体的にあるということは、制限としての自己に否定的に関係することに他ならない。そのような関わりは「当為」（Sollen）と呼ばれる（ibid.,S.119.）。

当為とは、制限を突破し制限を超えていくことである。だが、制限は或るもののうちに措定された限界であるから、或るものは自己自身のうちで制限を超えていくことになる。だが、それは自己自身を超えていくということに等しい。当為自身が制限という意味を持つからである。

すなわち、当為は、否定に対して自体的にある規定という意味を持つとともに、この規定を存在しないものとしても持つ。この存在しないものとは自体的にある規定から区別され、制限となっているものだが、とはいえ自体的にある規定である。このことは、当為とは、抑も、存在するべきものであるのに、現実に存在してはならないということから来る。当為自身が制限されたものとしてあるのである。

「存在すべきものは存在すると同時に存在しない」（ibid.,S.120.）。それが存在するとすれば、単に存在するべきだということにはならない（ibid.）。従って、当為は本質的に制限を持つ。或るものはこうした当為になるのである。それはその規定の中で自体的なあり方を持つはずだが、その自体的な存在は（同一の観点で）非存在だからである。[7] また、自体存在は否定の否定という連関（自己内存在）の中の一方の否定にすぎず、そのようなものとして他の否定（限界）との統一だからである。統一といっても、それは限界への関係に他ならない。このようにして、制限は外的なものとしてあるのではなく、有限なもの自身の規定がそれの制限であり、制限は制限自身であるとともに当為なのである。制限において両者は同一となる。

だが、当為は制限を超えていくことである。よって、この同一性には直ちに分裂が生じる。しかし、当為は制限であるから、制限を止揚することはそこに立ち戻ることでしかない。同じ規定性が止揚されるとともに自体的なあり方となる。限界はまた限界ではない。こうしたパラドックスが生じるのである。

よって、次のように言われることになる。或るものは当為としてその制限を超えているが、当為としてのみ制限を持つ。当為と制限は不可分である。しかも、内部的反撥を宿す不可分性である。或るものの規定のうちには否定（制限）があるが、規定はまたこの否定（制限）が止揚されていることでもある。これが有限なものとしての或るものの内部構造であり、存在様式なのである。

二　有限なものの止揚

以上のように当為は制限を含み、制限は当為を含む。むしろ、当為は制限であり、制限は当為である。あるべし（なすべし）ということはまたあらぬ（なしていない）ということであり、あらぬ（なしていない）ということがあるべし（なすべし）ということなのである。両者は密接不可分であり、一方は直ちに他方に転換する。こうした緊張した関係が有限なものの内実であり、有限なもの自身なのである。

それは有限なものの本質規定である。当為と制限は別々のものと見られれば、この規定の両契機となる。それらは互いに質的に対立しあう。制限は当為の否定であり、当為は制限を否定するものである。それらが不可分のものとして有限なものを構成しているのであるから、有限なものは自己矛盾を宿していることになる。矛盾は存立しえないと見れば、ここで有限なものは崩壊し、無に帰することになろう。(8) 有限なものは滅び去る。だが、そのように滅び去るという否定的な帰結は有限なものの本質的規定そのものである。有限なものは終わりに臨んでおり、滅し去るべくしてあるからである。従って、有限なものは滅び去る中でむしろそれ本来のあり方を示している。その意味で有限なものというあり方、有限性は消え去ってはいない。滅び去った有限なものに代わって別の有限なものが生まれる。「有限なものは滅び去る中で滅び去ってはいない。それはさし当たり別の有限なものになっているだけである」(ibid.,S.123.)。

そして、この別の有限なものもやはり矛盾を宿したものとして滅び去る。だが、それは、再び他の有限なものに移行することに他ならない。こうして、有限なものから有限なものへの移行が無限に続くのである。

この帰結をより詳しく見るならば、有限なものは滅び去る中でそれ本来のあり方を獲得している。それが自己を否定することがそれ固有のあり方である。従って、それは自己自身と合致しているのである。このことは当為と制限について言うことができる。当為は制限を超えていく。それは自己自身を超えていくということである。だが、超えたところで見出されるのは再び制限である。到来された自己すなわち当為はそれ自身の制限だからである。よって再び超えて行かれねばならない。制限の側は自己自身を超えて当為を指示する。しかし、当為はそれ自身制限である。従って、制限が自己を超えて見出すのは制限自身であり、制限は自己と合致するにすぎない。自己との同一性が成立しているのである（ibid.,S.124.)。

この自己同一性は、当為と制限が互いに否定しあう関係にあり自己の否定の否定であるということから帰結するものである。当為は制限（自己の否定）の否定だが、否定的な対極を持つことによって自己を充実させることができず、それ自身の限界を露呈する。それは、反対極である制限と同じものとなる。当為は「それ自身の反対」〈das Gegenteil seiner selbst〉である。そのようなものとして当為であり続けるのである。制限の側も当為の否定であることによって、それ自身の存立を持ちえない。それは否定され、「それ自身の反対」となる。だが、その反対たる当為は制限を有するものに他ならない。

ヘーゲルはこうした自己同一性のうちに「肯定的な存在」を見る。「それ自身の反対」という表現は、早くから無限性を意味するものとして用いられてきた(9)。それは、ここで有限なもののうちに無限性が見出され、有限なものが止揚されたということを言うものに他ならない。

無限性は有限性の否定であると語られる。そこから無限なものは有限なものから切り離され、後者を一方的に超越するものとして考えられがちである。だが、有限なものからそのように遠ざけられるならば、無限なもの自身が対立者を持ち限定されたものとなる。ヘーゲルはこれを「有限化された無限者」（das verendlichte Unendliche）と呼ぶ（ibid.）。悟性は無限をそのように捉えがちである。従って、そうした無限は「悟性の無限」（das Unendliche des Verstandes）に他ならない。

だが、そうした無限なもののあり方を検討するならば、それがまさに有限なものの否定であるが故に有限なものと関係を持ち、有限なものなくしてはありえないということが分かる。それ自身は真の無限ではなく有限化されたものであるから、真の無限はそれを超えたところに見出されなければならない。それに対して、悟性の無限をヘーゲルは「悪無限」（die schlechte Unendlichkeit）と呼ぶ。それを超える「真無限」（das wahre Unendliche）とは、しかし、両者に対立するものではなく、両者を包摂したものでなければならない。或いは、右の関係そのものの中に無限性を見出すような思索が為されねばならない。そのような思索を遂行するものを、ヘーゲルは「理性」（Vernunft）と呼ぶ。

そこにおいては、有限なものを一方的に斥けるのではなく、有限なもの自身がその本性によって無限なものになるという道筋が見出されねばならない。「有限なものが自己を超えていき、自らの否定を否定し、無限となることが有限なもの自身の本性である」（ibid.,S.125.）。その時、無限性は有限なものの肯定的な規定として捉えられることになる。

右に示されたのはまさにこのことであった。「定在は、その自体的なあり方において自己を有限なものとして規定する」（ibid.）とヘーゲルは言う。定在すなわち或るものは、自体的にあることにおいて、すなわち他在と対他存在から区別されることにおいて否定を帯びており、よって有限なものである。それは制限を持っている。だが、制限あるが故に、これを超えていかねばならない。それが超えたところに見出すものは、再び制限ある当為である。このように、制限でもあり当為でもある制限に関係するということが有限なものの本性である。だが、それにとどまらず、そうすることにおいて制限を否定し、それを超えているのである（ibid.）。このようにして、有限なものは無限なものに引き上げられたのであった。当為と存在の否定的関係、相互転換そのものの中に無限性が見出されているのである。

このことは有限なもののみならず、無限なものの概念を一新するものであろう。有限なものは限りあるが故に滅び去り消え失せるというだけではない。また、有限性の次元において流転するというだけではない。有限なもの自身の中に無限性があるのであり、有限なものは無限なものに直結しているのである。無限なものも有限なものを超越したものではない。それは有限なものと不可分というにとどまらず、むしろ有限なもののただ中に見出されるべきものである。有限なもののうちに無限はある。だが、それは有限なものが止揚されているということである。有限なものは無限なもののうちに消え入っており、存在するのは無限なもののみであるということもできる。そこに真の存在（das wahrhafte Seyn）が見出されることになる。

三　限りないことと無限進行

人は無限であることを限りないこと、果てしないことと理解しがちである。果てしなく広がる大地、限りなき宇宙空間などと語られる。だが、その意味の無限はパラドックスに付きまとわれている。物事の限りなさを実証することはできず、限りない個体を挙げ尽くすことはできない。どこまで行っても終わりがないことを実際の歩行によって示すことはできない。それの完遂はありえないからである。この地点で実証できたと言える所はない。或いは、無数の個体を含むカラスの集合について、「すべてのカラスは黒い」という命題を裏付けることはできない。検証の手続きには終わりがないはずだからである。

こうしたパラドックスを最も早く提示したのはエレア派のゼノンであった。人はA地点からB地点に行くことはできないという逆説は、通過すべき無数の点を想定しており、アキレスは亀に追いつくことはできないという議論は、出発時における両者の差がどこまで行っても零になることはないということに基づいている。[10] カントにおける世界の有限性、無限性を巡る二律背反も同じ限りのなさから生じるのである。[11]

このようなことから、無限は扱いにくいテーマであるとされてきた。だが、先の考察から明らかになったのは、ヘーゲルの無限概念はこのようなものとは違うということである。それは有限なものに内在し、また有限なものを内在させた無限である。[12] 限りがないというのではなく、限りをうちに含んだ無限である。その意味で、それは未完結ということはなく、一つの完結体である。そうした無限と果てしなく続くということの違いはどこから来るのか。後者は無限進行と称されるが、それはどのようにして発生するのかを見ておかなければならない。

それは悟性の無限、悪無限に伴って起こる。ただ単に有限なものの否定として有限なものに対立させられ有限なものと互いに他であるという関係にしかない無限が悪無限である。無限をこのように捉えるのは悟性（Verstand）である。悟性は分離・分別の能力であり、同一律に基づいて、有限は有限、無限は無限であるとしか理解しない。だが、一旦そうした無限の概念を反省するならば、矛盾が露わになる。

すなわち、無限なものは有限なものの否定であると言いながら、この無限には有限なものが対立している。二つの規定性があり、二つの世界があることになる。しかも、両者は定在する二つのもの、或るものと他のものと同じように存立している。それらはこうしたカテゴリーによって捉えられているのである。そこにおいては、無限なものは有限なものの限界にすぎない。従って、それは規定された有限な無限なものに他ならない。

有限なものが否定され、無限なものへの移行がなされるとしても、有限なものは実在的なもの（定在）として残存する。有限なものの否定は第一次的な直接的否定にとどまっており、有限なものはそれに対して否定されたものとして他のものという意味を保存している。それはなお或るものである。悟性が無限なものを最高のものと見なしてそこに達しても、有限なものは此岸として存続する。両者は分離され、別々の場所に置かれる[13]。

だが、このように分離されながら、それらを分離する否定によってそれらは関係づけられてもいる。しかも、この否定は一方の他方に対する限界として、各々が他方に対して自己に具えているというだけでなく、各々の自体的なあり方でもある。各々は限界をそれ自身で有しているのである。とはいえ、この限界は第一次的な否定にとどまっており、そのため両者は制限され、有限なものであらざるをえない。

だが、各々は更にこの限界を否定して肯定的に自己自身に関係するものでもある。こうして、各々はそれでないものを自己から排斥し、別の存在として措定する。有限なものは無限なものを、無限なものは有限なものをである。各々は否定の否定によって肯定的な存在となる。だが、この肯定的存在は単純で質的な存在として捉えられるならば、それが否定したものを単純で直接的なものとなし、限界とする。そして、これを自己の自体的なあり方から排除し、自己のものでなく自己の自体的なあり方に対立したもの、有限なものとして措定するのである（ibid.,S.128.）。

各々はこのようにして他方を措定する。そのことによって、両者はむしろ不可分であり、統一されていることが明らかになる。だが、両者はただ或るものと他のものとして質的に区別されるだけならば、この統一が顕在化することはなく、隠れて内にこもっているだけである。統一の現れ方は、一方が他方に転換すること、或いは移行すること、一方が他方に突如現れ、直接的に生起する（unmittelbares Entstehen）といった形にしかなりえない。それらの関係はなお外的なものにとどまるのである（ibid.）。

従って、有限なものから無限なものへ超えて行くにしても、このことは外的な働きであり、無限なものは有限なものに対する空虚な彼岸でしかない。そこには肯定的なものは見出されない。却って、無限なものはこの対立の故に有限なものであり、よって消滅し、代わりに有限なものが現れる。生じるのは新しい限界である。しかし、この限界も無限なもの自身から生まれるのではなく、見出されるだけである。とはいえ、それは止揚され超えて行かれねばならない。だが、そこで生じるものはやはり空虚なものであり、無であって、そこにはまた新しい限界が生じる。こうしたことが限りなく続くのである（ibid.f.）。

ヘーゲルは、ここに有限なものと無限なものの相互規定（Wechselbestimmung）を見る。有限なものと無限なものは互いに関係のうちでのみ有限であり無限である。それらは不可分である。だが、同時に互いに他のものである。各々は他のものを自己自身に携えている。従って、自己と他のものとの統一である。しかし、それは定在にすぎず、それ自身でもそれに対する他のものでもないものである。

無限進行（der unendliche Progreß）は、このように自己自身と自己の否定を交互に否定することによって生起するのである。どこまで進んでも終わりに達しないということは、相関しあう規定が対立にまで進み、不可分の統一のうちにあるにかかわらず各々が他に対して独立した定在と自立性を持つかのように考えられるところに生ずる。それは、矛盾がまだ解消されていないことの証左であり、それが常に現存していることに他ならない。

言い換えれば、無限進行は不完全な超出である。無限なものがあるとされる。だが、そこには新たな限界が設けられている。よって、この無限なものは超えて行かれねばならない。だが、そうすることは再び有限なものに立ち戻ることにすぎない。こうした有限なものは終わりのない当為と同じである。それは有限なものの否定であるが、真にそれから自由になることはできず、有限なものは再びそれに対する他者として現れる。無限進行とは、有限なものと無限なもののこうした交替が一様に繰り返されることに他ならない。

このように無限進行は、有限なものが真に克服されず、有限性の次元にとどまっていることによって生じる。だが、よく見れば、実際にはそこに有限なものと無限なものの統一が措定されていることが分かる。有限なもののうちに無限なものを呼び起こしているものは、この統一に他ならない。それこそが進行を促しているのである。それがまだ反省されておらず、反省的に措定されていないにすぎない。しかし、この潜在的な統一を反省し顕在化するならば、そこに真の無限の概念が生まれるのである。

四　無限のロゴスと思惟

この反省を遂行するに当たって、ヘーゲルは先ず有限なものと無限なものの直接的な規定を吟味する。無限なものは有限なものを超えていくことである。それは有限なものの否定である。そして、有限なものの否定とは無限なものに他ならない。逆に、無限なものの否定が有限なものである。各々のうちに他のものの規定がある。いずれも他のものなしには措定され捉えられることはできない。無限なものすなわち有限なものの否定という時、有限なものがともに言明されている。有限なものは虚しいと言う時、その虚しさは無限性に他ならない（ibid.,S.131.）。

このように、各々について語ろうとすれば、他との関係を語らざるをえない。もしこの関係を無視したらどうなるか。無限なものを有限なものから分離すれば、それは一面的なものとされ、有限性を帯びる。それは、無限なものが反対の規定を持つことであり、無限性と有限性が一体となることである。逆に有限なものが無限なものから遠ざけられ、それだけであるものとして捉えられるならば、それの相対性、依存性、可滅性は遠ざけられる。それは、無限なものが持つはずの自立性であり、自己肯定である。有限なものは無限なものにされている。

こうして、いずれもが有限なものと無限なものの統一である。いずれから出発しても、統一に達する。出発点を異にするという意味では、二つの統一体があることになる。だが、いずれもが統一であるという点では、分離されたものとしての有限なものと無限なものは否定されている。それらはその質的な本性を失う（ibid.,S.132.）。しかも、それらが止揚される中でいずれも他方に対する優位を持つことはない（ibid.,S.133.）。いずれもが他の否定としてあり、否定の否定なのである。

有限なものが止揚されていくところは、有限性を否定することとしての無限なものである。だが、有限性は特に非存在（否定）としてのみ規定されている。よって、無限なものは否定の否定、否定の中で否定が自己を止揚することに他ならない。ところが、無限性を有限性、規定性一般の否定として捉え、空虚な彼岸と見なす場合には、無限性を有限化し、止揚されるべきものとしている。彼岸はそれ自身において否定的なものであり、そこから此岸に立ち帰らざるをえない。こうした否定の否定によって、各々は他との統一となり、自己自身に還帰し自己自身への関係、肯定に達するのである（ibid.）。

　無限進行に陥るのは、こうした運動を一挙に捉えることができず、別々に、そして相継起するものとして捉えるからである。だが、真相は一つの自己完結的な運動であり、円環を描くこととして捉えられなければならない[14]。このことは無限進行の中に既に存しているのである。

　有限なものについて見れば、次の運動が認められる。①有限なものがある。②有限なものは超えて行かれ、有限なものの否定ないし彼岸、無限なものに至る。③この否定は再び超えて行かれ、新しい限界、有限なものが生ずる。出発点となったものが生じているのであり、有限なものが回復されたのである。別言すれば、有限なものは自己を彼岸のうちに再発見し、自己と合致したことになる。

　無限なものについて見れば、①それは限界の彼岸である。②だが、その中に新しい限界が生まれる。③そのため、それは有限なものとして否定されねばならない。④だが、その否定の結果は消滅したものと同じ無限なものすなわち有限なものである。無限なものは止揚されるにかかわらず、止揚によって有限なものから遠ざかることはなく、自己自身から遠ざかることもない。有限なものは無限なものに移行するが、移行した無限なものは有限だからであり、移行することによって自己自身のもとに到来したにすぎないからである（ibid.S.135.）。

　このように、両者はともに自己の否定によって自己に帰る運動である。それらは自己のうちでの媒介としてのみあり、双方の否定を含み、否定の否定である（ibid.）。このことは、両者が二義性を持つということでもある。有限なものは無限なものに対してあるとともに、有限なものであると同時に無限なものである。無限なものも両契機の一方であるとともに両者を契機として含む無限者である（ibid.）。

それは一つの運動であり過程である。無限なものはそれの持つ規定の一つに自己を引き下げる。すなわち、有限なものに対立し、そうすることで有限なものの一つとなる。だが、こうした自己からの区別を自己肯定にまで引き上げるのである（ibid.,S.136.）。

ヘーゲルが真の無限と呼ぶのはこうした無限に他ならない。それは有限なものに対立する無限（悪無限）ではなく、有限と無限の統一と言うことができる。だが、統一が抽象的で動きのない自己同等性とされ、両契機も動かずに存在するものとして理解されるかぎり、この表現は適切でない（ibid.）。真の無限は右の如き過程であり、運動、生成に他ならない。しかも、それは果てしなき直線的伸張としての運動ではなく、自己に反転する（in sich zurückgehen）閉じた円環的運動である。それは、始めも終わりもなく回転し続け至るところに現前しているものに他ならない（ibid.）。

ヘーゲルはこうした無限性を観念性（Idealität）と表現する。それに応じて有限なものは観念的なもの（das Ideelle）と呼ばれる。観念的なものとは真の無限なもののうちにある有限なもののことであり、区別されてはいるが自立的に存在しているのではなく、契機である規定、内容に他ならない。観念性はこうした契機を含む具体的な全体である（ibid.,S.137.）[15]。それは、有限性と有限性に対立する否定的な無限性を止揚して自己に還帰するのであり、自己自身に関係するのである（Beziehung auf sich）。ヘーゲルはそれを存在（Seyn）、真なる存在とも規定する。ただし、始元の無規定性、抽象的な存在ではない。それは否定の否定であり、自己に関係する否定（die sich auf sich beziehende Negation）であって、「対自存在」（Fürsichseyn）と称されることになる（ibid.）。

さて、こうした存在が表象や悟性によっては捉えられないことは再三論じられた。悟性はそれを歪め悪無限にし、無限進行を不可避的にする。そして、無限進行の中で絶えずパラドックスに遭遇する。一方を定立することが他方に顛倒することを経験するのである。しかも、一方と他方を統一的に捉えることはできず、そこに矛盾しか見ない（ibid.,S.132.）。そして、矛盾こそは悟性にとっての躓きの石なのである。

一方が他方に顛倒することを捉えるのは、弁証法（Dialektik）である[16]。それは否定的理性的な（negativ-vernünftig）働きに他ならない。有限なものと無限なものの中に否定的なものを認めそれらの自己止揚の必然性を洞察しているのは、この否定的理性である。そして、真の無限の概念は、この相互転換を諦観し一つの運動として捉えることによって獲得される。それは、対立しあうものの統一を把握する機能たる思弁（Spekulation）、肯定的理性的な（positiv-vernünftig）働きに帰せられる。ヘーゲルの無限論は論理的思惟のこれら三契機によって成り立っていることが認められるのである。(17)

それを敢えて分析的に見るならば、そこには有限と無限という対立的な契機がある。だが、いずれもそれだけでは存立しえず、否定される。しかし、否定されながら真の無限性のうちに含まれる。そこには、A、非A、Aに非ず非Aに非ず、Aにして非Aという四つの意味が認められる。思弁的思惟はそれらを悉く容認しなければならず、それによって無限の概念を与えているのである。(18) そして、それは、A＝A、非A＝非Aしか認めえない悟性的思惟の決してなしえなかったことなのである。

注

（1）「すべてのものは疑わしい」とする懐疑論のテーゼも、それ自身に適用されるならば同じパラドックスに陥る。周知の嘘つきのパラドックスも同様の構造を持つ。

（2）ここにはアジアのテトラレンマに通じるものがある。注（18）参照。山内得立『ロゴスとレンマ』岩波書店、一九七四年。

（3）近代哲学と近代文化は、デカルト以来悟性的分析的思惟、反省（Reflexion）に支配されており、分断されたもの、有限なものしか見出しえない。これをヘーゲルは反省哲学（Reflexionsphilosophie）、反省文化（Reflexionskultur）と呼ぶのである。Vgl. G.W.F.Hegel. *Differenz des Fichte'schen und Schelling'schen Systems der Philosophie in Beziehung auf Reinhold's Beyträge zur leichtern Übersicht des Zustands der Philosophie zu Anfang des neunzehnten Jahrhunderts, 1stes Heft*, 1801, in: GW.4., Hamburg 1968; *Glauben und Wissen oder die Reflexionsphilosophie der Subjectivität, in der Vollständigkeit ihrer Formen, als Kantische, Jacobische, und Fichtesche Philosophie*, 1802, in: GW.4., Hamburg 1968.

（4）G.W.F.Hegel, *Wissenschaft der Logik*, I/1., 1832, in: GW.21., Hamburg 1985, S.96. Abk.: W.d.L.I/1.

(5)「或るもの」とは「定在するもの」のこととされる。「定在」とは、存在と無の統一としての生成が静止した単純性となったものである。静止した単純性とは存在である。とはいえ、生成の一契機である。それに対しては、無が他の契機としてある。それ故、定在は実在性と否定という二つの規定性を具えている。しかも、それはこれらの規定性に分裂することなく、自己のうちに還帰している。このように自己内還帰したものとして定在が措定されたものが、「定在するもの」、「或るもの」なのである。それは否定を宿す統一であり、「否定の否定」という構造を持つ。だが、当面それは存在という単純な統一の形を取っているだけであり、それに対しては否定の面が対立する。そして、それもまた定在するものとなる。但し、或るものを否定するものとしてである。これが「他のもの」である。こうして、「或るもの」と「他のもの」が区別されて対立するという形が成立するのである。両者を区別するものが限界であり、それによって両者は有限なものとなる。

(6)ヘーゲルは、「イデールなものとは、真の無限なもののうちにある有限なもののことであり――一つの規定、区別されてはいるが自立的にあるものではなく、契機としてある内容である」と述べて、イデールなものの積極的な意味を認めるが、「哲学のイデアリスムスは有限なものを真に存在するものとしては認めないことに他ならない」とし、「一切の哲学は本質的にイデアリスムスである」と言う。W.d.L.I/1.S.137,142.

(7)「或るものの自体存在をなすものは、同一の観点で非存在としてある」とヘーゲルは言う。W.d.L.I/1.S.80.

(8)カント、フィヒテの哲学は、理性の諸矛盾を当為において解消しようとした。しかし、当為そのものは矛盾であるから、それらの哲学は矛盾のうちにとどまり、有限性に固執していることになる。矛盾を避けるには当為そのものから撤退する他はない。

(9)G.W.F.Hegel, *Jenaer Systementwürfe*. II., S.33, in: GW.7., 1971. 諸規定をそれ自身の反対として捉えることに弁証法ひいては思弁の機能はある。「弁証法的契機は有限な諸規定が自らその反対に移行することである」、「思弁的なものは対立のうちにある諸規定の統一を捉える」とヘーゲルは言う。G.W.F.Hegel, *Enzyklopädie der philosophischen Wissenschaften*, I. §80, 81, in: Werke.,8. Abk.: Enzy.

(10)G.S.Kirk & J.E.Raven, *THE PRESOCRATIC PHILOSOPHERS*, Cambridge 1960, pp.292～297.

(11)I.Kant, *Kritik der reinen Vernunft*, A426f.,B454f. 世界の時間的な有限性、無限性をめぐる論争の骨子は次のようである。世界が始まりを持つ（有限である）とすると、それに先だって何もない状態（空虚な時間）が先行する。だが、そこには世界を生起させる要因はなく、世界が無原因から生じるのでない限り、世界の始まりを説明することはできない。よって、世界が始まりを持つ（有限である）と主張することはできない。これに対して、世界が始まりを持たないと仮定すると、どの時点に対しても永遠の時間と相継起する事物の無限の系列があることになる。だが、無限の系列は連続的な総合によって辿りきることはできない。よって、無限に経過した世界系列は不可能であり、世界は始まりを持つとしなければならない。――限界を立てるとそれを超えて行かねばならないが、無限は達成不可能であるから、限界を考えねばならないという循環が起きていることが分かる。

(12) 西田は「相対に対する絶対は絶対ではない、それ自身相対者である」と言い、「絶対といえばいうまでもなく、対を絶していることである。しかし、単に対立を絶したものは、何物でもない、単なる無にすぎない。何物も創造しない神は、無力の神である、神ではない」と述べるが、この相対と絶対の関係は本論の有限性と無限性の関係であるということができる。『西田幾多郎哲学論集』Ⅲ、岩波書店、一九九七年、三二六頁。

(13) こうした分離の中で思索するのが近代哲学である。注(3)参照。

(14) 無限進行の像は直線であり、真無限の像は円である(W.d.L.I/1.,S.136.)。

(15) 前注(6)参照。

(16) Enzy., §81.

(17) Enzy., §79.

(18) ここには、有、無、有亦無、非有亦非無の四句を認めるアジア的思惟に通じるものがある。注(2)参照。

第三部　無限性の構造

第一章　対自存在と真無限

序

ヘーゲルは定在の領域を二元論ないし有限性の領域と規定する。そして、それを止揚して無限性に達する。それは、一旦有限性の次元に降りたことから無限性を回復することである。この回復された無限性は「対自存在」（Fürsichseyn）と呼ばれる。対自存在は質から量に移行するための転換点である。この転換、移行の意味は何か。それを知るには対自存在の構造を理解しなければならない。本章では、対自存在の展開と帰結を見ることによってその意味を考える。

一　対自存在とイデアリスムス

ヘーゲルは、無限性を説くに当たって、「イデアリテート」（Idealität）という概念を用いる。「イデアリテートこそは無限性の質と呼ばれうる」（W.d.L.I/1.S.137.）と彼は言う[1]。それとともに哲学をイデアリスムス（Idealismus）と規定する。それは、ヘーゲルの哲学を観念論＝イデアリスムスと呼ぶ時、その真の意味は何かを示していると見なされよう[2]。ヘーゲルの対自存在を理解するには、これらイデアリテート、イデアリスムス、無限性の概念の関係を捉えることが肝要である。

ヘーゲルはイデアリテート、イデアリスムスを規定するに当たって、〈ideal〉を避けて〈ideell〉を用いる。「有限なものはイデールであるという命題が、イデアリスムスの本質をなす」（ibid.,S.142.）と彼は言う。そして、「有限なものを真に存在するものとしては承認しないこと」に哲学のイデアリスムスはあると言うのである（ibid.）。イデールなものとは有限なもののことであり、真に存在するものとしては認められないとされている。そして、それを否定し止揚することが哲学であり、イデアリスムスであるとされているのである。「一切の哲学は本質的にイデアリスムスである」（ibid.）。有限なもの、イデールなものを超えていくところに哲学としてのイデアリスムスはある。

だが、イデールなものとイデアリスムスの関係の否定的な面のみを見ることは十分ではない。イデールなものは普遍的なものとしての哲学の原理をも意味するとされている。「古代、近代哲学の諸原理、水、質料（原質）または原子は思想であって、普遍的なもの、イデールなものなのである」（ibid.）。更には、概念、理念、精神をもヘーゲルは「イデールなもの」とする。そして、その一方で「個別的な感覚的事物」を「イデール」と規定するのである。

イデールはこのように二義性を持たされている。しかし、それらの意味を分離したままにしておくことはできない。それらを媒介するものは何かが問われる。それは、有限な個別的感覚的事物がイデールとされるのは原理としてのイデールなもののうちに止揚されていることによってである、と解することにある。まさしく原理としての普遍的なもののうちに止揚され保存されていることによって、有限なものはイデールでありうるのである。

そこには、「有限なものを内に宿す無限なもの」という構造がある。その全体がイデールなのである。「一方ではイデールなものは具体的なもの、真に存在するものであるが、他方ではまたその諸契機がイデールなもの、前者のうちに止揚されたものなのである。だが、実際にはイデールなものは諸契機を不可分なものとして持つ一つの具体的な全体であるにすぎない」（ibid.,S.143.）

有限なものの位置はこれによって定まる。「イデールなものは、真の無限なもののうちにある有限なものである。

――一つの規定として、区別されてはいるが自立的ではなく、契機としてある内容としてである」(ibid.,S.137.)。それは単に否定されるべきものではなく、無限なもののうちに保存され、契機としてあるものに他ならない。まさしくこの肯定的な規定によってイデールなものはイデールたりうるのである。イデールである――イデアリテート――とは、有限なものの否定ということでは完全に表現されない意味を有することが分かる。

こうして、イデアリテートが無限性の質であるとされることが納得される。それは、真の無限の表現である限り、有限性を止揚するだけでなく、それに対立するだけの否定的な無限性をも止揚することでなければならない。有限性を否定するだけでなく、その否定によって陥りがちな悪無限をも否定しなければならない。定在が有限性の領野として無限性からの転落であったとすれば、この否定の否定によって当初の存在が回復されたと見ることができる。その意味で、そこには自己内還帰（die Rückkehr in sich）があり、自己自身への関係（Beziehung auf sich selbst）がある。それはまた「自己に関係する否定」（die sich auf sich beziehende Negation）（ibid.）とも表現される。ヘーゲルはそのあり方を自己意識、精神、神に認める（ibid.,S.147.）。そして、それを「対自存在」（Fürsichseyn）と名づけるのである（ibid.,S.137.）。

一般に、〈für sich〉は「それだけで（自分だけで）」という意味に用いられる。(3) 物事が真にそれだけであるならば、それは他に依存せず、他を顧慮せず、他と関わりなしにあることになる。既にある他との関係、交渉を断ち切るということであれば、それは非社交的な孤立に通じる。だが、それは真にそれだけであるということではない。真にそれだけであるとは他なくしてあるということでなければならない。その外には何もなく、逆にあるものは悉くその中にあるとしなければならない。あるものはそれだけである。そして、その中にあるもの、それらはそれに対してあり、それに対してのみある。それの方も、それらに対することを自己に対すること（対自）として理解しなければならない。

こうして、対自存在は一つの、否唯一の全体を表す概念となる。多様なものがあるにしても、それらは全体の外に独立してあるわけではなく、部分、契機としてあるだけである。全体はそれらへと規定されている。だが、それらは全体に対してあるのである。それらは一つの全体に対してある。この意味で、ヘーゲルはイデアリテートの構造を改めて説く。それは、「諸（両）規定が等しく一つのものに対してのみ（für Eines）あり、一つのものに対してのみ妥当するということである」(ibid.S.147.)。「従って、この一つのイデアリテートは区別されることなしに実在性である」(ibid.)ということになる。

二　対自存在と一

ヘーゲルは、イデアリテートが対自存在の質とされうると言う。この無限性は、有限性に対立する悪無限、否定的無限ではない。それは、有限性をこの意味の無限性とともに止揚する真の無限でなければならない。これらの対立者を止揚するものとして、それは自己への還帰とされ、自己自身への関係（die Rückkehr in sich, Beziehung auf sich selbst）とされる。その意味で、それは存在（Seyn）である（ibid.S.137.）。

この存在が否定を含む限り、それは定在（Daseyn）と見なされるかもしれない（ibid.）。だが、この否定は否定の否定であり、自己に関係する否定であるから、定在とは異なる。否定の否定が存在の直接性の形式に偏り、否定一般として捉えられる場合にのみ、定在と同一視されるのである。無限性が対自存在と呼ばれるのはこの意味ではない。とはいえ、定在は対自存在から排除されるわけではない。対自存在は、否定を伴う存在を含み、定在を契機とする。従って、定在を構成している契機、他のもの、他のものに対してあること（対他存在　Für ein Anderes seyn）も対自存在の無限の統一のうちに取り込まれる。定在の契機は対自存在の中に、その統一に向けられたものとして、一つのものに対してあること（Seyn-für-eines）として存在するのである（ibid.S.146.）。

この一つのものに対してあるということは、有限なものが無限なものとの統一のうちにあること、すなわち後者へと止揚されるべき「イデールなもの」であるということを示す（ibid.）。これによって、一切の有限なものが一つのものを指向し、逆に一つのものから発出するという構造が成立すると期待されるかもしれない。それは、古来哲学知の理想であり、体系の理念の求めるものであった[4]。

だが、有限なものが対するべき一つのものはまだ確たるものとして存在しているわけではない、とヘーゲルは言う。それが有限なものから区別されたものであれば、それ自身一つの契機にすぎず、有限なものと同じく一つのものに対してあるものに他ならないであろう。それは、それ自身止揚されるべきイデールなものに他ならない。よって、或る規定を契機として含み、或る規定がそれに対して或いはそれのうちにあるものと、そのうちで契機としてあるものがともに止揚されかつ保存されるという一つのイデアリテートがあるだけである。

対自存在は無限性のあり方であり、一つのものに対してあること（対一存在）は有限なもののあり方であるとして区別すれば、理解は容易となるかもしれない。だが、この区別は維持しがたい。対自存在するものが他のものに対しそれを止揚しているにしても、関係すべき他のものがある以上、それが自己に関係するという時、その自己とは止揚された他のものと異ならない。それは、他のものと異なる自己に関係するわけではない。この意味の対自存在は止揚されねばならない。よって、それもまた一つのものに対してあると言わねばならない。それは、それに対する他のものの中で自己に関係するにすぎない[5]。自己に関係するということは、止揚されるべき対自存在として一つのものに対してあることを含んで成立するのである。

有限なものであるイデールなものから見れば、一つのものに対してあるとは、他のものとしての一つのものに対してあることではなく、自己に対してあることである。それが対してある一つのものは、それ自身にすぎない(ibid.,S.147.)。こうして、神について言えば、神は神自身がそれに対してあるもの（他）であることによって自己に対してあることになる。

対自存在（自己に対してあること）と対一存在（一つのものに対してあること）は異なった規定ではなく、イデアリテートの別々の意味でもない。それらはイデアリテートの本質的で不可分の契機なのである（ibid.,S.147.）。

こうして、対自存在と対一存在は一体である。それらは統一をなす(ibid.,S.150.)。この統一こそが対自存在である。ヘーゲルはこの統一を「単純な」(einfach)と形容する。「単純な」とは、多重でなく一重であるということであり、区別がなく区別がなされえないということである。対自存在が有限なものの止揚であり、それを徹底することであるとすれば、その極致たる「自己自身への関係」は諸契機の区別をまったく抹消したものとなる。「対自存在の諸契機は崩壊して区別のないものとなる」(ibid.,S.150f.)。この無区別性は媒介を欠く直接性であり、直接的なものとしての存在である。対自存在はこうした直接性(Unmittelbarkeit)を帯びたものとして現れる。それは存在するものとなる。もとより、それの帯びる直接性は、否定作用に基づいている。そして、この作用は直接性の規定として措定されてもいる。それ故、この存在するものは、始元の存在とも、定在するものとも同じではない。ヘーゲルはそれを「対自存在するもの」(Fürsichseyendes)と呼ぶ。とはいえ、それの直接性のうちには、対自存在の内的な意味は認められない。対自存在は、そこにおいては対自存在でなくなっている。それは、「対自存在自身のまったく抽象的な限界」(die ganz abstracte Grenze seiner selbst)である。ヘーゲルはそれを一、一つのもの、「一者」(das Eins)と呼ぶ(ibid.,S.150.)。

この一者は、一切の契機を止揚した結果生じたものに他ならない。そのようなものとして、その直接性は媒介による媒介の止揚としての直接性である。それは、媒介を前提しながら媒介を否定するというパラドックスを宿している。同様に、一者は、有限なものの止揚の極致として、止揚という否定を前提しながら止揚そのものを否定したものである。それは、対自存在の運動の結果としての対自存在の否定である。とはいえ、それは有限なものの止揚がもたらしたものである以上、その向かうところであったとも言わなければならない。すなわち、有限なものが契機として向かうべき一つのものがそこに見出されるのである。先に、一つのものはまだ確定されていないとされたのであったが、それがここで確定されたと言うことができる。

とはいえ、それは、止揚の過程に現れた諸契機とまったく無関係であるわけではない。それらの契機は、分離したものとして現れ、それぞれ独自に存在する規定として措定される。こうして六つの契機が析出される。①否定一般、②二つの否定(否定の否定)、③否定である限り同じものである二つの否定、④否定の否定としてまったく対立する二つの否定、⑤自己への関係としての同一性、⑥自己への関係と言いながら否定的である関係、がそれである（ibid.,S.151.）。そこには矛盾する規定が見出される。そして、それらを照合するならば、一者が分裂していく様が見られるのである。

三　無限性の自己疎外

一者は、対自存在の単純な自己関係である。この単純性の故に、その中では対自存在の諸契機は一体化しており、それらの区別は失われ、一者は直接性の形式を持つ。

だが、対自存在はもともと否定的な自己関係であった。従って、一者のうちには否定の契機がある。この面から見れば、一者は否定的なものの自己関係であり、自己を規定するという働きを有している。そして、それによって区別が生ずる。しかし、一者が直接性の形式を持つことによって、区別されたものは、一にして同一の自己規定の契機としてだけではなく、存在するものとしても措定されている。全体としての対自存在の観念性は、もっとも固定的でもっとも抽象的な実体性に転じる。それが一者なのである。そこでは存在という規定性が自己規定に対立して現れる。その結果、一者が自体的にあるものであるのは、一者のうちでのみであり、否定的なものは一者から区別された他のものであることになる。一者から区別されたものとして示されるのは、本来一者自身の自己規定作用に他ならない。一者と区別されたものは本来一体であり、関係しあっている。そこには他者としての自己自身との否定的な統一があるだけであり、自己であるはずの他者の否定があるだけとなる。換言すれば、一者が自己を他者として排斥するのであり、一者が自己のうちから他の一者を排出する（ausschließen）のである。ここから多くの一者（viele Eins）が生まれることになる（ibid.,S.155.）。

まず、一者はそれ自身において（それ自身のうちに）ある。一者が自体的にそれであるのは、それ自身のうちでのみである。このことは、一者が他のものへの関係とは無関係に存在するということであろう。「この一者の存在は定在でも他のものへの関係としての規定性でも性状でもない」とヘーゲルは言う（ibid.,S.152.）。一者は自己自身への関係という規定性を持つだけであり、この意味で絶対的に規定されている。それは措定された自己内存在、自己内存在として措定されたものである（gesetztes Insichseyn）。

もとより、一者は、自己に関係する否定として、区別を内に宿す。それは、自己の外なる他のものへの志向を持つ。しかし、この志向は直ちに反転し、自己のうちに還帰する。自己規定という契機からすれば、向かうべき他のものは本来ないのである。

ここから一者の単純な直接性が導かれる。この単純な直接性のうちでは、定在と観念性《イデアリテート》の媒介は消滅しており、一切の多様性は消えている（自己への関係という抽象があるだけである。その抽象は無（Nichts）と称せられる）。一者のうちには何もないことになる。この無は、自己自身への関係が抽象的に捉えられたものである（Abstraction der Beziehung auf sich selbst）（ibid.）。しかし、それは措定された自己内存在とは異なる。自己内存在は媒介されたものとして具体的であるという規定を持つが、無は抽象的なものとしてこの規定とは異なっているのである。

ともあれ、こうした無が一者のうちに措定される。それは直接的となった一者が持つ空虚（das Leere）であり、その質に他ならない（ibid.）。

空虚とは、一者が否定の抽象的な自己関係として捉えられたものである。だが、一者には肯定的な存在という意味の単純な直接性が具わっている。無としての空虚は、この意味の直接性とは異なる。それらは、一者の一つの関係の中にあるものではある。そして、それらの差異（Verschiedenheit）もこの関係のうちで措定されている。差異とは、空虚なものとしての無と存在するものとしての一者との差異である。だが、それらが異なる限り、前者は後者の外にあるとされねばならない（ibid.,S.153.）。

このことは対自存在が分裂することを意味する。一者も空虚も否定的自己関係としての対自存在から派生する。前者は、この自己関係が単純な直接性としての存在として捉えられることにより、後者は、この直接性が空無として捉えられることによって生ずるのである。両者はともに否定的な自己関係を共通の地盤として持つ。だが、それらは統一の外に出、互いに外在的なものとなる。「諸契機の単純な統一によって存在の規定が入ってくる。このため、この規定は自己自身を一方の側、従って定在に引き下げ、そうする中で自己に対してそれとは別の規定、否定一般を同じく無という定在、空虚として対立させるのである」（ibid.）。

一者と空虚は互いに対立しあい、否定をその契機とし、定在として措定されている。否定という面から見れば、両者は否定が否定に関係することであり、他のものがそれに対する他のものに関係することである（ibid.,S.155.）。一者は存在という規定のうちにある否定であり、空虚は非存在という規定のうちにある否定である。本質的に見れば、一者は、自己関係であるとしても関係する否定としてのそれであり、それ自身それの外にある空虚とされるものと同じである。両者は不可分であるにもかかわらず、肯定的な定在としても措定されており、互いに別の定在として関係しあうのである。

なるほど、対自存在においては定在というあり方はすでに止揚されている。他者にではなく自己にのみ関係することが、対自存在である。しかし、対自存在は一者として固定されたのであった。すなわち、それだけで（対自的に）存在するもの、直接的にあるものとしてである。従って、自己に関係するとは、存在するものに関係することである。しかもこの関係が否定的であるとすれば、それが関係するものは定在、他者であることになる。こうして、別々の定在同士の関係が生まれるわけである。

しかしながら、本質的にあるのは自己自身への関係である。よって、他者とされたものも、空虚としての無規定的な否定ではなく、一者だとしなければならない。すなわち、一者が一者に関係しているのである。ここには単一な一者があるのではなく、多くの一者があることになる。一者は関係づけられたものであり、関係として否定的なものを含み、否定的なものをそれ自身のうちに有している。関係は否定的であるが、一者は同時に存在するものとしてある。

この否定の故に、一者は自己自身を自己から突き離す（abstoßen）。一者のこの否定的な関係をヘーゲルは「反撥」（Repulsion）と呼び、多くの一者がそれによって措定されるとする。こうして、一者自身が自己の外に出、多くの一者となるという事態が生まれるのである（ibid.S.156.）。

だが、こうした第一次的な反撥に対して、第二次的な反撥が生じる。それは、多くの一者を措定することではなく、すでに存在するものとして前提された一者が相互に斥けあうことである。それは、多くの一者が生み出される過程が忘れられることによって起こる。生み出されたものは、他のものに対するのではなく、自己自身に関係するのみである。一者はすでにあり、反撥されたものは一者であり、存在するものである。それらは反撥によって前もって措定された（vorausgesetzt）ものである。だが、それらが措定されてあること（Gesetztseyn）は止揚され、それらは措定されないものとして互いに存在し、自己にのみ関係するものとしてあるのである（ibid.）。

そうである以上、多くの一者が互いに対してあるということは、それらには関わりのないこととなる。数多性（Vielheit）という規定性のうちに総括されることもそれらには関係しない。それらが互いに関係を持ち、数多性がその関係であるとすれば、それらは互いに制限しあい、他者に対してあるということを肯定的に見ていることになろう。だが、それらの関係はここでは関係でないに等しい。むしろ、それは空虚と言うべきものである。それらを限界づけるものがあるとしても、それはこれらに対して外在的な限界であり、そこでそれらは互いに向き合うことはない。しかし、こうした無関係な多くの一者の存在は対自存在の疎外されたあり方と言わねばならない。そもそも対自存在は無限性の構造を示すものに他ならなかった。だが、それは一者へと凝結し、多くの一者を生みだし、そしてまったく否定的な関係を喪失する事態となったのである。それは自己疎外に陥った無限性（die ausser sich gekommene Unendlichkeit）と言うべきものである（ibid.S.157.）。

こうして、無限性は、一者に対する一者の単純な関係であるとともに、一者の完全な没関係性に陥る。一者の数多性は一者自身が生み出したものである。それは一者が否定的な関係であることによる。この関係、従って一者自身が多くの一者であると言うことができる。にもかかわらず、数多性は一者に対してまったく外のものとなっている。一者は他在を止揚することであり、反撥とは自己自身との単純な同等性を保持せんとすることだからである。一者は数多性を生じながら、この数多性に無関心である。一者はこのような矛盾を引き起こす。一者の数多性は、囚われることなく自己を生み出す矛盾としての無限性の発現に他ならない。

四　無限な関係の回復
——反撥と牽引の弁証法——

多くの一者がある。しかも、それらはただ存在するものとしてあるだけである。多くのと言う以上、何らかの関係もあるはずである。しかし、それらは互いに無関係にあり、強いて関係を言うとすれば、非関係と言う他はない。この関係ならざる関係はそれらにとっては外在的であり、抽象的な空虚である。言うなれば、それらはまったくの空虚によって隔てられているだけである。そのように、他のものに無関係なものとして、それは自己に関係している。しかし、この無関係もまた一つの関係として捉え返される。そこには、存在する他のものへの無関係性としての関係がある。それらは「存在する他者への関係としての否定的な自己関係である」(ibid.,S.158.)。

この無関係性を反撥(Repulsion)と呼ぶとすれば、反撥はそれが反撥するものを直接的に見出すだけである。一者は、それが生み出したのでも措定したのでもない一者を自己から反撥するのである。こうした反撥がすべての一者の間で生起することになる。

一者と一者は空虚によって隔てられている。空虚がそれらの限界である。そこには一者は存在しない。だが、或るものの限界とは、それがあるところでもあるとされていた。「限界とは或るものと他のものとがあるとともにあらぬところである」(ibid.,S.114.)。従って、限界としての空虚のうちにそれらは存在しもする。そして、そこにおいてそれらは関係するのである。それらの相互反撥はそれらに共通の関係に他ならない。この関係の中で、それらは区別されるとともに自己を保存する。相互的な反撥は、多くの一者の定在が措定されたあり方である。それらは第三者の中で区別されるのではなく、自己を保存しつつ自己自身でなす区別の働きに他ならない。そこにおいて、それらは互いに否定しあい止揚しあう。その結果、互いに一つのものに対してのみあるものとして措定しあうのである。

　だが、それらが存在するということも前提されている。よって、それらは、一つのものに対してあるということも同時に否定し、それらの観念性（イデアリテート）を反撥する。従って、一に対してあるということも、他に対してあるという意味しか持たない。各々は、他のものによって反撥され、止揚され、それだけであるのではなく一に対してあるとされるが、その一とは他の一なのである。

　それ故、多くの一者がそれだけであるということは、それらが互いに反撥しあうことを通して自己を保存することに他ならない。この反撥の中で、それらは互いに止揚しあい、他の一者を単に他に対してあるものとして措定するが、同時にこの観念性《イデアリテート》を止揚し、多くの一者を他に対してあるのではないとして措定する。こうして否定的に相互に関係しあうことによって、多くの一者は自己を保存するのである。

　だが、そうした自己保存は、また、自己の解消に通じている。各々の一者は、否定されることに抵抗してその存在を保存する。否定し抵抗させているものは、各々の自体存在である。自体存在とはそれらが一者であるということである。しかし、一者であるという点では、すべてが同じである。また、それらが自己自身を一者として措定する結果をもたらす働き、すなわち相互的な否定も同一である。それによって、それらは同じものとなる。また、それらの観念性《イデアリテート》も他によって措定されることになっていたが、この観念性《イデアリテート》もそれら自身の観念性《イデアリテート》に他ならず、従ってそれらが反撥すべきものではないことになる。こうして、それらは一つの肯定的な統一をなすに至る。

　この統一は、次のようにしても導かれる。多くの一者のあることが前提されている。それらが存在するのは、それらが互いに否定しあうと同時に自己が否定されていること、自らの観念性《イデアリテート》を自己から遠ざけ、相互的な否定を否定するかぎりにおいてである。とはいえ、それらが存在するのは、それらが否定するかぎりにおいてである。それ故、それらの否定作用が否定されるならば、それらの存在も否定される。他の一者を否定することによってのみ、それらは自己自身のうちに還帰するのであり、それらはこうした媒介としてのみあるのである。このような形の還帰こそがそれらの自己保存なのであり、それらが対自的に（それだけで für sich）あるということに他ならない。このことは他なくして一はないということであり、一は他によってあるということである。両者は不可分であり、互いに引き合う。

それが意味するのは、反撥はむしろ牽引（Attraktion）であるということである。多くの一者の否定的な関係は自己と合致することである。それらの反撥作用はこうした同一性に移行し、それらが互いに主張しあっていた差異性と外面性を止揚する。多くの一者が一体となること（dies sich in-ein-Eines-setzen des vielen Eins）こそは牽引に他ならない。

反撥が牽引に移行することによって初めて、多くの一者の観念性《イデアリテート》は実現される。多くの一者が否定しあっているかぎりでは、観念性《イデアリテート》は当為であるにすぎず、実現されることはない。牽引こそ、多くの一者の措定された観念性《イデアリテート》である。とはいえ、牽引は反撥を前提する。多くの一者が存在しなければ、牽引も意味をなさない。反撥と牽引は不可分であり、観念性《イデアリテート》は、牽引のうちでは、それ自身の否定、それが関係すべき多くの一者を具えている。牽引は、それら多くの一者が区別されないことを措定することである（ibid.S.162.）。そして、そうすることで多くの一者を一つとし、それらから区別された一者を措定するのである。こうして、牽引の一者（das Eins der Attraction）が出現する。この一者は一者として規定された一者であり、媒介されたものに他ならない。それこそは実現された観念性《イデアリテート》なのである。そこに、反撥と牽引の統一が成立することになる。

反撥と牽引を別個に考察するならば、各々は他を含むことによって成立していることが明らかになる。

まず、反撥とは多くの一者相互の関係の否定であり、それらを分離させることである。それの規定は無関係性である。だが、まったくの無関係性の中では反撥が生ずることもない。従って、反撥は自己自身の否定に至る。反撥が生じるためには関係もなければならない。そして、関係することは牽引することに他ならない。反撥は牽引によって前提されるが、また牽引への関係を持ち、これを前提するのである（ibid.,S.163.）。各々は他により、他を介してある。それらが自立性を持つとすれば、それは次の事情以上のものではない。すなわち、それらはこうした媒介の中で互いに他の規定作用として措定されている。反撥は多くのものを措定し、それらの観念性《イデアリテート》を否定することであり、牽引は多くのものを否定し一者を措定することである。とはいえ、牽引は反撥を介してのみあり、反撥は牽引を介してのみあるのである。

だが、更に考察するならば、こうした他者によって媒介されるということも否定され、各々が自己自身との媒介に他ならないということが明らかとなる。

反撥は、直接的にあるものとしての多くの一者が互いに遠ざけあうことである。だが、多くの一者があるということ自体がすでに反撥である。反撥が前提しているものは、反撥自身が措定したものに他ならない。反撥こそが、多くの一者が一者として自己を示し保持し、存在するようにさせているのである。よって、反撥は他の定在を前提する（前以て措定する）相対的なものであり、自己自身に関係しているにすぎない（ibid.,S.164.）。

牽引の側はどうか。牽引は、多くのものを止揚する一者を措定する。それは互いに反撥しあう多くの一者を前提する。だが、これらが観念性《イデアリテート》を持つのは牽引への関係によってではない。それらは互いに区別されず同一のものである。そのため、それらには自体的に観念性《イデアリテート》が具わっているのである。観念性《イデアリテート》は前提されており、従って、牽引もまた自己を前提しているにすぎない。

こうして、反撥も牽引も自己自身を前提するだけである。だが、自己を前提するということは、自己を自己の否定として措定するということである。すなわち、反撥がそこには含まれている。だが、自己を前提する限り、前提するものとされるものは同じである。ここには牽引がある。各々は他方に移行し、それ自身の他者として自己を措定するのである。自己の外に出ること（das Aussersichkommen）、反撥と自己を一者として措定すること（das sich-als-Eines-Setzen）は不可分である（ibid.）。このことは一者そのものについてすでに見られたことであった。「一者そのものは自己の外に出ることである。それはそれ自身自己を自らの他者として、多として措定することにすぎない。そして、多の方も自己のうちで崩壊して自己を自らの他者、すなわち一者として措定し、まさにその中で自己にのみ関係し、各々がそれに対する他のものの中で連続することに他ならないのである」（ibid.）。このことが今、直接的に定在する一者を前提とする相対的な反撥と牽引において見られたのである。

このことを確認して、ヘーゲルは対自存在の展開が完結し帰結に達したと言う。総括するならば、一者は無限に、すなわち措定された否定の否定として自己自身に関係するものであるが、それは、一者が自己を自らの絶対的（抽象的）他在（多くのもの）として反撥しながら、この否定されていることに否定的に関係することによって、自己自身と関係するということに他ならない。一者とはこうした生成（Werden）なのである。そこには始めとしての直接的なものがあるわけではなく、結果として直接的なものが回復されるというわけでもない。それはあくまで過程（Prozeß）であり、この過程は至るところでそれを止揚されたものとして措定し含むだけである。相対的な関係の相対的な止揚は、こうして、無限な関係（die unendliche Beziehung）に移行する。直接的なものと定在するものの外的な関係は止揚されている（ibid.S.165.）。その結果は、まさしく、諸契機には最早支えはなく、それらが単純な直接性に没入し合流して一体となること、生成があるということだけである。ヘーゲルはそこに「量」（Quantität）のカテゴリーを見ることになる。[6]

注

（1）G.W.F.Hegel, *Wissenschaft der Logik*.I/1., 1832, in: GW.21., Hamburg 1985, S.137. Abk: W.d.L.I/1.

（2）本巻第一部第二章「論理的観念論」を参照。

（3）デカルトとスピノザによる実体（substantia）の定義が想起される。デカルトによれば、実体とは〈res, quæ ita existit, ut nulla alia re indigeat ad existendum〉であり、アリストテレス-スコラ学派の定義〈substantia est res, cuius naturae debetur esse non in alio（sc. tamquam in subject）〉に比せられる。R. Descartes, *Principia Philosophiae*, 1644, PARS PRIMA, LI, in: *OEUVRES DE DESCARTES*, VIII-1, PARIS 1982, p.24.　スピノザは実体を〈id, quod in se est et per se concipitur, hoc est id, cujus conceptus non indiget conceptu alterius rei, a quo formari debeat" と定義する。B.d.Spinoza, *Ethica ordine geometrico demonstrata*, 1677, in: *Spinoza, Opera*, II., Heidelberg 1972, S.45.

（4）新プラトン主義者プロティノスは、「特殊な諸対象から一者、真実にして永遠なものを直観し真理を追思することへと魂を連れ戻し」、プロクロスは「多が自己自身のうちで解体し、一性へと還帰する様を示す」とともに、「一性は（……）可能性の横溢によって自己の外に出、この流出により現実性となる」と説いた。多なるものが一者に還帰し、一者が他なるものとなる過程を提示することによって、この思想はヘーゲルの体系構想のモデルとなったと見なされる。G.W.F.Hegel, *Vorlesungen über die Geschichte der Philosophie*.II., in: *Werke in zwanzig Bänden*, 19., 1971, S.439, 470.

（5）ここに、「絶対の他在において純粋な自己認識を得ること」（das reine Selbsterkennen im absoluten Andersseyn）を学の根拠とし地盤とした『精神の現象学』序文の思想に通じるものが認められる。G.W.F.Hegel, *Die Phänomenologie des Geistes*, in: GW.9., 1980, S.22.

（6）W.d.L.I/1., Die Lehre vom Sein, Zweiter Abschnitt, Die Grösse（Quantität）, S.173～322.

第二章　数学的二律背反と量的無限性

序

カントは、世界の有限性・無限性をめぐる対立と物質の無限分割の可能性をめぐる対立を数学的二律背反と呼ぶ。それらが伝統的形而上学の諸テーマと関わっていることは言うまでもない。前者は運動をめぐるゼノンのパラドックスを想起させ、後者は世界の究極的要素としての個体、アトム、モナドの探求と関係する。他のあらゆる形而上学的議論ないし論争に対するのと同様、カントは超越論的弁証論においてそれらを不毛なものと見なし、批判的な裁決を下す。それは伝統的形而上学に対する訣別宣言であり、近代という時代に臨むカント自身の立場を宣言するものであった。

しかし、この問題をめぐっても、ヘーゲルはカントの裁定をそのまま受け入れることはせず、批判的な距離を置こうとする。それは、カントを含め近代哲学総体と対峙しようとするヘーゲルの意志の然らしめるところであった。もとより、それは伝統的形而上学への回帰を企てるものではない。カントのように、議論を中断するのではなく、論争そのものに沈潜して、そこにある本質的なものを抽出し、彼独自の見地を獲得しようとするのである。それは、カントを介して伝統的形而上学と対決しようとするものであったと言えよう。

カントが数学的と形容したように、ヘーゲルによれば、問題の対立は量のカテゴリーと深く繋がっている。彼はそれを『論理の学』「存在論」の量論において取り上げ、論評する。[1] それらは、量のカテゴリーから捉えられ、理解されねばならない。逆に、その論争を通して、量の本性が明らかにされる。それによって、カント並びに伝統的形而上学に対するヘーゲルの姿勢が見えてくることになろう。

本章は、こうした観点から、特にカントが第二二律背反とした問題に焦点を当て、これをめぐるカントとヘーゲルの見解の違いを見、ヘーゲル独自の見地を明らかにすることを目的とする。

一　単純実体論のアポリアと二律背反

実体をめぐるスピノザとライプニッツの対立は、周知の事柄である。スピノザが唯一普遍の神を実体としたのに対し[2]、ライプニッツは多数の個体、モナド（monade）を実体とした。[3] モナドが実体たる所以は、それが分割不可能であり、真に一なるものであることにある。「モナド」が「一」を意味するギリシア語の「モナス」（monas）から作られたように、それは本来一なるものを意味するのであり、それが「単子」と訳されるのも、それによる。そして、このことによって、それは個体の代名詞となる。個体（individuum）もまた、語義からすれば、分割不可能なものであり、真に一とされるべきものだからである。

ライプニッツはそうした一なるものをどこに見出したのか。それを数学（幾何学）や物理学の領域に見出すことは困難である。幾何学は広がりのない点を空間の基本的要素として考えるが、しかし、広がりのないものをいくら集めても広がりを生み出すことはできない。「幾何学的点」（point géométrique）は、空間の要素とされながら、空間という延長を構成することはできない。それはこうした矛盾を宿している。

これに対して、物理学はアトムのような物体的なものに基本的要素を見出そうとする。それは延長を持つ。しかし、延長を持つということは、如何に微小であってもなお分割することができるということである。したがって、それを究極的な要素とすることはできない。物理学もまた基本的な要素を発見することに失敗するのである。

その失敗の理由はどこにあるのか。それは、二つの学が空間と空間の中にあるものを対象としていることにある。延長と延長を本質とする物体を対象とする限り、要素の探求は矛盾に付きまとわれる。「幾何学的点」（point géométrique）も「物理学的点」（point physique）も世界の構成要素たる実体の資格を手にすることはできないのである。

従って、実体を見出そうとすれば、延長の世界にこれを求めることはできない。それは、非延長的なものの中に求める他はない。それは、非幾何学的なもの、非物理的なものでなければならない。その意味で、ライプニッツはそれを「形而上学的点」（point métaphysique）と呼ぶ。[4]「形而上学」の語源たる「メタピュシカ」（metaphysica）が、アリストテレスの著作集において「ピュシカ」（自然学）の後に置かれ、しかも自然学が主題としない問題を考えるべきものとして、「第一哲学」の意味を持たされたように、[5]物理的自然を超えたところにあるものとして、形而上学的点という名は与えられているのである。だが、物理的、物体的なものを超えたものとは、デカルトの教説による限り、神を除けば、精神的なものに他ならない。そして、精神の本質は表象することであるから、表象活動を営む主体こそが実体の名に値するものとなる。こうして、モナドは、表象活動を本質とするものとして、実体の資格を与えられるのである。

ライプニッツのこの思索過程は、一なるもの、単一なるもの或いは単純なものを考えることの困難さを示している。それは、世界の究極的要素として世界を合成するという課題を負う。しかも、それ自身は合成されたものであってはならない。換言すれば、それ以上分割されるものであってはならない。自らは合成されることを拒否しながら、しかも世界を合成しなければならない。この相反する要求をともに満たすことに困難さの核心はあると言えよう。カントが『純粋理性批判』の二律背反論で第二二律背反[6]として取り上げた問題は、この点に関わっていると見なされる。

周知のとおり、第二二律背反は次の対立的主張からなる（K.d.r.V.,A434f.,B462f.）。

定　立：世界のうちの合成された実体はどれも単純な部分からなる。そして、至るところ単純なものないし単純なものから合成されたものしか存在しない。

反定立：世界のうちの合成されたものは単純なものから成るのではない。そして、世界のうちのどこにも単純なものはない。

それぞれの主張は、互いに相手の主張を仮定しながら、それを論駁するという弁駁的方法によって自己の正しさを証明しようとする。

定立の側は言う。「合成された実体が単純な部分から成るのではないと仮定せよ。そうすると、すべての合成が思考の中で止揚されるならば、合成された部分も、そして（たった今なされた仮定によって）単純な部分もないのであるから、単純な部分もなく、従ってまったく何も残らず、如何なる実体も与えられていないことになろう」(ibid.,A434,B462.)。合成しかないとすれば、仮に合成を否定した場合は何もないことになる。合成された実体があると想定する以上、合成を否定することはできない。しかし、その場合には、合成されたものは諸実体から成るとするわけにはいかない。諸実体にとって合成は偶然的な関係にすぎず、それらはこの関係なしにそれだけで存立していなければならないはずだからである。そうだとすれば、合成されたものは更に合成されたものから合成されていることになり、合成の無限背進が起こる。そして、それは如何なる実体にも行き着くことはない。とすれば、「合成された実体」という想定も成立しえなくなる。いずれも実体性なきもの、空でしかないことになる。このことは前提に反する。従って、合成された実体或いは実体的な合成されたものを想定する以上、それは単純な部分から成るとしなければならない。

この議論の核にあるものは、合成の無限背進への警戒であろう。すなわち、存在するものがどこまでも分解され、分割されることへの警戒である。それは、一切の実体性の解消に通じ、また合成されたもの自身の解消に通じかねない。そして、この無限背進を阻止するために単純な部分が要請されるのである。そうした問題を孕んでいるのが、ライプニッツの言う物理学的点なのであった。換言すれば、そうした問題が生じる背景には、実体を物理的なものないし延長したものとして考える立場があるのである。それは、まさに第二二律背反が「物質の無限分割可能性」をめぐるものとして理解されることに示される（W.d.L.I/1.S.179.）。

こうした問題は、反定立の証明において一層顕著に現れる。「実体としての合成されたものは単純な諸部分から成る。一切の外的関係、従って諸実体からの合成は空間のうちでのみ可能である。それ故、合成されたものが多くの部分から成るのに応じて、それが占める空間もそれだけ多くの部分から成るのでなければならない。しかるに、空間は単純な諸部分から成るのではなく、諸空間から成る。従って、合成されたものの各々の部分は、一つの空間を占めなければならない。（……）ところが、空間を占める一切の実在的なものは互いの外にある多様なものを含んでおり、従って合成されたものである」（K.d.r.V..A435.B463.）。ここから、実体を合成するもの自身が合成されたものであり、単純なものはどこにもないことが結論されるのである。

ここには、ものを空間を占めるものとし空間の中に置いたために、空間の無限分割可能性とともにもの自身が無限に分割されたものとなるという事情がある。まさしく、ものが延長の次元で考えられ、延長したものとして捉えられた結果であると言えよう。

こうして、ライプニッツの議論に照らしてみるならば、カントはものを延長の次元において捉え、そこに生ずる無限分割の可能性を、一方では単純なものの概念によって拒否させ、他方ではそのまま承認させていることが分かる。定立と反定立の対立は、まさしくこうした対立に他ならないのである。

二　対立の構図
――連続と分離――

さて、ヘーゲルによれば、定立の中では単純なもの、原子に対して合成されたものが対立させられている。合成されたものとは、恒常的なもの、連続的なものに対して劣った規定である。世界の中の諸実体とは、感覚的に知覚されうるものに他ならず、二律背反の核心に触れるものではない。それは空間や時間であってもよかった。まさに連続性に対して合成が主張されていることが肝心なのである。では、合成ないし合成されたものとは何か。「合成されたものは、それだけでは一なるものではなく、外的に結合されたものにすぎず、他のものから成り立っている」ということが、合成されたものの直接的な規定である。或るものが何から成り立っているかが問われた場合、他のものを示し、それの結合が当のものを成り立たせていると答えなければならない。インクはインクから成り立っていると言うだけならば、インクの組織を解明したことにはならない。だとすれば、合成されたものに対する他のものとは何か。それは単純なものに他ならない。従って、合成されたものが単純なものから成るという命題はトートロジーであり、分析的な命題である（W.d.L.I/1.S.181f.）。定立は何ら証明を要しない自明な主張であることになる。

カントは、それに対して、余計とも見える弁駁的証明という迂路を辿った。しかし、ヘーゲルの見るところ、証明の核心は、カントが括弧に入れた部分、「諸実体のもとでは、合成は諸実体の偶然的な関係にすぎず、この関係なしでも、それらはそれだけで不変なものとして存立していなければならない」という記述にある（ibid.S.183.）。合成の偶然性は証明されているわけではない。それは、自明なこととして前提されている。合成とは偶然性と外面性の規定である。だが、偶然的な共存だけが問題となるのであれば、諸部分が単純であるという主張はトートロジーにすぎなくなる。

このように指摘して、ヘーゲルは論証を次のように整理する（ibid.f.）。——諸実体は単純な部分からなるのではなく、合成されているにすぎないと仮定せよ。しかるに、人は一切の合成を思考の中で止揚することができる（なぜならそれは偶然的な関係だからである）。そうすると、それが止揚された後には、もし諸実体が部分から成っているのでないとすれば、それらは残らないことになろう。しかし、われわれは諸実体を持たなければならない。それらを仮定したからである。われわれにとってはすべてが消滅してはならず、何かが残存するべきである。なぜなら、われわれは実体と名づけた不変なものを前提したからである。この何かは、従って、単純でなければならない（ibid.S.183f.）。——

ヘーゲルのこの整理に従うならば、合成という偶然的な関係しかないとすれば、一切のものが思想のうちで雲散霧消させられる。それを防ぐには、不変の実体が存在するとしなければならない。これが証明の骨子である。そこにあるのは、実体の解消を阻止しようという要求であり、要請であると言うべきであろう。ヘーゲル自身、「総じてあるのは証明ではなく、前提にすぎない」と言うのである（ibid.S.184.）。

反定立に対するヘーゲルの見解はどうであるか。彼はそれを「間違った方法だらけの巣窟」（ibid.S.185）と酷評し、四点に亘って問題を指摘する。

第一に、すべての実体的なものは空間的であるが、空間はしかし単純な部分から成るのではないという想定が証明の直接的な根拠とされている。だが、それは直接的な主張にとどまっており、しかもそれによって証明の全体は終わっている。

次に、証明は「諸実体からの一切の合成は外的関係である」と合成の外面性を主張しておきながら、「合成は空間の中でのみ可能であるが、空間は単純な部分から成るのではない。従って、空間を占める実在的なものは合成されている」（ibid.）と論ずる。諸実体にとって合成が外面的ならば、空間性もまた外面的とされるべきではないか。それは諸実体には何ら関わりを持たず、それに触れることもない。諸実体はむしろ空間の中に置かれるべきではなかったということになる。（ヘーゲルのこの指摘には、実体を空間的延長の外に措定する道への示唆が含まれている）。

更に、証明の中で用いられている空間の概念の曖昧さをヘーゲルは指摘する。諸実体が置かれる空間は単純な部分から成るのではないことが前提される。それは、空間があくまで合成されたものであると言うに等しい。従って、単純なものをその中に置くならば、単純なものは合成されたものと見なされることになる。しかし、カントによれば、空間とは唯一の対象によって与えられる表象であり、いわゆる比量的な概念なのではない（K.d.r.V.,A24f.,B39.）。それは唯一つのものであって、その諸部分は制限（Einschränkung）によって生ずるのであり、それに先だって構成要素があり、そこから合成がなされるようなものではない（W.d.L.I/1.,S.186.）。空間の連続性が認められなければならない。それは、合成やその唯一性に先立つ構成要素を排除するものなのである。

なお、反定立の証明に対する注（K.d.r.V.,B470.）において、カントは批判哲学の他の概念を持ち出す。すなわち、われわれが概念を持つのは現象としての物体についてだけであると言うのである。現象は一切の外的現象の可能性の制約として空間を前提する。そこで考えられる実体とは、見られ、触れられ、味わわれる等の物体のみである。感覚的に知覚されるもののみが問題であり、それらが概念において何であるかは問題とならない。反定立の立場がそれによって明らかになる。ヘーゲルはそれを次のように総括する。「われわれが見たり、触れたりする等の経験は、悉く合成されたものだけしかわれわれに示さない。最良の顕微鏡、最も鋭いメスによってすら、われわれは単純なものに行き当たることはなかった。従って、理性もまた単純なものに行き当たると思ってはならないのである」（W.d.L.I/1.,S.186.）。

ヘーゲルは、物質の無限分割可能性をめぐるこの二律背反を連続性（Continuität）と分離（Discretion）の対立に基づくものと見る（ibid.,S.179.）。反定立の証明は連続性の想定を含み、定立の証明は絶対的な一としての諸実体の想定を含んでいる。実体の各々が一としての単純なものであるということは、互いに本質的な関係を持たないということであり、分離しているということである。そして、関係は偶然的で外的なものに他ならない。これに対して、そうした単純なものはなく、合成されたものしかないとすれば、実体はどこまでも分割されるものであり、最終的には固有性を持ったものは存在しなくなる。或るものと他のものの違いはなく、それらの同等性すなわち連続があるのみとなる（ibid.,S.187.）。

こうして、この二律背反の全体は、分離と連続を分離対立させ、直接的に主張することに帰着する。そして、単なる分離に従って見られるならば、実体（物質、空間、時間等）はまったく分かたれている。一がその原理である。連続性の面からすると、この一は止揚されたものにすぎない。それは更に分割されうる。あるのは分割の可能性のみであり、現実的に不可分なもの、アトムに達することはない。こうした相反する事態が対立しあっていることが、二律背反なのである。

だが、ヘーゲルは、これら対立しあっているもの自身のうちにその反対のものが宿されていると言う。「連続性自身のうちにアトムの契機がある。連続性は、ただ分割の可能性としてあるにすぎないからである。逆に、分割によって分かたれてあること、分離は、諸々の一の区別を悉く止揚する。単純な一は他のものと異ならず、他のものと同じである」（ibid.）。それらが同一であること（同等性）はそれらが連続していることに他ならない。こうして、「対立しあう二つの面の各々は、それに対する他の面を含んでおり、これなしには考えられえない」（ibid.）。ここから、ヘーゲルは結論する。「これらの規定のいずれも、単独で捉えられるならば、真理を持つことはない。真理を持つのはそれらの統一のみである」（ibid.）。そして、これこそは真の弁証法的考察であり、真の帰結である、とするのである。

ここに、二律背反を前にして議論の打ち切りを提唱するカントとヘーゲルの違いが認められる。ヘーゲルは、思惟規定の内容を考え抜くことによって、それがその反対との統一であることを洞察するのである。そして、連続性と分離のこうした統一としてあるものは「量」（Quantität）である、とする。量こそはそれらを契機として成り立つのであり、従って、それらが他を捨象して抽象的に主張されることによって、問題の二律背反は惹起されているのである。

このことは、カントが第一二律背反とともに、この二律背反を数学的二律背反と名づけたことと符合する。そうであるとすれば、連続性と分離という規定は、量の考察そのものから捉えられなければならないことになる。量とは何か、その由来は何かが問われる。

三　量の矛盾構造

ヘーゲルは、量のカテゴリーを「対自存在」(Fürsichseyn) から導く。対自存在とは、或るものと他のものという有限者およびそれに対立する悪無限をともに止揚することによって生ずるカテゴリーである。[7] 一切の対立、有限者を止揚したものとして、それは全体であり、真の意味で一と言うべきものである。それに対立するものは最早なく、それが止揚したものは、それの一契機として、それに対してある。一切のものがこの一なるものに対してあり (Füreinesseyn)、それがそれらにおいて自己自身に対してあるというあり方が、対自存在と称されるのである。

それは、無限なものが自己を多様化して有限なものを産出するとともにこれらを回収し、一なるものが多くの一を放出するとともにこれらを取り戻す運動として捉えられる。そこで産出され放出された一々の有限者は、多くのものとして互いに反撥しあう (反撥 Repulsion)。それらは互いに否定しあうという仕方においてある。しかし、互いに否定しあう仕方であるものは、ただ否定としてあるにすぎない限り、異なった独自の内容を持つわけではない。それらはむしろ同じであるとしなければならない。それらは反撥しあいながら、同じものに帰着する。すなわち、反撥しながら引かれあう (牽引 Attraction)。こうして、反撥と牽引という関係、運動が対自存在の内実をなすのである。

反撥によって一々のものは分離する。だが、牽引によって連続する。それは、分離によって引かれる限界がその都度否定されることである。限界は「限界でない限界」であり、限界によって区別され互いに他であるものが同じである。ヘーゲルはこうしたあり方を「量」(Quantität) と言うのである。

従って、量には分離と連続という両面がある。これらは量の二契機である。そして、それらは本来不可分である。量とはこれら相反するものの矛盾的統一としてあるものに他ならない。カントの第二二律背反は、本来統一されたものとして捉えられるべき両契機を別々にし対立させせた結果生まれるのである。単なる合成、連続に対しては分離を、単なる分離に対しては連続をというようにである。しかし、ヘーゲルからすれば、それはまさしく悟性的抽象的な態度に他ならない。まさに、量の矛盾的統一を理解することが肝要である。

だが、量を限界ならざる限界として捉えることは、量の無限進行を結果することになりはしないか。質の領域で見られた悪無限が量の真相であることにはならないか。量において悪無限、無限進行を止揚する道はあるのか、こうしたことが問われなければならない。

量は、連続と分離の統一として、これらを契機として含む。それは全体である。それは、それらをそれの規定として含み、それら双方の中で措定されるべきである。しかし、それは、さしあたりそれらの一方の形式においてのみ措定される。連続性の形式において措定されるならば、「連続量」(die continuirliche Größe)となり、分離の形式において措定されるならば、「分離量」(die discrete Größe)となる。しかし、量は、本来、具体的な統一であり、区別された契機の統一である。両契機は区別されるべきだとしても、その真相においては、他との統一においてあり、それぞれが全体である。連続性は、まさに分離したものの統一(連続性)として、関連し充実した統一である。従って、連続量とはそれ自身完全な量であり、全体である。分離もまた契機である限り、全体から区別されているわけではなく、連続性の契機との統一から離れているわけではない。従って、分離量も全体であり、完全な量である。

連続量とは、分離され互いの外にあるもの(Aussereinanderseyn)が否定されることなく連続していくことであり、自己自身のうちで等しい連関である。分離量とは、この相互外在性(Aussereinander)が連続的でなく途切れたものとしてあることである。しかし、分離したものは互いに同じものであり、同じものが互いの外にあることに他ならず、ただの一として同一の一性(Einheit)を有することである。この一性(Einheit)によって、それは連続する。同じ一性を持った多、一つの統一のうちなる多があるのみである。

しかし、分離量が連続量と異なる所以は、切断されたものが相互外在的にあることにあり、排斥的な一、統一の限界をその規定性としていることにある。それによって、それは連続量から区別される。そのかぎり、それは一の定在であり、或るものである。そのようなものとして、それは「定量」（Quantum）と呼ばれる。そこには連続性を阻む限界がある。それは、多くの一を自己のうちに包括する限界である。こうして、連続量と分離量が区別されたものとして見られることによって、双方が定量であることになる。

定量とは、規定性ないし限界を伴った量である。こうした定量が完全に規定されたあり方をしているものを、ヘーゲルは「数」（Zahl）に見る（W.d.L.I/1.S.193.）。

量は一をそれ自身の契機として含んでいる。それは、連続性に限界を付するものである。そのかぎり、それは量の分離の契機である。それは量の原理であるとともに、限界を伴った量としての定量の原理となる。しかし、そうした一が原理であることによって、定量は連続的なものとなる。一々のものは同じだからである。だが、そうした一が多くあるということが、定量である。それによって、定量は分離量となる。だがまた、定量は他の定量に対立し、これを排除するものでもある。一は限界として、多くの一を包容するとともに、それ以外の一を否定するものに他ならない。

こうして、限界としての一は三つの規定を持つ。それは、（α）自己に関係する限界であり、（β）多くの一を包容する限界であり、（γ）他のものを排除する限界である（ibid.,S.194.）。そして、これらの規定をすべて備えた定量として、数はある。数は分離量として現れる。だがまた、数は連続性をも持つ。その中で、限界は規定された数多性としてある。その意味で、それは完全な規定性を備えた定量なのである。

だが、定量の限界は抽象的で単純な規定性でしかないのに対し、数においては限界は自己自身のうちで多様なものとして措定されている。それは多くの一を含むが、これらの一を他の多くの一から区別し、これらを排除する形で含むのである。それによって包容される一は一定の集まりであり、集合数（Anzahl）である。それは数における分離の契機を示すが、それに対しては連続性が統一（Einheit）としてある。集合数と統一が数を形づくっているのである（ibid.）。

多くの一はどのような形で限界のうちにあるのか、このことが集合数について見られなければならない。多くの一は集合の中にあり、それ以外の一から限界によって隔てられている。それらはこの限界に対しては無関係である。限界は、それらにとっては外から与えられているにすぎない。だが、限界の方はそうではありえない。限界は、それの定在たるべき一々に対して、これらを貫くものとしてある。一〇〇は百個の一の集まりである。しかし、百番目の一がそれを一〇〇とするわけではない。どの一もが百番目のものでなければならず、どの一が欠けても一〇〇という数にはならない。一〇〇という集合数は一々の一を貫いているのである。集合数はこのような仕方で限界づけを行っているのであり、それ自身限定（Begrenzung）に他ならない。

こうした数は他の数から区別される。しかし、この区別は質的な区別ではなく、あくまで量的なものである。数は一つのものとして自己のうちに還帰しており、他の数に対しては無関係である。この無関係性が数の本質的な規定である。従って、区別は外的反省の比較によって立てられるにすぎず、数自身はそれ自体において規定されている。それは単純な直接性という形を持ち、他のものへの関係はまったく外在的である。「数は絶対的に規定されたものとしての数的一であり、同時に単純な直接性の形式を持つとともに、それによってそれに対して他者への関係がまったく外在的であるようなものである」（ibid.S.195.）。だが、この数的一は規定性をそれ自身の契機として持つ。そこには統一（単位 Einheit）と集合数（Anzahl）があり、集合数とは一が多くあること（数多性 Vielheit）だからである。一でありながら多という契機を宿すことによって、数は矛盾であるとされる。それは定量一般の矛盾であり、その質に他ならない。

定量はこの矛盾の故に分裂する。それは自己のうちで分離したものであり、多である。一方、それは単純な統一である。前者の面から見られるならば、定量は「外延量」（die extensive Größe）であり、後者の面から見られるならば、「内包量」（die intensive Größe）である。

しかし、定量は自己のうちで分離しているとしても、多くの一を総合して一つとすることを欠くわけにはいかない。

それによって、定量は規定された定量となる。多くの一は、この規定を与える限界と同一のものとして措定されるのである。従って、外延量は数と異ならない。「数は直ちに外延量なのである」(ibid.,S.209.)。すなわち、「本質的に集合数としての単純な規定性であり、一にして同じ単位の集合数としてのそれである」(ibid.)。数においては、数多性の面が顕在的に措定されているにすぎない。

だが、多くのものは互いの外にあり分離しているとしても、それによって区別されているとは言えない。「多くのものの各々は他のものと同じである」(ibid.)。多くのものは却って連続しており、合体して単純な統一となる。多くの一の外面性は消滅し、数の自己関係としての一が現出する。定量がこうした形を取ったものが内包量である。その規定性は単純なものとして措定され、「度」(Grad)と呼ばれる。

度は規定された大きさであり、定量である。その規定性は数によって表現される。しかし、それは集合数、総和ではなく、その内部に多くのものを宿しているわけではない。10度、20度は1度を十個、二十個合わせたものではない。それは単純な規定性であり、止揚された多さ(Mehrheit)であり、多くのもの(das Mehrere)がまとめられて一つの規定となったものに他ならない。或いは、定在が対自存在へと立ち帰ったものに他ならない。

こうした内包量は、定量がその概念に従って、或いはそれ自体においてあるあり方が措定されたものである。定量はそこにおいてその概念に相応しい実在性を獲得する。内包量は自己自身のうちで単純なものとして、自己に関係するという形式(die Form der Beziehung auf sich)を持ち、外的な他在を自己のうちにではなく、自己の外に持ち、自己の外に排除する。だが、そうすることでそれに関係するのである。それは、自己自身によって外的なものに関係することとしての自己への関係(Beziehung auf sich als Beziehung durch sich selbst auf ein Aeusserliches)(ibid.,S.211.)である。そして、その中で自己の規定性を見いだすのである。

度は単純な大きさの規定性であり、単純な自己関係である。そして、様々な強度の中の一つである。それらの度は本質的に互いに関係しあい、他の度に連続する。そして、この連続性の中で自己の規定性を得る。このように、それ自身によって他のものに関係する様は、目盛りの上の昇降運動において見られる。それは、中断されることなく分割されることのない変化であり、流れであって、各々の度はその中で区別されながら他の度と分離されることはなく、むしろその中で自己の規定されたあり方を持つのである。自己にのみ関係し、他に対して無関心であるものが、他に関係し、それによってそれのあるところのものである。自己に関係することが外のものに無関心ならざる関係であり、その中にその質を有するというあり方が示されている。

以上のように、内包量は外延量から区別される。両者は定量の異なったあり方である。だが、ヘーゲルは、更に、外延量は内包量に移行し、内包量は本質的に外延量である、と論ずる（ibid.,S.213.）。外延量はその内部に多を宿すが、多くのものはその同一性によって合体して一つとなる。多はその統一の外にあることになる。よって、それは内包量となる。一方、内包量は、単純なものとして、他の内包量に対して無関係であるが、それらへの関係なしには規定性を持ちえない。それは集合数の外面性をそれ自身に帯びている。従って、それは、本質的に外延量と異ならない、と言うのである。

四　量的無限進行と質の回復

定量とは、無関心な規定性、自己を超えていき自己自身を否定する規定性（die gleichgültige Bestimmtheit, die über sich hinausgehende, sich selbst negirende Bestimmtheit）とされる（ibid.,S.173.）。そうした定量がその概念に相応しい実在性を獲得したものが、内包量である。内包量は自己への関係でありながら、自己自身によって外のものに関係すること（Beziehung auf sich als Beziehung durch sich selbst auf ein Aeusserliches）に他ならない（ibid.,S.211.）。従って、定量とは「自己自身に関係する単純な規定性でありながら、それ自身の否定であり、その規定性を自己のうちにではなく、他の定量のうちに持つ」（die einfache sich auf sich beziehende Bestimmtheit zu seyn, welche die Negation ihrer selbst ist, ihre Bestimmtheit nicht an ihr, sondern in einem andern Quantum zu haben）ものである（ibid.,S.217.）。定量とはこのような自己内矛盾（Widerspruch in sich selbst）なのである。

従って、定量は（外在的なもの、他在と連続している）自己否定的なもの、自己に関係する否定性として、自己を自己から反撥し、自己を超え、他のものとなる必然性を有している（über sich hinaus zu schicken und ein Anderes zu werden）。それは、他のものとなる、変化させられるというだけでなく、変化せざるをえないものとしてある。すなわち、それは増加したり、減少したりするのである。それは、自己を超えていく限界（sich über sich selbst hinausgehende Grenze）に他ならない。しかも、この自己超出において再び限界が生ずるとしても、この限界もまた超出されていく。こうして、無限進行が結果するのである。

定量の無限進行は、質的無限進行においてそうであったのと同様に、有限なものと無限なものの交替である。ただし、量的なものにおいては、限界が自己を超え、彼岸に赴くとしても、その彼岸もまた定量に他ならない。定量は自己の外にあっても定量である。進行は定量自身を超えていくことなく、永続的に定量を産出することであって、無限なものが積極的に現前することはない。定量は、自己に対する彼岸を持ち続けることをその概念とするのである（ibid.,S.220.）。彼岸を定量の否定と見るならば、それは定量そのものの止揚という意味を持つはずである。しかし、定量が彼岸と連続していることも、それの本質である。すなわち、彼岸は定量であることを止めることはできない。定量が他の定量に変化していくことが、定量の無限進行なのである。それは止まることのない進行、悪無限となる（ibid.,S.222.）。

この無限進行の中に、定量の概念は措定されている（ibid.,S.234.）。定量とはまさにそれに対する外なるものによってそれ自身であり、外面性こそが、定量が定量であり、自己自身のもとにある所以である。そこには、動もすれば、定量は超出されえなければならず、あらゆる定量は消滅するべきであるという面のみが見られるかもしれない。しかし、こうした定量の止揚、悪無限そのものが消滅するという面が反省されねばならない。いわば、消滅の消滅、否定の否定の可能性がそこには孕まれているのである。

すなわち、定量はそれでないこと、無限性を介して他の定量の中にその規定性を持つのであり、質的に（qualitativ）それのあるところのものである、ということである（ibid.,S.235.）。外面性が量自身の契機となっており、それ自身の反対として措定されている。換言すれば、定量こそはその外面性の中でそれ自身であり、自己自身に関係し、自己との単純な統一の中にあるのである。ヘーゲルはこれを、質的に規定されている（qualitativ bestimmt）と表現する。(8) それは、否定の否定を介して自己自身に関係しており、その意味で無限性（Unendlichkeit）を獲得していると言える。それは対自的に規定されている（das Fürsichbestimmtseyn）のである。それは、本来質の否定であった量が再び否定されて質が回復されたことを意味する（die Negation der negirten Qualität, die Wiederherstellung derselben）（ibid.）。

このことは、外面性が定量自身の契機であるということである。すなわち、定量は自己から反撥されたものとして措定されるが、それは二つの定量が生まれるということであった。しかし、それらは止揚され、一つの統一の契機としてのみあることになる。そして、この統一こそが定量の規定性をなすのである。「このようにそれの外面性の中で無関心な限界として自己に関係する、従って質的に措定されているということは、量的な関係（比 Verhältniss）である」とヘーゲルは言う。関係こそは定量の真相である。この関係の中で、一つの定量は他の定量に対して関係し、この他者への関係の中でのみ意味を持つことになる（ibid.,S.236.）。そして、この関係こそが定量の規定性となる。定量はそうした統一に他ならない。それは、定量が無関心な規定ではなく、質的な規定であるということであり、自己の外面性の中で自己に還帰しており、その中でそれのあるところのものであるということである。こうして、量的無限進行は止揚され、それに陥ることへの危惧も解消することになる。量的な意味での真の無限性が成立するのである。

注

（1）　G.W.F.Hegel, *Wissenschaft der Logik*, I/1., 1832, in: GW.21., Hamburg 1985, S.179～189. Abk.: W.d.L.I/1.

（2）B.d.Spinoza, *Ethica ordine geometrico demonstrata*, 1677, in: *Spinoza Opera*, II., Pars prima, DE DEO, DEFINITIONES, III, S.45, Heidelberg 1972.

（3）G.W.Leibniz, *Philosophische Abhandlungen*（1702～1716）, IX, 1-2, in: *Die Philosophischen Schriften*,6., Hildesheim/New York 1978. S.607f.

（4）G.W.Leibniz, *Systeme nouveau de la nature et de la communication des substances, aussi bien que de l'union qu il y a entre l'ame et le corps*, 1695, in: *Die Philosophischen Schriften*, 4., Hildesheim/New York 1978, S.482f.

（5）*Aristoteles' Metaphysik*, Bücher VII（Z）-XIV（N）, Hamburg 1980, 1026a24～1061b30.

（6）I.Kant, *Kritik der reinen Vernunft*, A434f., B462f. Abk.: K.d.r.V.

（7）第三部第一章参照。

（8）ヘーゲルは、定在（Daseyn）の規定性を質（Qualität）と言う。定在とは規定された存在（bestimmtes Seyn）であり、その規定性は「存在する（というだけの）規定性」（seyende Bestimmtheit）である。これをヘーゲルは質と呼ぶのである。しかし、ただ「存在する」だけといっても、規定性である限り、それは否定、限定を帯びており、他のものに対している。「或るものは、その質によって他のものに対しており、可変的で有限（veränderlich und endlich）である」、「それは、他のものに対しているだけでなく、そのうちで直ちに否定的に規定されている」（W.d.L.I/1.S.98.）。このように、質は否定と対立を伴ってあるのであり、関係のうちにある規定性である。質のこうしたあり方が、量論において一の定量と他の定量との関係（比）に見られているのである。それらの定量は無関係な量ではなく、関係の中で、或いは他との相関において固有の位置を占める。換言すれば、一方は他方によって規定され、逆もそうであるという関係にある。これが、量において質が回復されるということの意味である。

第三章　数学的無限の概念規定性
——近代解析学と哲学——

序

『論理の学』「存在論」で「定量の無限性」を論じて後、ヘーゲルは近代数学、微積分学に関する長大な註を施している（W. d.L.I/1.S.236～309.）[1]。それは、ヘーゲルが近代数学と如何に取り組んだかを示す資料であると言えよう。しかも、それは、彼が数学史に深く沈潜した上で記したものであることが分かる。ヘーゲルが数学に好意的でなく、また十分な理解を持っていなかったという評価も一掃される。

第一の註は、「数学的無限の概念規定性」と題されている。この表題には、数学が自己の用いる概念の理解に無頓着であるという批判が込められている。ヘーゲルは、概念的思索を本来の課題とする哲学の見地から、近代において新たに導入された数学的無限の概念にメスを入れようとしているのである。

それは、数学に対する哲学の対決であると言ってよい。その様を見ることを通して、数学と哲学の関係をヘーゲルがどう捉えていたかが明らかとなるとともに、ヘーゲルの無限性概念の内実がいかなるものであったかが、判明するはずである。本章ではこうした見地から、ヘーゲルの数学論を見る。

一　無限性の数学的概念
——カント——

ヘーゲルの量論がカントの宇宙論的二律背反と深く繋がっていることは、先にも見られた通りである（前章「数学的二律背反と量的無限性」[2]）。数学的無限を考察するにあたっても、ヘーゲルはカントに深く言及している。

カントは『純粋理性批判』の「超越論的弁証論」における二律背反論[3]の中で、彼の無限性理解を示している。世界の時間的始元と空間的限界を主張する第一二律背反の定立（「世界は時間における始元を持ち、空間に関しても限界のうちに閉ざされている」）の側の証明を、彼はまず次のように整理する。

①世界は時間に関して始元を持たないと仮定せよ。そうすると、与えられたどの瞬間に至るまでも永遠が経過しており、従って世界の中の諸事物の相次ぐ状態の無限の系列が流れ去っていることになる。

②ところが、系列の無限性というものは、総合の積み重ねによっては決して完成されることがありえないということに、本質を持つ。

③従って、流れ去った無限な世界系列はありえない。それ故、、世界の始元は世界が存在するための不可欠の条件である。（K.d.r.V.,A426,B454.）

仮言三段論法の形を取ったこの論証において、第一前提は「永遠」、「諸事物の状態の無限系列」を実在論的に提示している。第二前提は、それが「総合を積み重ねること（漸次的総合）によって」は達せられえないという認識論的限界を指摘している。結論は、この限界の故に、無限の世界系列そのものがありえないと断定する。そして、その結果、世界が始まりを持たないという最初の想定を破棄し、始元を想定することの必然性を帰結するのである。

無限性といえど総合の積み重ね（漸次的総合）によって達成されねばならないとすることによって、この証明は基本的に認識論的であり、また主観的である。また、認識論的に完結されえないという理由で無限性の実在性を否定するという点で、独断的主観的である。

世界の空間的限界に関しても、同様の論点が核心をなしている。

①世界は空間に関して限界を持たないと仮定せよ。そうすると、世界は、同時に存在する事物の無限な所与の全体であることとなろう。

②しかるに、われわれは、或る定量がどの直観の或る限界の中でも与えられない場合には、その大きさをその定量の諸部分の総合によってしか考えることはできない。また、そうした定量の全体を完結した総合ないし単位を自己自身に繰り返し付け加えて行くことによってしか考えることはできない。

③従って、すべての空間を満たす世界を全体として考えるためには、無限な世界の諸部分の総合を積み重ねること（漸次的総合）が完了していると見なされねばならないであろう。すなわち、すべての共存する事物を数え上げるにあたって無限の時間が経過していると見なされねばならないであろう。

④だが、このことは不可能である。

⑤それ故、現実的な事物の無限の集合というものは、与えられた全体としても、従ってまた同時に与えられたものとしても見なされることはできない。

⑥よって、世界は、空間における広がりに関して、無限ではなく、その限界の中に閉ざされている。（ibid.,A428,B456.）

空間に関しては、とりわけ、世界を満たす事物の実在性とわれわれの思惟の限界との対照が際だたせられる。そして、後者の故に前者を考えることが不可能であることが強調されるのである。

ここでも、認識作用、思惟にとって可能なことは、時間に従って順次総合を継続していくことだけであり、そして無限性に関しては、それが完了することはありえないということが、議論の核となっている。その意味で、空間的限界をめぐる議論は時間的始元をめぐる議論に立脚していると言える。

言うまでもなく、カントが定立、反定立に対して認めた証明は、まさに論争者たちがそれぞれ自説に与えた証明をカントが整理したものであって、彼自身がそれを支持し主張しているわけではない(4)。それは、まさに批判的吟味・裁定の対象に他ならない。とはいえ、定立の証明はカントの真意に近いものであることが気づかれる。

カントは無限性についての誤った概念と真の概念を区別する（ibid.,A430,432,B458,460.）。前者によれば、無限性とは、それ以上大きな量がありえない量（大きさ）である。すなわち、与えられている単位の集合以上に大きな量がありえない大きさである。無限性をこのように理解する限り、最大の大きさというものはありえない。どんな大きさに対してもそれ以上の単位を加えることができるからである。従って、この理解のもとでは、全体、無限な全体というものは考えることができない。最大というものがない以上、無限性は完結したものとしては考えられず、全体をなすことはないからである。

無限性は任意の単位に対する関係を表現しているだけであり、そうした関係以上のものではない。それによって全体の絶対的な大きさというものを知ることは不可能である（K.d.r.V.,A432,B460.）。この理解のもとでは、無限性は果てしなき延伸としてのみあることになる。それが所与の大きさとして与えられ、直観されることは不可能である。従ってまた、世界が無限な世界（eine unendliche Welt）として現存し与えられているという想定も成り立たなくなる。――よって、世界は時間（過ぎ去った系列）に関しても空間（延長、広がり）に関しても有限と見なされなければならない。――カントは定立の証明をこのように行うこともできただろうと述べている（ibid.,A431,B459.）。

だが、これに対して、カントは無限性の真の概念を次のように規定する。すなわち、それは、「一つの定量を測定し尽くそうとする際に、単位の総合を積み重ねていくという作業（漸次的総合）は決して完了されていることはありえない」（ibid.,A.432,B460.）ということである。それをカントは「無限性の真の（超越論的）概念」（der wahre transzendentale

Begriff der Unendlichkeit）と言う。「超越論的」(5)と言うのは、無限性の概念を独断的に定立するのではなく、われわれによる総合作用の中で捉えようとするからであろう。そして、その定義は「すべての数より大きな、与えられた単位の集合」という無限性の数学的概念を含んでいるとするのである。（ibid.,A432,B460.）

こうした無限性の概念のもとでは、全体（das Ganze）、総体（Totalität）について語ることは不可能になる。それは、諸部分の総合の継続（漸次的総合）によって達成されるべきであるにかかわらず、その完了はありえないとされているからである。総合は「決して完結されることのありえない系列」（eine nie zu vollendende Reihe）（ibid.）を産み出すのみである。それ以前にも以後にも総体を考えることはできず、全体の直観を予想することは許されないのである。

二　数学的無限の質的本性

カントが「完了していることのありえない総合の無限系列」と言い表したように、彼の無限性概念はヘーゲルの言う無限進行に当たる。その無限進行が、カントにおいては「超越論的に」すなわち「主観的かつ心理学的に」表象されているのである。一つの定量に対して、単位への関係を与え、それが未完結でどこまでも彼岸を残しているとするのは、主観に他ならない。主観こそが、それの捉える一切の規定性を超えて悪無限に赴かしめるものなのである（das Hinausgehen über jede von ihm aufgefaßte Bestimmtheit in das schlechte Unendliche）（W.d.L.I/1,S.240.）。

これに対して、数学的無限性の通常の理解によれば、こうした超出ということはありえない。「数学的無限とは、それを超えてより大きなものまたは（……）より小さなものが存しない量（大きさ）であり、換言すれば任意のどの大きさよりも（……）より大きいか（……）より小さい量である」（ibid.,S.239.）。それは、最大（Maximum）、最小（Minimum）という概念に相当する。右のような超出がない以上、進行はそこで停止し、完了するのである。それは終わり（finis）であり、限界であると言うべきであろう。定量というものが限界を持った量であり、限定された量であって、その限定の故にそれを超えたものを指示し、それへと移行することを本性としているとすれば、ここに言う最大、最小としての無限性は定量であることを止めていると言わねばならない。

だが、カントはこうした無限性を認めない。最大、最小をすら彼は一の定量として捉えようとする。それは、更に超出する可能性を宿している。ヘーゲルは言う。「カントは、無限な全体が最大として、与えられた単位の完結した集まりとして見られる場合には、これを非難する。最大ないし最小そのものは、相変わらず定量、集まりとして現れるのである」（ibid.,S.240.）。そうであるかぎり、より大きな無限性、より小さな無限性という概念を認めることも不可避となる。

こうした事態は、カントが真に超越論的と呼ぶ無限性概念のもたらすものである。主観に定位する限り、「一つの定量を測定し尽くそうとするに当たって、単位の漸次的総合は決して完了しているということはありえない」（ibid.）。このことが不可避となる。定量は自体的に完結しているとしても、総合はそれを尽くすことができない。完結しているということと超出するということが対立している。それは、量の含む矛盾と同じ対立であると見なされる。カントはこの矛盾を主観に定位することによって回避しようとしているのである。言い換えれば、客観と主観を対立させ、前者に限定されているという面（Begrenztheit）を、後者に超出という面を振り分けることによって、矛盾の露呈を防いでいるのに他ならない（ibid.）。

だが、主観においてであるか否かを問わず、超出の不可避性を説くことによってすでに、カントが量の矛盾を止揚する観点を欠いていることが明らかとなる。彼の眼中にあるのは定量のみであり、それの孕む矛盾とそれのもたらす無限進行を止揚する術を彼は知らないのである。彼において、無限性は彼岸にしか想定されえない。これに対して、ヘーゲルは言う。「真の無限な定量は、それ自身において無限なものとして規定されている」（ibid.,S.241.）。そこにおいては、「有限な定量ないし定量一般とその彼岸、悪無限（das schlechte Unendliche）が同じ仕方で止揚されている」（ibid.）。それは、それに対する外面性とその否定をそれ自身の内に含んでいるのである。それは、その他者との統一である（ibid.）。

そして、それ自身はこの統一の契機となっている。「そのように、契機として、それは本質的にそれに対する他者との本質的な統一のうちにあり、こうした自らに対する他者によって規定されたものとしてのみある。すなわち、それが意味を持つのは、それと関係するものとの関係の中でのみである。その関係の外では、それは零である。（……）関係の中で契機にすぎないものとして、それはそれだけで無関係なものであるわけではない」（ibid.）。

有限な定量と悪無限的な彼岸を止揚した統一こそは、真の無限（das wahrhafte Unendliche）と称されうるものである。定量はこの無限性の契機であることによって、無限な定量と呼ばれることができる。その限界を超え、他者との統一としてあることになるからである。それは、むしろ、定量であることを止めていると言うべきであろう。ヘーゲルは、このように「関係のうちにしかないもの」は最早定量ではないと言う（ibid.,S.252.）。「定量とは、それらの関係の外にまったく無関係な定在を持ち、他者との区別が無関係であるとされる規定である」（ibid.）。これに対し、「他者との区別の中でのみあるものであるもの」は「質的なもの」（das Qualitative）に他ならない（ibid.）。

ヘーゲルは、この意味において、右の関係を「質的な量的関係」（qualitatives Quantitätsverhältniß）と呼び、その契機としての関係の項を「質的な量の契機」（qualitative Quantitäts-Momente）と名づける（ibid.,S.253.）。そうした質的本性を契機とする無限こそは、真の無限の名に値するものであろう。そこには、最早他のものへの超出を促す限界は存しないからである。ヘーゲルはそれを「真の数学的量的無限」（das wahrhafte mathematische, quantitative Unendliche）と呼ぶ（ibid.,S.249.）。

悪無限としての無限進行から真の無限への移行は、こうした質的無限への移行でなければならない。それはまさしく定量の止揚によって遂行されるのであり、「関係の項でありながら、この関係の外にも置かれ、なお定量であるような定量」、「没関係的な規定」（die verhältnißlose Bestimmung）は消滅させられねばならない（ibid.,S.255.）。関係のみが不変なもの（das Stätige）としてあり、自己を保持するのである。無限性を無限系列という形でしか表現しえない見地は、定量の徹底した止揚をなしえない思惟にとどまっていると言うべきであろう。「系列が表現するべきものは当為にとどまっており、そして、それが表現しているものは、消えることのない彼岸に付きまとわれていて、表現されるべきものとは異なっている」（ibid.,S.245.）。そうした彼岸の解消、当為の克服こそが果たすべき課題に他ならない。そして、それを遂行しうるのは、そうした彼岸との対立の構造を洞察し、対立が一の関係であること、また対立しあうものが関係の項であることを認識しうる思惟である。いかなる規定も孤立したものとしては放棄せず、それを否定的に対立するものとの関係のうちに捉える弁証法的思弁的思惟が要求される。ヘーゲルは、この境位からカントの議論を検討し、その限界を明らかにしたと言えよう。

三　数学的無限の表現

定量が他の定量との不可分の関係に入り、この関係の契機として質的な意味を持つようになったあり方を、ヘーゲルは分数（Bruch）のうちに見る。例えば、2/7は一つの有限な数である。しかし、それは1、2、3等の整数のような直接的な数ではない。それは、2と7という他の数によって規定されている。これらの数は集合数と単位として関係しあっているのである。その関係の中で、2は7なしには意味を持たず、7は2なしには意味を持たない。それらは、この質的な関係の外にあるものとして見られるならば、勿論、無関係な定量である。しかし、ここではそれらは互いの契機として、そして2/7の示す値、指標としての定量を構成する契機である。定量としての2と7の無関係性が止揚されるということは、それらがそれぞれ4と14、6と21によって置換されても、関係そのものは変わらないという点に現れている。まさに、それらが関係の契機であるということが肝要なのである（ibid.,S.242.）。

しかし、分数におけるこうした無限性の表現は完全ではない。2と7は関係の外にあると見られることができ、その場合には普通の無関係な定量である。それらの関係はそれらに対して外的で、無関係である。また、関係そのものも、その指標で表される時には、普通の定量にすぎない。2と7を一般的な記号aとbで置き代えても、事情は異ならない。a/bは無限なもののより適切な表現であるように見えても、aとbはやはり何らかの定量にすぎない。それは一定の数の一般的な表象に他ならず、関係の中にあるということには無関心で、その外にあって一定の値を持つものとして想定されているのである（ibid.,S.243.）。

このように、分数においては定量は完全に止揚されているわけではない。そこには、無関係な定量であるという規定と質的な対立を含むという二つの規定が含まれている。規定された無関係な定量でありながら、その他在、対立から自己のうちに還帰し無限なものであるという矛盾が認められるのである。

先の面から見るならば、$2/7$は0.285714…と表され、$\frac{1}{1-a}$は$1+a+a^2+a^3$…[6]と表される。そのかぎり、両者は無限な系列であり、その諸項の和、集合数である。分数式はその有限な表現に他ならない。分数を集合数として示すこの系列においては、それが関係であるという面は見失われている。のみならず、無限性を持つという面も見失われる。後者はまさに系列の無限性として、無限進行として表現されるのである。

しかし、それは表現すべきものを表現しきれないという不完全さを有しており、欠陥のあるものである。表現されるべきものはあくまでも当為にとどまり、彼岸にあり続ける。無限進行とはそうした悪無限との格闘に終始するものである。これに対して、その総和は欠陥を持たず、系列が求めるだけの値を完全に含んでいる。彼岸は回収され、当為と存在は一致している。

両者の違いは、次のように示される。無限系列においては、否定的なものがその諸項の外にあり、これらが現実性を持つのは、集合数の部分としてあることによってにすぎない（ibid.,S.245.）。これに対して、関係の中では、否定的なものは、関係の項が互いによって規定されていることとして、内在的になっている。それは、自己のうちに還帰していること（ein in sich zurückgekehrtseyn）、自己に関係する統一であって、否定の否定としてある。その意味で、無限性を有している。そこに真の無限の表現が認められるのである。

ともあれ、分数においては、定量が真に止揚されているわけではない。定量は関係の契機になりきっているわけではない。真の質的無限を語るためには、定量そのものが消滅するところを考える必要がある。近代数学、解析学において「無限小量」（eine unendliche kleine Größe）と呼ばれているものがそれに相当しよう。無限に小さな量とは、字義通りに解すれば、限りなく零に近い大きさと考えられる。だが、無限という修飾がかかる限り、それは一定の大きさとして限定されることはできない。それは、与えられる如何なる量よりも小さいと言わなければならない。それが無限小（das Unendlichkleine）の普通の理解であることは先に紹介されたところである（ibid.,S.239.）。そのようなものとして、それは消滅寸前の量と見なされる。

近代においてこうした観念が必要になったのはなぜか。それは、近代数学が連続変数を扱うようになったことと深く関係している。今、等加速度運動をしている運動体を考えてみる。それは、時間 x の増加に伴って距離 y を伸ばしていく。その時、y は x の関数として表される。それが等加速度運動をしているということは、瞬間毎に速度を増すということである。では、時刻 x_1 におけるそれの速度は何であるか。

速度は時間と距離の比、距離／時間であるとすれば、時刻 x_1 の前後における y の値を見れば、x_1 における速度はおおよそ捉えられる。そこで、x_1 から dx だけ経過する間の y の増加を dy とするならば、dy/dx がその解となる。dx を一層小さくすることによって、厳密さは高まる。それが零になった時が、時刻 x_1 におけるその運動体の速度となる。

だが、数学的にはここには無理がある。dx が0ならば、dy も0となるはずである。そうであるとすれば、dy/dx は $0/0$ となる。しかし、これは分数式として意味をなさない。だが、それを無意味とするならば、課題そのものを放棄することになる。そうしないためには、dx、dy を独立の大きさとして捉え、それらの比として $0/0$ を考えるという発想を改めなければならない。dy/dx は一体のものであり、dx、dy はその契機に他ならない。そうした一体的なものが、dx、dy の変化に伴って極限的にどのような値を取るかが問題となるのである。そのかぎりにおいて、$0/0$ にはなお意味があるとしなければならない。

ここに、質的関係としての無限性の積極的な意味が解析学に見いだされる理由がある。無限小とは、あらゆる限定を超えて小さい、限りなく0に近いという意味で無限であるのではなく、本来それはdy/dxという関係の中でしか考えられないという意味で無限なのである。dx、dyはこの関係の契機に他ならず、互いに他を抜きにしては存立を有さず、他との関係としてのみあるという意味で、定量の没関係性から脱却している。還元すれば、定量の限界を超越しているのである。無限性のこうした実例を提供したところに、近代数学の寄与はあったと見なされる。

四　無限性計算の方法的矛盾

数学的無限の概念は、数学を飛躍的に拡張し、大きな成果をもたらした。その基礎に真無限の概念があることは否定すべくもない。しかし、ヘーゲルの見るところ、数学は数学的無限の概念を概念として正当化することはできない。その正しさは、結果によって保証されるというにとどまっている。数学はその対象とそれを扱う操作（計算）を透明にしえてはいないのである。むしろ、計算は不当であり、非学問的とすら見なされる（ibid.,S.236.）。しかも、数学はこの点に関して無頓着である。それは、それが対象とするものの概念に反省を向ける必要はなく、概念の展開によって内容を産み出すことを本来の課題とはしていないのである。

とはいえ、数学は無限性を扱う方法に矛盾を認めざるをえない。なぜなら、それは、有限量の計算においては完全に拒否せざるをえない方法を要求しながら、同時に無限な量を有限な定量のように扱い、有限な定量の扱い方を前者に適用しようとするからである。

そのため、この方法は厳密さを欠くように見受けられる。「それは、有限な量を無限に小さな量だけまず増加させながら、計算が進んだところでその一部を消去する」（ibid.,S.238.）。それにもかかわらず、その結果は完全に厳密であり、幾何学的・解析学的な方法によって見いだされる結果と完全に一致するという奇妙さを備えている（ibid.）。

ここでヘーゲルが指摘する方法上の矛盾とは、次のようなことであろう。今、等加速度運動をしている運動体の運動を時間 x と距離 y の関数 $y=ax^2+bx+c$ によって記述するとする。そこで、x が dx だけ増加したとすると、y の増分 dy は、

$$\{a(x+dx)^2+b(x+dx)+c\}-(ax^2+bx+c)$$

となる。そこで、$\frac{dy}{dx}$ をとるならば、

$$\frac{dy}{dx}=\frac{2adx+dx^2+bdx}{dx}=2a+dx+b$$

となる。だが、dx は無限に小さな量、無限微差（die unendliche Differenz）である。よって、これを消去して構わないとするのである。こうして、$\frac{dy}{dx}=2a+b$ が得られるというわけである。

ここには、x の増分 dx、y の増分 dy を限りなく小さいものとしてではあれ、まず一定の定量として考えるという想定がある。それによって、dx を分母とする分数式が数学的に許容される。それは、dx を有限な定量として考えるということである。だが、その分数式の値としての $2a+dx+b$ において、dx は消去される。それは、dx を 0 に等しいものとして扱うということである。それが、有限な量を無限に小さな量だけ増加させ、計算の進展に従ってこの量を消去する、とヘーゲルが言うやり方に他ならない。無限小量が一方では有限な定量として扱われ、他方では消去可能な無限微差として扱われるという矛盾がある。

こうした矛盾を犯しているに拘わらず、その結果が幾何学や解析学と一致するということは、ヘーゲルも認めるとおり、奇妙なことである。数学がその正当性をこの一致に基づいて主張するとすれば、それは外から保証を得ていることになる。それが多くの事柄を証明として受け入れるとすれば、そこから導かれたことがすでに前もって知られて

いたからに他ならない。これに証明の見せかけを与えるために、無限小の概念を用いて証明を装っているのである。ヘーゲルは、敢えてそれを奇術とも香具師的所業と呼ぶ。ニュートンですら、ケプラーが経験によって発見したものを数学的に示したにすぎないのである（ibid.,S.272.）。

ヘーゲルによれば、これらの証明の足場は物理的法則を証明するために設けられた。しかし、数学は総じて物理学の扱う量規定を証明することはできない。物理的法則は、諸契機の質的本性を基礎にしているのであって、質的なものは数学の領域の外にあるものだからである。その中に現われるすべての命題が厳密に証明されているという数学の名誉は限界を露呈する。経験的命題に対して単純な経験を源泉、唯一の証明として認めることは、数学の名誉に反する。学問性が厳密で純粋な態度にまで洗練されるには、数学的に証明できるものと他からもたらされるものの違い、解析的展開の項でしかないものと物理的存在との違いが明確にならなければならない（ibid.,S.273.）。

こうして、ヘーゲルは、近代における無限微差と無限小の発見を称える一方で、数学の没概念性を指摘する。それらを概念的に思索するのは哲学である(7)。哲学こそは、悪無限と真無限を区別するのみならず、真無限の質的本性を明らかにするのである。数学の拡張と進歩を認めながら、ヘーゲルはその根底に哲学的思索がなければならないとする。論理すらが数学化され、数学の優位が確立されようとする近代的動向の中で、ヘーゲルはなお哲学の根源性を主張し、その優位を保持しようとしていたと言うことができる。

注

（1）『論理の学』第一巻「存在論」、第二部「大きさ（量）」第二章「定量」c「定量の無限性」注一「数学的無限の概念規定性」、注二「応用から導かれた微分計算の目的」、注三「質的量規定性と連関に関する他の諸形式」。G.W.F.Hegel, *Wissenschaft der Logik*, I/1, 1832, in: GW.21, Hamburg 1985, S.236～309. Abk.: W.d.L.I/1.

（2）本巻第三部第一章参照。

（3）I. Kant, *Kritik der reinen Vernunft*, 1781, 1787, A405,B432. Abk.: K.d.r.V.

（4）それらは、自説の直接的な証明ではなく、反対の主張を仮定した上でそれを覆すという間接帰謬法（背理法）による弁駁的論証である。

（5）カントにおける「超越論的」（transzendental）の意味は、次の定義を基準に理解される。「対象に関わるというよりはむしろ対象一般についてのわれわれのア・プリオリな概念に関わる認識を、私は超越論的と名づける」（K.d.r.V.,A11f.）。「対象にかかわるというよりはむしろ対象一般についてのわれわれの認識様式がア・プリオリに可能とされる限り、それに関わるすべての認識を私は超越論的と名づける」（ibid.,B25.）。

（6）ここで「有限な」と言われるのは、無限系列の無規定性に対して、完結し終わり（finis）に達しているという意味においてであろう。前節参照。ヘーゲルは「このいわゆる有限な表現（式）は、真に無限な表現（式）である」とも言う。W.d.L.I/1.S.246.

（7）数学と哲学を同じ理性認識としながら、区別を強調したのはカントである。前者は「概念の（直観的）構成に基づく認識」であるのに対し、後者は「概念に基づく認識」である、と彼は言う。概念的思索の徹底を要求するヘーゲルの立場は、カントの哲学観を継承したものと言えよう。I. Kant, *Über die Deutlichkeit der Grundsätze der natürlichen Theologie und der Moral, zur Beantwortung der Frage, welche die König. Akademie der Wissenschaften zu Berlin auf das Jahr 1763 aufgegeben hat,* 1764, in: *Kants gesammelte Schriften,* II, Berlin 1912.

第四部　質量の無限性と本質への理路

第一章　質量の形成と遷移

——質と量の統一と解離——

序

〈Maß〉には、尺度、基準、寸法、分量・程度、節度・限度などの意味がある。「人間は万物の尺度である」（Der Mensch ist das Maß aller Dinge.）と言う時、人間は一定の大きさを持つものであることを前提している。「服屋は私の寸法を控えている」（Der Schneider hat mein Maß.）と言えば、私が固有の大きさと体格を持つということを意味する。「私の我慢はこれまでだ」（Das Maß meiner Geduld ist gestrichen voll.）とは、苦痛に私が耐えられる忍耐心には限度があることの宣言である。「それは私の手に負えない」（Es steigt das Maß meiner Kräfte.）ということは、私の処理能力の限界の告白である。そうした限度・限界を超えるならば、〈maßlos〉と言われ、その範囲内ならば節度を守っている〈in. mit Maßen〉ことになる。

　このような用例が示すように、〈Maß〉はある物事が持つ固有の大きさを表す。それは大きさ、量であるにせよ、大きさ一般なのではなく、一定の質を持つものの大きさなのである。ヘーゲルは、それを「質と量の統一」（W.d.L.I/1.S.174.326.）と表現する。[1] 一定の質を持ったものは、一定の大きさを持つものとして、その大きさに収まって存在しているのである。それが、この大きさを踏み越えるならば、その質を失い、それでなくなる。すなわち無に帰する（ibid.,S.379.）。こうした事態に遭遇すると、それが本来持っていた大きさに気づかされる。それはもとの大きさに立ち戻ることによって、中庸、適度さ（Mittelmäßigkeit）を回復するのである。

こうしたことは、古来、運命、復讐、正義等の観念とともに語られてきた。また、神の摂理とも結びつけられ、「神が万物の尺度である」とも言われた（ibid.,S.326.）。神がその叡慮によって万物に適度な大きさを与えたというのである。『論理の学』「存在論」において、こうした〈Maß〉は、質の止揚としての量の後に置かれ、量へと止揚された質が再び回復されることとして位置づけられる。それは、量が単に量としてのみあるのではなく、質的な意味を帯びることに他ならない。そこに、質と量の統一が認められるのである。その意味で、それは「質量」と表現されるのが望ましい。近代科学は、「質量」〈mass〉を物体が有する固有の量と規定するが、その用法ともヘーゲルの「質量」〈Maß〉は合致するのである(2)。

質の概念が差異性の概念を含み、量の概念がその差異性を止揚した無差別性を意味するとすれば、質量においては差異性が再び登場したことになる。そこには、差異を含む無差別性、区別を宿す同一性という構造が見透される。それは、差別や区別の相を単に外在的なものと見るスピノザ主義や諸々の汎神論の体系を超えて、真の無限（die wahrhafte Unendlichkeit）の概念に接近する。ヘーゲルはそこに「内容に満ちた現実的な統一」（die inhaltsvolle wirkliche Einheit）への繋がりを見る。そこには、一切の区別が形式的で内容のない統一のうちに没し去り空虚になるのではなく、統一のうちで保存され、逆に統一は区別されたものとなって展開するとともに、これを自己のうちに回収するという運動構造が認められる。それは、「本質論(3)」において「本質」（Wesen）の運動とされる「反省」（Reflexion）として顕在化され主題化されるものに他ならない。この意味で、「質量」の概念は、「本質」の概念の前段階をなし、「存在論」を「本質論」に繋ぐ中継点となる。本章では、こうした質量の意義を解明し、本質に至る道を探る。

一　量的進行と概念のリスト

ヘーゲルは、『哲学史講義』(4)でメガラ学派のエウブリデスの議論として、「堆積」（ソーレイテース）と「禿頭」（パラクロス）という名で知られる問答を紹介している。それは、量的な変化が気づかぬうちに質の変化を引き起こすことへの注意の喚起として読むことができる。

「一粒の穀粒は山となるか？髪の毛が一本少なくなれば、禿になるか？」
「ならない」
「では、もう一粒を加える、或いはもう一本抜いたらどうか？」
「まだ山とはならず、禿にはならない」

こうした問答が繰り返されるが、常に一粒の穀粒が加えられ、一本の毛が抜かれるだけである。そのかぎり、穀粒が山となり、頭が禿となることは説明されない。そこには常に僅かな量的増減があるだけであって、それによって質の変化が起こるとは考えられない。にもかかわらず、最後の一粒ないし一本の毛の増減によって穀粒の山、禿頭が現出するのに違いない。量的な増減に気を奪われている限り、この変化は唐突で意外なことと思われる。一粒が加わることで、山でなかったものが山となるとは、どうしたことか。

「嘘つきのパラドックス」（G.d.Ph.I.S.529.）によって哲学史にセンセーションを巻き起こしてきたエウブリデスがここで提出するのは、単純で質的な違いがないと思える量的進行の中で突如質的な変化が現れるというパラドックスである。人は、当たり前と思っていることの説明がつかないことに当惑するのである。

ヘーゲルはここに、一粒の穀粒は山とはならないのに、一つを置くことによって反対の多への移行が起こるという矛盾を見る。一を繰り返すことは多を措定することであり、繰り返しは多くの粒を合体させ、一をその反対、山とすると言う。一と山は対立しあうものだが、また一つでもあると言うのである。量的な進行は何も変えず、ただ増減することでしかないように見える。しかし、最後には反対への移行が起こっていることを認めざるをえなくなるのである。

　このことは、量的な進行の意味について改めて考え直すことを促す。一方には、一には一が加えられ、このことが限りなく反復されうるという想定がある。一定の量にはそれより大きな量が考えられ、このことが無限に続く。そこから量的な無限進行が結果する。言い換えれば、こうした無限進行が可能であることが量の特性である。そして、その過程の中では、どこにも質的な差異や質の変化は認められない。量的進行のこの単調さに寄りかかっているために、人は質の変化の出現を意外と思わざるをえなくなるのである。

　しかし、そうした無限進行の中で起こっている事態は何か。一粒を加えるということは常に同じことであるのか。穀粒の数が増すにつれ、一粒が全体に加える相対的な大きさ（蓄積された穀粒の総体に対する一粒の比）は小さくなっていくのであり、最後には微小になることであろう。ヘーゲルは「無限に小さな大きさないし無限に大きな量は、最早量ではない」と言う（ibid.S.533.）。量そのものの止揚が起こっているのである。逆に、一グロッシェン、一ターラーを軽んじて散財を続けていけば無一文になるが、最後の一グロッシェン、一ターラーは、有産者が無産者に転落するか否かの分かれ目であり、その価値は極めて大きい。量の減少は減分の相対的な大きさを限りなく大きくするのである。また、水は80レオミュールで水蒸気になるが、水としての水の温度上昇はそこで停止すると言わねばならない。すなわち温度上昇は零となるのである。

　人が無一文になる場合には、最後の貨幣は最大の価値を持ち、沸騰する水においては温度上昇は零である。単純な量的増減とは異なる事態が起こっているのである。否、むしろ量的進行は停止していると言うべきである。ヘーゲルは、そこに質の出現を見る。そして、量的なものと質的なものの相互移行の弁証法の一端を認めるのである（ibid.）。

このことを理解しないでいる限り、質は隠れた詭計（List）によって出現しているかのように見えることになる。ヘーゲルは、それを、質が詭計によって操られていると表現する(5)（Enzy.,§108, Zusatz.）。

二　無限進行と量の質的構造

だが、量の質への移行は、量が廃棄されて質が出現するということでは必ずしもない。むしろ、量的進行そのものの中に量の質的なあり方が看取されるのである。それは、無限進行の由因と定量（Quantum）の基本的なあり方を洞察することから知られる。

定量とは「無関心な規定性、自己を超えていき、自己自身を否定する規定性」（die gleichgültige Bestimmtheit, die über sich hinausgehende, sich selbst negirende Bestimmtheit）と定義される（W.d.L.I/1.S.173.）。それは、限定された量であり、規定性を持つ。しかし、その規定性に対して無関心であり、これを否定し超えていくのである。そうしたあり方が現実的となったものを、ヘーゲルは「内包量」（die intensive Größe）に見る。内包量は、自己への関係でありながら、自己自身によって外のものに関係すること（Beziehung auf sich als Beziehung durch sich selbst auf ein Aeusserliches, ibid.S.211.）で規定性を得るからである。したがって、定量とは「自己自身に関係する単純な規定性でありながら、それ自身の否定であり、その規定性を自己のうちにではなく、他の定量のうちに持つもの」（die einfache sich auf sich beziehende Bestimmtheit zu seyn, welche die Negation ihrer selbst ist, ihre Bestimmtheit nicht an ihr, sondern in einem anderen Quntum zu haben）（ibid.S.217.）に他ならない。定量とはこうした自己内矛盾（Widerspruch in sich selbst）を宿したものとしてあるのである。

それ故、定量は、自己を否定して他のものに繋がってゆくものであり、自己に関係する否定性である。それは、自己を自己から突き離し、自己を超え、他のものとなる（sich über sich hinaus zu schicken und ein anderes zu werden）（ibid.f.）必然性を有している。それは、他のものとなるべく変化させられるというだけでなく、変化せざるをえないものとしである。増加したり減少したりするということは、こうしたことに他ならない。それは、「自己を超えていく限界」(sich über sich selbst hinaustreibende Grenze) とも表現される。そして、この自己超出において再び限界に出会うとしても、更にこの限界を超えてゆくのである。こうして、無限進行が生ずることになる。

無限進行が起こるのは、限界づけとその超出が交互に繰り返されることによる。それらが統一されていないことが、果てしなく繰り返されるという結果に導くのである。質論においては、有限なものと無限なものが統一されないままに交互に現れることによって、質的な無限進行が起こるとされた。有限なものがその限界に気づき、それを超えて無限なものになろうとする時、この無限なもの自身の限界が明らかになり、更にこれを超えて行かざるをえなくなる。このことが際限なく続くことが無限進行なのである。

但し、量においては、限界を超え、その彼岸に向かうとしても、この彼岸に見出されるものもまた定量である。定量は自らの外にあっても定量である。進行は定量自身を超えていくことはなく、永続的に定量を産出するだけであり、無限なものが積極的に現前することはない。自己に対する彼岸を持ち続けることが、定量の概念である (ibid.,S.220.)。彼岸を定量の否定と見るならば、それは定量そのものの止揚という意味を持つはずであろう。しかし、彼岸と連続していることが定量の本質なのであり、定量は他の定量に変化するにすぎない。そのためにこそ、止まることのない進行が生じ、悪無限とならざるをえないのである (ibid.,S.222.)。これが定量の無限進行の真相である。

とはいえ、この無限進行の中で定量の概念が措定されるとヘーゲルは見る (ibid.,S.234.)。定量とは、まさにそれに対する外のものによってそれ自身なのであり、外面性こそが定量が定量であり自己自身のもとにある所以である。定量は、それでないこと、限定の否定という意味での無限性を介して、他の定量の中にその規定性を持つのである。このことは、それが質的に (qualitativ) それのあるところのものであるということを意味する (ibid.,S.235.)。

では、質的とは如何なることか。ヘーゲルは定在 (Daseyn) の規定性を質 (Qualität) と呼ぶ。定在とは規定された存在のことであり、その規定性は「存在する規定性」(seyende Bestimmtheit) (ibid.,S.98.) である。しかし、「存在する」

と形容されるだけだとしても、規定性である限り、それは否定、限定を帯びており、他のものに対立している。「或るものは、その質によって他のものに対して（gegen）おり、可変的で有限（veränderlich und endlich）である」（W.d.L.I/1. S.96; Enzy., §92.）。しかも、「それは他のものに対しているだけでなく、そのうちで直ちに否定的に規定されている」（W.d.L.I/1.S.96.）のである。このように、質とは否定性と対立を伴ってあるのであり、関係のうちにある規定性に他ならない。

これに照らして見るならば、定量にも同様の構造のあることが分かる。外のものと関係すること（外面性）が定量自身の契機としてあるのであり、定量はその外面性の中でそれ自身であり、自己自身に関係し、自己との単純な統一のうちにあるのである。定在の質的なあり方は定量にも見出される。従って、ヘーゲルは、定量は質的に規定されていると言うのである。それは、その否定を否定することによって自己自身に関係しており、その意味で無限性を獲得しているとも言える。それは「自己に対して規定されている」（Fürsichbestimmtseyn）のである。このことは、本来質の否定であった量が再び否定されて、質が回復されたということ（die Negation der negirten Qualität, die Wiederherstellung derselben）（ibid.,S.235.）を意味する。

定量は自己を自己から突き離し、突き離されたものとして自己を措定する。そのことによって、二つの定量が生まれる。しかし、これら二つの定量は統一されており、一つの統一の契機となる。この統一において、定量は規定性を得るのである。換言すれば、定量は、自己から突き離し外在的な限界としたものを、限界ならざる限界としそれに関係する。そうすることで規定性を得る。このことが、質的に規定されるということに他ならない。それは、まさしく量的な関係としてあるということである。関係こそは定量の真相である。一の定量はこの関係の中で他の定量に関係し、関係の中でのみ意味を持つ（ibid.,S.236.）。そして、この関係こそが定量の規定性となるのである。定量とはこうした統一に他ならない。それは、定量が無関係な規定なのではなく、質的な規定であるということであり、自己の外面性の中で自己に還帰しており、それのあるところのものであるということである。こうして、量的な無限進行は止揚され、それによって拉し去られる恐れもなくなることになる。量的な意味での真無限が成立し、質と量の統一、「質量」の概念が生まれるのである。

三　質量の動揺

右のように、質と量、定在と定量の間には並行性がある。定在が他の定在との否定的関係においてその規定性を得るように、定量もまた他の定量との関係においてその規定性を獲得する。このことは、或る定在するもの（或るもの）が持つ一定量は、他の定在するもの（他のもの）の一定量との関係（比較）において規定されるということであろう。そして、或るものの大きさは他のものの大きさとの比率関係において量られるのである。そのようにして、或るものと他のものに固有の大きさが量られるのである。

古来、「現にあるものはすべて質量を持つ」という考え方が受け継がれてきた。すべて定在するものは大きさを持ち、この大きさは或るものそのものの本性に属し、その本性の規定となり、その自己内存在となっていると言うのである（ibid.,S.330.）。この意味で、或るものが何であるかということ（質）とその大きさ（量）は切り離すことができず、ものには不変で固有の大きさがあると考えられる。

だが、定在するものにおける質と量の不可分性、一体性は必ずしも不変であるとは言えない。「自己を超えていく限界」としての量は、質的限界のうちにとどまることなく、それを無視して増減しうる。そして、そのことによって質そのものを変える、或いは消滅させる可能性を宿す。そうした両契機が結びつき或る定在を作りだす場合に、「質量を持つもの」が生まれるのである。定在するものにおいて、質と量が不可分であるということは、逆に、それらが分裂するならば、質量として定在するものはなくなるということに他ならない。質量においては、定量は「限界ではない限界」（Grenze, die keine ist）、絶えず限界を超えていく量であることはありえないのである。量的増減は、質によって制限され、質によって規制されているべきである。にもかかわらず、量はそれに無頓着に変化する可能性を有する。質と量の結合が直接的であり、量が何らかの規定された直接的な定量であり、質も何らか規定された直接的な質にすぎないとすれば、両契機は容易に分離しうる。量が質的規定に無関心に増減し限度を超えるならば、質は維持されなくなる。それは失われるか、変わらざるをえなくなるのである。

人がこのような質と量の分離可能性を前提とし、量の増減にのみ気を奪われた結果陥るのが、エウブリデスのパラドクスである。それは、問われる者が穀粒の堆積（山）、頭髪（ないし馬の尾）という質量の概念を全体として意識せず、量の見地にのみ立っていたことによって欺かれることに他ならない。人は、思いがけなく概念のもう一つの面の出現に遭遇するのである。ヘーゲルはそこに「概念の詭計」（die List des Begriffs）を見る（ibid.S.332.）。但し、概念が人を籠絡し欺くというのではなく、人が自己の無知と一面性を暴かれ自覚するのに他ならない。人は、そのことを通して、単なる量的変化と見えていたものが気づかぬうちに質的変化を引き起こしており、更めて質と量が不可分であったことを悟るわけである。こうして、両者は統一において捉えられることになるのであろう。

しかし、直接的な質量においては、質を変えることなく増減しうる定量と、質と結びついた特殊な定量とは区別される。そして、質量が直接的であれば、この区別も直接的となる。後者は自体的に規定された大きさとしての質量であるが、前者は可変的で外在的な面とされる。だが、後者が前者に関係させられるならば、前者を比率化する（spezifizieren）ことになる。そこに、他の量を測定する尺度（Maßstab）としての質量の意味が生まれるのである。

四　質量関係と実在的質量

固有の大きさを持ち固有の量によって質的規定を保持しているもの、質量は、他のものの大きさを量る尺度として用いられる。人の足（フット）の長さが単位としてのフィートとして用いられるようにである。〈nach Fuß rechnen〉（フィートで量る）とは、人の足の大凡の長さ三〇・四八センチメートルを単位として、ものがその何倍もしくは何分の一かを量ることである。ものは人の足の長さとの比によって比率化（spezifizieren）されたものとして捉えられる。

こうした測定は第三者による比較の働きであり、測定するものとされるものの間には、本来内的な関係はないと一般に考えられる。それは、両者に対して外在的な作業である。また、単位とされる尺度そのものも、より小さな単位（例えばインチ）の集合数として見られうる。このような事情であれば、質量の質量としての意味は失われることになろう。

測定するとは、本来、尺度とは無関係な外在的な量に尺度となる或るものを当て、この量を比率的に規定することである。尺度はそれ自身定量であるが、無関係で外在的な定量を規定する質的なもの（まさしく質量）である。質量が一定の量的規定を固有のものとして持つのに対し、測定されるものは無関係に増減する。比較・測定が成り立つためには、両者が同じ質を持つということが前提されなければならないかもしれない。とはいえ、測定される側は限度のない定量を持つと想定される。そのためにこそ、尺度を当てる（測定する）ことが必要となるのである。

だが、測定は、ただ不変の尺度を可変的な大きさに当てることで終わるわけではない。尺度となる質量そのものが、その接触の中で変化する。水銀は熱水の中で膨張して水の温度を外延量として表示するが、それは水銀そのものに温度変化が起こっているということである。但し、この変化は水温の変化に比例するわけではない。或いは、算術的に量の変化を受けとるわけではない。むしろ、固有の仕方で外界の量的変化を受けとるのである。それは外界の変化を固有の仕方で内面化し、そこから別の定量を生み出す。独自に外界の変化を比率的に内面化し、外界の変化の中でもそれだけであるというあり方を示すのである。質量の異なる物質の間では熱容量が異なり、媒体の同じ温度変化のもとでも異なった温度変化を示す（ibid.S.337）。しかも、温度の上昇につれて熱容量そのものも減じてゆく。同じ大きさの温度変化が、常に一定の比率で当の物質の温度変化を引き起こすわけではない。

このように、水の温度は比率化されて受け入れられる。そのように受け入れられた量は、それ自身定量である。勿論、それは外界の量的変化（水の温度変化）と無縁ではなく、それ自身可変的である。だが、外在的な定量が比率化されたものであり、定量そのものではない。そして、この比率化の中に、当の質量（物質）の特殊性が認められることになる（比熱として）。それは、この比（関係）の指数（Exponent）によって示される。

指数は比の値（商）であるが、固定された定量のように見える。その限りでは、それは外在的な定量と異ならない。だが、それは、定量そのものを比率化する質的なもの自身の契機である。定量に特有の外面性と算術的な進行の観念を払拭することが肝心である。そのためには、冪規定の導入が不可欠であるとヘーゲルは考える[6]（ibid.）。それによって、数的指標（指数）によって規定された比ではなく、数的に共約不可能な比の形で増減する系列がもたらされると言うのである。

更に、温度はまったく外在的なもの一般なのではなく、量の変化もまったく外在的で量的にすぎないのではない。温度とは、実際には、水その他の物質の温度に他ならない。それは、それ自身何らかの質を持ったものの温度（量）として質量なのである。従って、一つの質量と量的変化の関係は、単なる量的なものとそれを比率化するものとの関係ではなく、二つの質量の間の関係なのであり、それ自身質量である二つの質の間の関係に他ならない（ibid.,S.336）。

こうして、質量とは二つの質（を持ったもの）相互の量的関係であることが分かる。しかも、それらは互いに対してある定在というのにとどまらず、不可分なものとして措定されているのである。それらと結びついている大きさ（量）の規定性は、一つの質的統一をなし、一つの質量規定である。そして、その中で、それらは自体的に連関しているのである。従って、それらの関係は内在的な量的関係（das immanente quantitative Verhalten）であると言わなければならない（ibid.,S.337.）。

しかし、このことは、関係しあう質が異なれば異なった比率が結果するということでもある。一定の温度変化に対する物質の温度変化は、この物質の質量（比熱 spezifische Wärme）によって定まる。質量（比熱）の異なった物質においては、異なる変化が生じる。「例えば、（その媒体の中にある物体の異なった温度の中で）異なった、しかも量的な定在として現れる」ようにである（ibid.）。このように異なった質、異なった物質において異なって現れた定量を、ヘーゲルは「実在化された質量」（das realisirte Maaß）と名づける（ibid.）。それが「実在化された」と形容されるのは、一定の質量（一定温度の媒体）と他の質量（一定比熱の物体）の関係の中で規定されているという意味においてであろう。

もとより、この定量は関係の如何に応じて異なるわけであるから、大きさ（量）に通有の可変性を伴っていることは否定できない。量は、「限界ならざる限界」として本来可変的であり、或る特殊な定量には別の定量が現れる。変化は定量につきものである。とはいえ、変化の結果現れるものも定量である。そのため、それは無限進行を惹起するのであった。

だが、定量の無限進行が定量そのものの質的本性を明らかにすることも先に見られた通りである。ヘーゲルは、真の変化は定量そのものの変化であると言う（ibid.）。それは、「定量が定量として妥当するのではなく、それとは別の規定、質的規定に従って妥当する」（ibid.f.）ことになる変化でなければならない。それは、変化する量が質的に規定された量となることを意味する。定量が他の定量との関係において規定されることに、それの質的なあり方は認められた（第三節参照）。しかし、ヘーゲルは、更に、「冪比例によって規定される」ことを「質的に規定されている」ことの要件とする。時間をｔ、空間をｓとするならば、$s=at$, $s=at^2$ よりも、$s^3=at^2$ の方が、ｓとｔの不可分性を表していると見る。[7] それぞれが、等速運動における速度、自由落下運動、絶対的自由運動の方程式であることは言うまでもない。そして、第三の方程式こそは、ｓとｔが任意の無関係の量ではなく、互いに規定し規定される関係にあることを示しているのである。

ｔを一日（昼夜）を二十四等分したもの、ｓを足の長さ（フィート）という原意において理解すれば、それらはいずれも質量ないし比率化された質量である。上式のいずれもこうした質量と質量の関係を表すものに他ならない。それらが一定の関係にある時、等速運動、自由落下運動、絶対的自由運動という質的に異なった運動の表現となるのである。このことは、相異なる質量が一定の比率で組み合わさった時、互いに規定しあい一定の質量として結節することを物語っている。こうした実在的質量の関係の様と、その産出活動の仕組みを見なければならない。

注

（1）G.W.F.Hegel, *Wissenschaft der Logik*, I/1., 1832, in: GW.21., Hamburg 1985, S.323.「質量においては（……）質と量が結合されている」（ibid.)。Abk.: W.d.L.I/1.

（2）但し、英語の〈mass〉に対応するドイツ語は〈Masse〉である。

（3）G.W.F.Hegel, *Wissenschaft der Logik*, I., 1812/13, in: GW.11., Hamburg 1978.

（4）G.W.F.Hegel, *Vorlesungen über die Geschichte der Philosophie*, I, in: Werke.18., Frankfurt a. M. 1971, S.532. Vgl. W.d.L.I/1., S.331f.

（5）G.W.F.Hegel, *Enzyklopädie der philosophischen Wissenschaften*, I.§108, Zu., in: Werke.8., Frankfurt a. M. 1970. Abk.: Enzy.

（6）限界でない限界であり、自らの他在へと繋がっていきながらその中で自己と同一であり続けるという定量の自体的なあり方は、冪比例（Potenzenverhältnis）において措定される、とヘーゲルは言う。それが、自己を超えて他の定量に移行する動きは、それ自身によって規定されているからである。そして、そこにおいて無関係で外面的な規定性としての定量は止揚されており、質（或るものがそれのあるところのもの）となっていると言うのである。そこから、彼は質量の概念を定量の真理として導くわけである。Vgl.W.d.L.I/1.,S.318f. 320.

（7）第一の式は、一方が外面的で算術的に増減する数を表し、他方がそれを単位として、それによって比率的に規定される数を表す。しかし、どちらが単に外面的な量規定であり、量的に比率化される形で変化する規定とされるかの違いはない。第二の式は、根と平方の関係を表しているが、どちらが単に外面的算術的に増減し、どちらがそれに応じて比率的に規定されると見なされるかには、矢張り違いがない。これに対して、第三の式においては、二つの項がともに高次の冪規定の形を取って関係しあっているのであり、量的なものの比率化が概念に相応しい形で実現されていると見なされるのである。Vgl.W.d.L.I/1.,S.339.

第二章　結節線の生成と基底

――絶対的無差別と本質――

序

質量は他の質量との関係の中で規定性を得、またこれを示す。それは他の質量を比率化するとともに、比率化される。通常「もの」と呼ばれるものは、このような関係のうちにある。或るものが一定の温度の媒体の中に置かれる時、熱を独自の仕方で受容するとともに媒体そのものの温度をも変化させる。複数のものが同時にその中に置かれた時、それらの間に温度差が生ずるならば、それによってそれらの違いが明らかになる。それらには固有の比熱が備わっており、それによって媒体との間で相互規定を行っていると見なされるのである(1)。

こうした関係の中で規定された質量は、「実在的質量」(das reale Maß) と呼ばれる(2)。一の質量は多くの質量と関係を持ち、様々な実在的質量を生み出しつつ、関係の系列を作る。しかし、その中には排他的で優越的な親和性を持つ結合(結節)が断続的に現れる。こうして、系列は、選択的親和性を持つ結合物の連鎖、結節線(Knotenlinie)として表象される(W.d.L.I/1.S.364.)。更に、その根底にこれを支える基体(Substrat)が想定されるに至る。それは、結節線と諸々の質量の土台として、質をも量をも超えた無差別なもの(Indifferenz)と考えられる。こうして、質、量、質量を止揚した次元が拓かれる。そして、それは「本質」(Wesen)[3]の概念へと止揚され、発展させられるのである。

このように見れば、質量論は、質、量の概念を止揚した存在論が本質論に移行するための中継点の役割を担っていることが分かる。その論理を明らかにするならば、本質の概念が如何にして生み出されるのかが理解されることになろう。本章では、このような観点から、質量論の意義を問い、そのあり方を分析する。

一　諸質量の自立性と関係性

実在的な質量は、さしあたり物質性を持つ自立的な質量として捉えられる。それは、物理的・物質的な「もの」である。この「もの」は、それ自身量である質(すなわち質量)を持つ。それは、これらの質(質量)の関係としてあるのである。すなわち、内包的には重さ(Gewicht)と外延的には物質的な諸部分の集まり及び空間すなわち体積(Volumen)との関係としてである。前者はものの自己内存在(Insichseyn)と呼ばれ、後者は外面性(Aeusserlichkeit)[4]と呼ばれる。それらは量的に規定され、その関係すなわち体積に対する重さの比を取るならば、比重(spezifische Schwere)が得られる。

比重は、比G/Vの指数である。それは、ものに固有の特殊な定量と見なされる。この指数は単なる数と見られるならば、直接的な定量にすぎないが、他の同様の指数と比較されることによって、ものの特殊な本性を示すと見なされる。その中で、それがものの内的で固有の質量であることが明らかになり、ものがそれ自体において比率的に規定されてあるものであることが示されるのである。

それが比較される相手は、同様の比率的関係の指数である。従って、異なった内的質量を持つ二つのものが関係させられ、結合されることになる。異なった比重を持つ二つの金属のようにである。この比重を単なる定量と見なせば、それは可変的(veränderlich)な量であることになる。だが、それに関係する質量は、この可変性に抗して自己を保存し、それに否定的に関係し、それを比率化する。しかるに、比重は本来一の質量の指数なのであるから、実際には一の質量が他の質量を比率化していることになる。しかも、そうした比率化が相互に行われるのである。そして、それによって質量そのものの変化（eine Veränderung des Maaßes selbst）が起こる、とヘーゲルは言う。

例えば、異なった比重を持つ二つの物質を混合する時、混合物の重さは二つのそれの和となるが、体積は減少する。従って、G/V の値すなわち指数に変化が生ずる。まさに、質量そのものに変化が生じているのである（ibid.,S.348.）。このことは、質量は不変なものではなく、定量一般と同じように、その規定性を他の質量比（指数）との関係において持つことを証しするものに他ならない。

しかし、一つの関係の中でのみ質量の特殊な（比率的な）特有性が表現されるとは言えない。幾つもの他の質量との様々な結合が可能であり、それに応じて様々な指数が生まれ、その系列が生じる。それは一つの質量が他の諸質量に対して持つ比率的な関係の系列である。質量は、それが持つ固有の指数の系列によって他と区別される。一方、他の質量も別の諸質量に関係し、自らが単位となってそれ固有の指数の系列を生み出す（ibid.,S.349.）。質量と質量の違いは、この系列の違いに他ならない。それらの系列の関係が、それぞれの質量の質を表すのである。

こうして、質量は、それが他の質量と持つ関係およびそれの表す関係数（比例数）の系列とその全体の中に、規定されたあり方を示す（ibid.,S.351.）。このため、自立的な質量の本性は、他の質量との関係という外面性に変じる。他のものに対して関係する中で、質量という自立的なものの特殊な規定が明らかになるのである。この関係は量的な関係に他ならず、質量のあり方は、それ自身とともに他のものによってまったく量的に規定されることになる。(5) そして、この他のものも、それ自身指数である定量の系列に他ならないのである。

しかし、二つの比率的なものが関係しあい、比をなし、一定の指数を生み出すとしても、一方が他方に移行してしまうわけではなく、一方的な否定があるわけではない。むしろ、双方がともに否定的に措定されるのである。よって、各々は相互的な否定を通して、ともに質的な統一を形づくることになる（ibid.）。しかも、それは、二つの質量がそれ以外の質量を排除して優先的に結びつくという形を取る。「それだけである排斥的な統一」（für sich seyende ausschließende Einheit）（ibid.）が生まれるのである。諸々の質量は、さしあたって単なる比較数でしかないが、排他的であることによって互いに真に比率的な規定性であることになる。そして、それらの区別は質的なものとなる。それは、一つの自立的な質量が幾つもの質量と結合する時、その関係は無差別な関係なのではなく、選択的な関係であるということである。そこには「選択的な親和性」（Wahlverwandtschaft）があると見なされる。

二　選択的親和性と質、量の可変性

選択的親和性という概念は、中和性や親和性と同様、化学物質の関係を表す際に用いられる。化学においては、物質の特殊な規定性は他の物質との関係において捉えられる。その存在は、他の物質との差異を通してのみ確認されるのである。差異とは、単一の他の物質に対する差異に止まらず、諸々の物質の系列に対する差異でもある。そして、それらへの関係は量の観点において捉えられ、量的比率的な関係として示される。この関係は、異なるものの系列のいずれの項とも無差別につけられうる。だが、そのように無差別（gleichgültig）でありながら、各々の関係は他の関係に対して排斥的（ausschließend）なのである（ibid.）。(6)

こうした関係は、一定の音階において音同士の間で起こる関係と同じである。個々の音は基音および他の音との量的な関係、比を持っている。それらの音が結合される場合、それは二つの比率的関係の関係（die Verhältnisse von den beiden spezifischen Verhältnissen）であることになる（ibid.,S.352.）。そうした関係の中で、調和をなす音の結合（和音）が生まれる時、それは排斥的な選択的親和性（die ausschliessende Wahlverwandschaft）（ibid.S.353.）と呼ばれる。しかし、その質的な特性は量的な関係に基づくものであるから、量が増減し量的関係が変化するならば、消滅する必然性を伴っている。選択的親和性を排他的・質的関係と見なす限り、それは量的な区別とは無関係に見える。しかし、それは、一方の側の項が他方の側の項を中和化する際の量（それも外延量）の大きさの違いに従っているのである。なるほど、指数は本質的に質量規定であり、従って排斥的である。数は、この点において、連続性および相互に融合する可能性を失っている。一つの指数が他の指数に対して持つ優位は、量的規定性のうちにあり続けるわけではない。とはいえ、一つの項がそれに対する幾つもの項からそれを中和する量を獲得するということは、必然的なことではない。排斥的で否定的な関係は量の変化に依存し、それによって左右される。換言すれば、それは量の面からその安定性を脅かされる可能性を有している。

ここから、量的で無関心な関係が質的な関係に転換する一方、比率的に規定されていることが単に外面的な関係にすぎないことが明らかになる。こうして、或る時は単に量的な関係にすぎず、他の時は比率的な関係であり質量である諸関係の系列が生まれるのである。

選択的親和性が排斥的であるのは、それが区別された契機の否定的統一（ibid.,S.364.）だからである。それは排他的な中和性であり、それだけである統一（die fürsichseyende Einheit）に他ならない。しかし、それの根本規定をなしているのは量である。この量的規定が一定の集まりを中和的なものとし、他の選択的親和性に対して対立させているのである。だが、こうした量的な規定性を根本とすることによって、排斥的な選択的親和性は別のそれに変わっていく可能性を有している。この連続性は、異なった中和物の内的関係（比）を比較することによって外からつけられる関係ではない。各々の中和物の統一を構成している契機は自立的なものであって、対立する項と異なった比率で関係することによって異なった内的比率を備えた質量を生み出すのである。そうして、もとの質量は他の質量に変わることになる。質量は自己自身のうちの比に基づいて成り立っているにしても、自己に対する無関心性（Gleichgültigkeit）を宿してもいる。それは、それ自身において自己に対して外在的であり、自己に関係しながら可変的なもの（ein Veränderliches）であるということになる（ibid.）。

三　質量の無限性と結節線の基底

とはいえ、一定の比率からなる質量の自己関係は、量的な外面性と可変性に抗する面を有している。それは、これに対して存在する質的な基礎（eine seyende qualitative Grundlage）であり、存続する実質的な基体（bleibendes materielles Substrat）であって、外面性のうちにあっても自己との連続性を保持し、外面性を比率化する原理を自己のうちに含んでいる（ibid.）。排斥的な質量は、このように、それだけでありながらしかし自己に対して外在的になり、自己を自己自身から突き離し、自己を他の質量として措定するとともに、更にこの質量の比を変ずることによって別の質量になるのである。それは、中和物を構成している諸契機のうちで、この比率を変化させることによって幾つもの質量比を産出する。これは、質的な自立的なものが他の質的なものとの間で親和性の系列を生み出すのとは異なる。同じ契機を持つ同一の基体を土台として行われる産出である。質量は、自己を自己から突き離しつつ、他の、量的に異なった比となり、量的に異なるだけのものと交替しつつ、幾つもの質量を形づくる。こうして、量的な大小に基づいて生まれる質量の系列が成り立つのである。同一の基体において同じ諸契機の組み合わせ（比）からなる質量の系列として、それは結節線（Knotenlinie）と名づけられる（ibid.S.365.）。

質量は他の質量から質的に区別された自立的な実在性であり、それだけであるものである。とはいえ、それは幾つかのものの定量の関係（比）として成り立っているのであり、まったく不変であるわけではなく、量的比率の変化を来す可能性を孕んでいる。それは、一定の限度まではこうした変化を許容し、その質を変えずにいることができる。しかし、量的な変化に伴い質が変わる点が現れる。もとの質量は没落し、それが失われた状態（das Maasslose. ibid.S.369.）が現出する。だが、変化した量が新しい比率に達するならば、新しい質量を作りだし、新しい質を生み出すのである。とはいえ、代わって現れる関係（比）は、もとの質量の構成契機を受け継いでおり、それらの比率が変わっただけであるから、もとの質量との同一性（同族性）を保っている。窒素と酸素の結合によって、N_2O, NO, N_2O_3, N_2O_4, N_2O_6 などが生じるが、いずれも窒素酸化物と呼ばれる。そこには量的な違いがあるのみであり、量としての連続性がある。とはいえ、それらは先行のものから後続のものに漸次的に移行するのではなく、一定の比率において無媒介（直接的）に生じるのである。そして、その比率も変化する可能性を有しており、そのため無限の変化が繰り返されることになる。

質の面から見れば、その進行には中断と飛躍（Sprung）（ibid.,S.366.）がある。新しく現れる質は先行の質とはまったく異なっており、両者は互いに外在的である。どれもが他のものの外にあるというだけで、その限界（Grenze）[7]としてあるわけではない。非連続の連続、差異を含む同一性という構造は見出されない。量的比率の変化によって新しい質が飛躍的に生じ、これが間歇的に繰り返されるだけである。

だが、こうした移行の中には、比率的関係とともに量的進行が否定されるという事態が認められる。一定の質量が量的変化によって破壊され没落する一方、新しい質量が生まれ、質と量の転換と交替が行われている。それは、「質的な無限性」とも「量的な無限性」とも異なる「質量の無限性」（die Unendlichkeit des Maaßes）と言うべきものである（ibid.,S.370.）。ヘーゲルはそれを「それだけである無限性」（das fürsichseyende Unendiche）と名づける（ibid.）。

それは、質的なものと量的なものを互いのうちに止揚しあうものとして措定し、それらの直接的な統一として最初にあった質量のあり方を、自己に還帰したものとして、従ってそれ自身措定されたものとして措定するものに他ならない。この統一は、諸質量が交替する中でも持続し、真に存立する自立的なもの（das wahrhaft bestehen bleibende Selbständige）と見なされる。ヘーゲルは、それを「物質」（質料 Materie）、「事象」（Sache）と名づける（ibid.）。

ここから、一にして同一の事象が様々な区別されたあり方を取りながら消えることのない基礎（Grundlage）、基体（Substrat）としてあり続けるという見方が生まれる（ibid.）。もとより区別は、基体と無関係とは見なされない。基体が自ら区別の働きをすることによって生まれるとされるのである。それによって生じる様々なものは、質的な自立性を持つが、それらはいずれも質量であり、その違いは量的な違いに他ならない。そして、このことが様々な変様を許容しながら同一性を維持する基体を想定することを可能にしているのである。

結節線の無限進行は、質的なものと量的なものの限りない相互転換であり、質的なものも量的なものもともに否定されることに他ならないが、それはまさしくこの基体を土台として演じられているのであり、基体はそれらを止揚した統一（Einheit）としてあることになる。そして、結節線上に現れる諸結節は、まさに一にして同一の基体のそれであるという意味を持つ。それは、諸々の質量とそれによって措定された自立的なものが、この基体の「状態」（Zustände）（ibid.,S.371.）となるということでもある。変化とはこの状態の変化のことであり、変化し移行する主体は移行しつつ同じであり続けると見なされる（ibid.）。とはいえ、それは自由な概念とはまだ言えず、自らの諸区別態に対して内在的な規定を与えているとは言えない（ibid.,S.372.）。それらは外面的で量的な規定によって区別されるだけであり、そうした規定が同時に質の差異として現れるにすぎないのである。質量の質は、「定量によって規定された外面的な状態」（ein durch das Quantum bestimmter, äusserlicher Zustand）（ibid.）でしかない。そして、総じて、質量の質の規定は基体の自己自身との統一（die Einheit des Substrats mit sich selbst）の中では止揚されているのである（ibid.）。(8)

四　絶対的無差別と本質への移行

基体は諸々の質量をその状態として備えている。とはいえ、質的外在的なものとしてである。それは、基体が質量のみならず、質をも量をも止揚していることを意味する。それは「存在の一切の規定性、質、量およびそれらのさしあたり直接的な統一である質量を否定することによって自己を自己と媒介し、単純な統一となっているのである」（ibid.,S.373.）。ヘーゲルは、そうした統一を「絶対的無差別」（die absolute Indifferenz）と呼ぶ。(9)

質量が質的外在的なものであるということは、それが消滅するもの、自己を止揚するものであることを意味する。

それは「それ自身の反対」（das Gegenteil seiner selbst）に他ならない。規定性は区別されたものとしてあるとはいえ、その区別は区別でない区別、空虚な区別（ein leerer Unterschied）にすぎない。そして、こうした区別の否定の結果として導かれるのが、無差別の概念なのである。

しかし、それが否定の結果として、否定的媒介によってなったものである限り、否定されたものとの関係を保持していると見なければならない。それは否定と関係を含んでいる。そして、「状態」と呼ばれたものは、外在的なものではなく、無差別に内在しており、無差別が自ら区別を生じつつ自己に関係する働き（ihr immanentes, sich auf sich beziehendes Unterscheiden）（ibid.）の現れであると見なされなければならない。まさしく、外在性とその消滅は無差別の内部にあり、そこで生じているのである。従って、無差別はただ基体にすぎないものではないと言わねばならない。それは、それ自身においてただ抽象的にあるだけではないのである（ibid.）。

それは、さしあたり自立的と見なされる質量比の止揚——還元——によって基礎づけられており、諸質量比の連続性以外のものではない。そうして、それの生み出す諸々の区別の中に完全に現存する不可分の自立的なものと考えられる（ibid.,S.374.）(10)。では、その区別はどのようにして生まれるのか。それに関与するのは、それが含む質、量の規定の外にはない。従って、それらの規定はどのようにそれらのうちで措定されるのかが問われなければならない。だが、この問いに答えることは困難である。基体の概念を導く媒介が、そのものとして基体のうちで措定されているわけではないからである。基体はさしあたり基体でしかなく、規定性に関しては無差別（Indifferenz）とされる他はないのである。

量の面から見るならば、基体が無差別である以上、区別はさしあたり「量的で外的な区別」（der quantitative äusserliche Unterschied）（ibid.）としてしか考えられない。また、質量の成立を説明するためには、二つの区別された定量を一にして同一の基体のそれとして考えなければならない。その時、無差別はそれらの定量の和であることになろう。とはいえ、それは別の和や無差別を対立者として持つものではなく、諸々の区別に対する絶対的な限界としてあるのでなければならない。無差別に与えられるのは、抽象的な規定性にすぎない。二つの定量は、可変的で互いに無関係であり、互いにより大きかったり小さかったりする。そのようなものとして、それらは無差別の契機として措定される。しかし、無差別はそれらの和が超えることのできない限界としてあるのであり、それらはそれによって制約されることで互いに否定的に関係しあうこととなる。それらは反比例の関係（das umgekehrte Verhältniss）に立つのである（ibid.）。

質的規定性に関して言えば、二つの質があり、互いに止揚しあう関係にあるが、それらは一つの統一のうちに保たれており、統一をなしつつ互いに不可分である。基体はいずれでもない無差別であり、右の統一そのものに他ならない。(11)

こうした統一の中にあるものとして、関係の項の各々はそれ自身二つの質を含む。そして、一方ないし他方の質がより多いかより少ないかによって区別される。それは、一つの項の中で一つの質の定量が優越的であるか否かの違いである。従って、各々の項の中に、一方が多ければ他方は少なく、その逆でもあるという反比例関係があることになる。

しかし、量的な差異があるとはいえ、各々の中に同じ質があるのであるから、それぞれは互いに繋がってもいる。各項の中の各々の質は他の項の中に同じ質を見出し、自己自身との関係を認める。各項は、このようにして、それぞれ諸規定の全体を含み、従って無差別そのものを含んでいる。そのようなものとして、それらは互いに独立してあるのである。

無差別はそれらの統一として帰結したものであるから、自体的（即自的）にはそれらの全体（das Ganze）である。だがまた、諸規定はこの統一としての無差別によって担われており、無差別の総体（die Totalität der Indifferenz）を自体的（即自的）に宿している。無差別は実在化されてこうした諸規定となるべきものであり、この実在性が措定されて総体として捉えられたもの（die Totalität der gesetzten Realisation）という意味を持つ（ibid.S.375.）。こうして、無差別はそのすべての規定に内在しており、それらの中で曇らされることなく自己との統一を保っていると見なされる。

とはいえ、それは自体的（即自的）に総体であるにすぎず、諸規定性は根拠なしにそのうちに現れるにすぎない。無差別の自体的なあり方とそれの定在は結合されていない。諸規定性は無媒介にその上に現れるだけである。無差別は、自己を自己自身から突き離す働き（das Abstossen ihrer von sich selbst）として自己規定的（selbstbestimmend）なのではなく、外から規定され措定されたものとしてあるにすぎない（ibid.）。

それの含む二つの規定についても問題がある。それらは反比例関係にあり、量的な奪いあいをするが、無差別によってそうするわけではない。無差別はそれに対して無関係である（ibid.）。規定を生み出すのは、無差別の外にある他のものと見なさざるをえない。こうして、区別されたものは、無差別のうちにとにかく現れる（hervortreten）というだけであり、それを措定する働きは無媒介であって、無差別の自己自身との媒介であるわけではない。区別の規定性も無差別によって定められているわけではない。

二つの項の違いは、それぞれの含む二つの質の比率の違いによって生じる。いずれの項にも、量的な区別はあれ、二つの質が含まれていることによって、それぞれは他の項と繋がっている。それぞれが完全に自立的であり、互いから独立しているならば、それらの統一を語ることは不可能であろう。それらが統一のうちにあることが、それらが意味と実在性を持つためには不可欠である。このことは二つの質についても言える。すなわち、それぞれは他方と質的な関係のうちになければならない。一方に対応する分が他方にあることによって質的な関係は成立する。しかし、二つの質の間に分量の違いがあり、一方の量に対応する分が他方にない場合には、その余剰分は質的規定を持たない無関係な定在となる。一方は、他方がある限りでのみある（ibid.S.376.）。それ故、二つの質は均衡状態にあるのでなければならない。だが、それは量的な区別を主張することができなくなることを意味する。

このことによって両契機の定在は否定される。二つの質の量的な差異、それらの定量の不等性にのみそれらの定在は基づくとされるのだからである。だが、量の観点からすれば、双方が反比例関係にある以上、一方が他方を上回ることによって差異はますます拡大し、一方がすべてとなって他方が消滅するという可能性もある。二つの比率的な因子があるのではなく、一つの全体があるのみであるということになる。こうして、質的な差異と量的な差異は相矛盾することとならざるをえない。

無差別の概念は結節線の概念を跳躍台にし、比率的に関係しあう質量の統一として導かれたのであった。だが、右のように、それはあらゆる面に矛盾を宿している。従って、それは自己自身を止揚するべきものとしてある。だが、崩壊して無に帰するわけではない。却って、それは「自己に対してある自立性」(die fürsichseyende Selbständigkeit)(ibid.S.377.)となりうる。それも「自己自身に内在する否定的絶対的な統一」(die in ihr selbst immanente negative absolute Einheit)(ibid.)となるのである。それは、無差別の概念が「本質」(das Wesen)の概念に止揚されるということである。[12] 質、量、質量の段階を歩んできた「存在論」はこうして本質の概念に導き、「本質論」の扉を開いたことになる。「本質論」は、まさに右の「否定的絶対的統一」の概念を具体化し、「絶対的無差別」ならぬ真の絶対者の概念を獲得すべく前進するのである。[13]

以上の議論を総括するならば、無差別から本質への移行の論理は、次のようになる。——無差別は、自体的(即自的)には、その中で存在のすべての規定が止揚され保存されている総体である。従って、それはすべての規定の基礎である。とはいえ、やっと自体的(即自的)にある一面的な規定性にすぎない。それ故、諸々の区別、量的な差異や諸因子の反比例は、外面的なものとしてこれに付着しているだけである。そこには、それ自身とそれが規定されてあること、自体的にあるそれの規定と措定されたそれの規定性の矛盾がある。それ故、諸々の規定性とともにそれの根本的な規定性も、それが自体的にあるということも止揚されざるをえない。

無差別の真相は、こうした止揚によって媒介された否定的な総体であるということである。それは単純で無限な否定的自己関係(einfache und unendliche negative Beziehung auf sich)であり、自己自身との不一致(die Unverträglichkeit ihrer mit sich selbst)、自己を自己自身から突き離す働き（Abstoßen ihrer von sich selbst）に他ならない（ibid.,S.382.）。規定したりされたりすることは、それ自身の自己関係であり、それ自身ないしそれの自体的なあり方に備わる否定性なのである。突き離しによって生じる諸規定は自立的なものとなるのではなく、自体的にある統一に属し、これを基体とし、これによって担われ、またこれによってのみ満たされる。それらはそれだけである統一に内在し、この統一の自己からの突き離しによってのみあるとして措定されたもの（Gesetzte）にすぎない。それらはそれらの統一に関係づけられ、他の規定とそれぞれの否定に関係づけられることになる。それらには相対性（Relativität）という特徴が与えられるのである。

こうして、自体的にあるとされた無差別も区別された諸規定性の存在も止揚される。それらは統一にもたらされる。この統一は、それらの総体である。とはいえ、直接的（無媒介）で前提された総体ではない。こうした前提を止揚することによって媒介された単純な自己関係（die einfache Beziehung auf sich）に他ならない。直接的にあるとして前提されていること自身が突き離しによって生じる一契機なのである。その前提を止揚することによって初めて、自己との無限な合致が結果するのであり、根源的な自立性と自己同一性が成立するのである。それは、質、量、質量という諸段階を経てきた存在の全領野が止揚されて、存在が自己との一体性を回復し、単純な存在となっていることを意味する。これが「本質」なのである。

注

（1）本巻第四部第一章参照。
（2）G.W.F.Hegel, *Wissenschaft der Logik*, I/1., 1832, in: GW.21., 1985, S.345. Abk.: W.d.L.I/1.
（3）G.W.F.Hegel, *Wissenschaft der Logik*, I, 1812/13, in: GW.11., 1978. Abk.: W.d.L.I.
（4）重さとは、地球上の物体に作用する地球の万有引力と説明される。或る物質の質量と、それと同じ体積を占める標準的物質の質量との比を比重と言う。4℃の水が標準とされる。

（5）例えば、原子の違いを示す原子量は、質量数12の炭素原子の質量の十二分の一でその原子の質量を割ったもので、相対的原子質量（relative atomic mass）と呼ばれる。なお、質量には、同一地点である物体に働く重力と標準物体（キログラム原器）に働く重力の比の値としての重力質量と、同じ大きさの力が働いた時に或る物体が得る加速度の大きさと標準物体が得る加速度の大きさとの逆比としての慣性質量がある。いずれもが比率的な量であることが分かる。

（6）例えば、$Cu(NO_3)_2+CaSO_4 \rightarrow CuSO_4+Ca(NO_3)_2$という化学反応の中に、Cu, Ca, NO_3, SO_4の間の排他的選択的な親和性による結合の組み換えが認められる。

（7）限界（Grenze）とは、「或るものと他のものがあるとともにあらぬことになる媒介である」（W.d.L.I/1, S.114）とされていた。

（8）ここでスピノザの実体概念が念頭に置かれていることが明らかであろう。それとともに、質量論の冒頭でスピノザの様態論が言及されていたことの意味が理解される。

（9）ここからシェリングの絶対的無差別の概念の検討と批判が開始されることになる。

（10）絶対的無差別から差別を導出することは不可能であるとするシェリングとの相違が示される。W.F.J.Schelling, *Darstellung meines Systems der Philosophie*, 1801, in: *Schellings Werke*, 3., München 1977, S.21.

（11）シェリングは、これを次のように図示した。

$$\frac{\overset{+}{A}=B \qquad A=B^{+}}{A=A}$$

A=A：量的無差別

A=B：量的差別

二つの質として、観念的なもの（Ideales）と実在的なもの（Reales）が考えられる。各々の項はこれらの質を含み、いずれをより多く含むかによって、精神的なものであるか自然的なものであるかが分かれる。九鬼周造『近世西洋哲學史稿』下、岩波書店、一九六七年、二四二頁。

（12）「本質」（Wesen）は、表出し（scheinen）、それによって生まれる影像（Schein）を止揚して自己内還帰する「反省」（Reflexion）の運動とされる。W.d.L.I, S.244ff.

（13）『精神の現象学』において、真なるものを実体（Substanz）としてでなく主体（Subjekt）として捉えねばならないとされた課題は、本質論において「実体性の関係」が止揚されて「主体」の概念が導かれる過程で遂行されていると見なされる。G.W.F.Hegel, *Die Phänomenologie des Geistes*, 1807, in: GW.9., Hamburg 1980, S.18, 20; W.d.L.I,S.393~410.

第三章　無差別論の転回
――ドイツ観念論の岐路――

序

シェリングが同一性哲学の中心概念として提示した「絶対的無差別」(die absolute Indifferenz) の概念は、ドイツ観念論史において深刻な論争と変化を惹起した問題概念の一つである。(1) シェリングはこの概念を、哲学体系の構築というカントが遺した課題の達成の要として用いたのだが、その体系を公にするや、様々な批判を被ることとなった。シェリングの先達フィヒテは、無神論論争の結果イェーナ大学を退きベルリンにあってシェリングとの提携を模索しながら、却ってシェリングとヘーゲルの追撃を受けるという立場に置かれたが、(2) 反論のきっかけをこの概念に見出し、独自の体系の彫琢に取り組むこととなった。(3) 既にシェリングの自然哲学に疑問を投げかけていたエッシェンマイヤーは、新たな体系の欠陥を指摘し、後期思想への転換を促した。(4) また、シェリングとともに新しい潮流を生みだそうとしていたヘーゲルもシェリング批判に転じ、別の道を歩むこととなった。(5)

このように、「絶対的無差別」の概念は、思想家たちが自らの方位を定め、シェリング自身が新たな道を模索することになる分岐点であった。こうした事情を背景としながら、ヘーゲルは主著『論理の学』において改めてこの概念を取り上げた。しかも、それは、「存在論」から「本質論」に移行する箇所においてであった。[6] このことは、体系期のヘーゲルがこの概念にかなり高い意味を与えていたことを物語ると言えよう。その欠陥の故にそれを蔑ろにし廃棄するというのではなく、それを立脚点とし止揚する形で本質の次元を拓くのである。

このように見れば、ヘーゲルのシェリング評価は、イェーナ初期から、中・後期を経て、ニュルンベルク期に至るまでに一転、二転しているように思われる。[7] ヘーゲルのこうした変貌がドイツ観念論の生成と発展と深く関わり、それを映し出しているとするならば、この経緯を解明することは、ひとりヘーゲル研究においてばかりでなく、ドイツ観念論の形成史に対しても不可欠のことになろう。本章では、こうした観点から、絶対的無差別をめぐるヘーゲルの議論の変遷を辿ることとする。

一　シェリングのフィヒテ批判

シェリングは若くしてフィヒテの知識学（Wissenschaftslehre）[8] に導かれ、カントが創始した「超越論哲学」（Transzendentalphilosophie）の研究を開始する。だが同時に、家庭教師時代（一七九六〜九八年）ライプツィヒで芽生えた自然への関心を忘れることなく、「自然哲学」（Naturphilosophie）の理念をも追求する。[9] そうする中で、知識学の一面性に気づき、それを超克する道を探るようになる。

学の確実な基礎を求めたフィヒテは、『全知識学の基礎』において、「自我は根源的端的にそれ自身の存在を措定する」というテーゼを「絶対的第一根本命題」として定立した（Grundlage.S.98.）。それは、あらゆる知の主体たる自我（Ich）の働き、「事行」（Tathandlung）を言い表したものであり、その働きこそが一切の知の根拠であるとするものであった。

その意味は、自我は「根源的端的に」（ursprünglich schlechthin）すなわち如何なる前提も他の根拠もなしに自己自身を定立するということであり、自己自身の存在の根拠であるということである。そこでは、定立する自我と定立される自我は同一であり、主観と客観の同一性が成り立っている。近代哲学が長く模索してきた主観と客観、知るものと知られるものの一致がここに認められ、両者の一致としての真理が見出されることになる。

だが、それは知の主体としての自我（Ich）の同一性に他ならない。自我が自己自身にとって客観であるというだけでなく、自我ならざるもの、非我（Nicht-ich）が自我にとって対象であることこそが具体的な知のあり方である。しかし、この非我の出現について右の命題は何も語っていない。そのため、フィヒテは新たに「第二根本命題」を立てなければならなかった。すなわち、「自我に対して端的に非我が反定立（対立）させられる」（ibid.,S.104.）というのである。「端的に」ということは、やはり何らの前提もなしにということである。「自我に対して」という以上、自我は前提であり、制約としてあることになるが、しかし、非我は自我によってではなく自我に対して出現するというのである。少なくともそれは、第一根本命題から演繹的に導出されるわけではない。第一根本命題と第二根本命題の間には繋がりはなく、自我と非我の同一性は語られていない。自我の自己同一性、主観＝客観に対しては、非我の領域が自我に統合されないままに対立することになる。

もとより、自我なしに非我はない。だが、自我と非我は対立的である。自我は非我ではなく、非我は自我ではない。この否定的関係を先鋭化すれば、自我があるかぎり非我はなく、非我があるかぎり自我はない、ということになる。この矛盾を解決するために、フィヒテは「可分性」（Teilbarkeit）の概念を導入し、「第三根本命題」「自我は自我のうちで可分的自我に対して可分的非我を対立させる」を立てざるをえなくなる（ibid.,S.110.）。とはいえ、可分的自我と可分的非我の対立が解消する点を示すことはできず、それを無限の努力（Streben）と憧憬（Sehnen）の対象として語る他はなくなるのである（ibid.,S.261,302.）。

フィヒテが知識学を提唱したのは、カントが残しラインホルトが追求した学的体系としての哲学の理念[10]を実現するためであったが、『全知識学の基礎』で示された最初の構想は根本的な対立を克服しえておらず、体系としては承認されがたいものであった。絶対的第一根本命題は主観と客観の同一性を示しているとしても、自我の自己同一性、自我＝自我（Ich=Ich）を示しているにすぎず、「主観的な主観＝客観」（das subjektive Subjekt-Objekt）と称すべきものである。[11] それは、厖大な非我の領域を捨象したものにすぎず、それに対立するものとして定立されているのである。フィヒテはその発見に至る過程を「自己内還帰」（Zurückkehren in sich）と表現するようになるが、それは自我が非我への志向を反転させて自己に向かうことに他ならない。[12]

そもそも知識学とは何か。それは「学の学」（die Wissenschaft der Wissenschaft）、「知の知」（ein Wissen vom Wissen）である。[13] シェリングはそれを「哲学ないし哲学することについての哲学」（Philosophie über Philosophie oder Philosophieren）と言い換える。[14] 知ないし哲学することそのことではなく、それについて反省する（reflektieren）ことが「知識学」である。この反省を遂行するためには、知ないし哲学する行為を間接的にではなく、直接的に捉えることができなければならない。フィヒテはそれを「知的直観」（die intellektuelle Anschauung）に託した。その特徴は、直観するもの（主観）と直観されるもの（客観）とが一体であり同一であることにある（主観＝客観）。シェリングの表現を借りれば、「客観とはそれについて哲学されるものであり、哲学する中で産出し行為するもののことである。主観とは哲学するものであり、同じ働きの中で反省し注視するもののことである」（Begriff.,S.719.）。

そして、「知識学においては、客観と主観の間に意識によって措定された同一性（Gleichheit）は、（……）決して廃棄されず、廃棄されてはならない」（ibid.）。この同一性によって、客観は＝自我であることができる。すなわち、直観され反省される働きが、まさしく直観し反省するものと同じ「自我」（Ich）であると言うことができるのである。意識（Bewußtsein）の本質もそこにある。「意識はひとたび獲得されるならば、まさしく行為するものとこの行為を直観するものの持続的な同一性を本質とするのである」（ibid.）。

知識学の境位は、まさしくこの同一性であり、意識である。「知識学がその客観を取り上げるのは、すでに客観が反省するものとの同一性にまで高められており、従って＝自我である勢位（Potenz）においてのことに他ならない」（ibid.）。客観は自体的に＝自我であるわけではない。それは、そこに高まらねばならない。そうするものが、知的直観であり反省なのである。知識学は、知的直観ないし反省を客観としての知に付加することになる。それが、客観を自我という勢位に高めるということなのである。シェリングはそれを「最高の勢位」（die höchste Potenz）と呼ぶ。知識学はこの勢位においてこそ成り立つのであり、そこから外れることはできない。「知識学はこの同一性を超えていくことはできず、それ故、根本的に意識の圏域を超えていくこともできない。そのためにまた、すべてのものを意識に現れるままに構成し、よってすべてのものを最高の勢位において構成しうるにすぎない」（ibid.）。

だが、知識学は行為それ自身ではなく、行為ないし行為するものについての反省であり、それを意識化することにすぎない。また、その客観が意識に現れるまでには、変形（Metamorphose）（ibid.）していないとも限らない。少なくとも、それは、客観が「根源的に発生するところをその最初の発現の瞬間に見ること」はできない（ibid.）。その最初の発現の瞬間とは意識に現れる以前のことであるとすれば、無意識（Bewußtloses）のうちにあると言わなければならない。客観の根源的な発現を見るためには、最高の勢位にある客観を今一度最初の勢位にまで下げ（depotenzieren）、そこにおいて始めから構成することが必要である。そうすることで、反省が加わる以前の行為が捉えられることになる。

シェリングはこの低冪化（Depotenzierung）を「捨象」（Abstraktion）と言い換える（ibid.S.720.）。それは、知的直観において直観する者（das Anschauende）を捨象することとされる。また、「自由な行為によって哲学者の客観のうちに初めて――措定されるもの」が捨象されるとも言われる。そうすると、「客観は、純粋に客観的なものとして残り」、それとともに、純粋に理論的な哲学的立場が生まれることになる。それは、「主観的で実践的な混入物からまったく自由となった」境位なのである（ibid.）。

シェリングは、そこに「自然」と「自然哲学」の在りかを見る。自我の勢位にあるものが捨象されたのであるから、残る「純粋な客観」は非我（Nicht=Ich）であり、無意識的なもの（Bewußtloses）である。それが、「自然」（Natur）と呼ばれるのである（ibid.）。だがまた、それは自然について哲学すること（自然哲学 Naturphilosophie）でもある。なぜなら、

「自然について哲学することは、自然を創造する（schaffen）ことである」とされているからである[15]。

自然哲学は、自然と精神が一体でなければ可能ではない。自然は「可視的な精神」（der sichtbare Geist）であり、精神は「不可視な自然」（die unsichtbare Natur）である、とシェリングは述べる[16]。それは、自然が精神と同じく、生きた活動を営む主体（Subjekt）であることを意味する[17]。それとの一体性において、自然哲学は自然の過程を熟考する（nachdenken）のでなければならない。それは、思惟することによって直ちに対象を産出しうるとされる「直観的知性」（anschauender Verstand）の働きによって可能となる。それが「自然を創造する」ことであるとするならば、自然自身が生産活動を営むとともにその産物でもあるということを意味する。シェリングはこうした自然を「純粋な主観＝客観」（das reine Subjekt-Objekt）と呼ぶ（Begriff.S.720.）。そして、スピノザの「能産的自然」（natura naturans）と「所産的自然」（natura naturata）の思想を継承しようとするのである[18]。

こうして、「意識の主観＝客観」（das Subjekt-Objekt des Bewußtseins）と「純粋な主観＝客観」（das reine Subjekt-Objekt）が並び立つことになる。それぞれは、哲学の「観念的実践的部門」と「純粋理論的部門」の原理となる。そして、両部門が結合されるならば、「客観的となった観念＝実在論の体系」（das objektiv gewordene System des Ideal-Realismus）が成立する、とシェリングは言う（Begriff.ibid.）。観念論としての超越論哲学と実在論としての自然哲学の結合が達成されるのである。

もとより、両原理の間に勢位の違いがある以上、両部門は同位関係にあるとは言えない。とはいえ、両部門は分離しているのではなく、連続している。「体系のうちには絶対的な連続性（Kontinuität）がある」とシェリングは言う。「それは中断されない一つの系列である」（ibid.S.723.）。そこには、「純粋な主観＝客観が徐々にまったく客観的になることによって、原理においては制限されえない観念的な（直観的な）活動がおのずから自我すなわち主観となる」（ibid.S.721.）という過程がある。そして、「この主観に対して、右の主観＝客観そのものは客観に他ならない」ことになる。主観、客観という両極が相即的に成立する様が見えるのである。こうして、「純粋な主観＝客観から意識の主観＝客観を発生させる」ことに、理論的部門すなわち自然哲学の課題が見出される（ibid.）。純粋な主観＝客観を勢位零における観念‐実在的なものとし、そこから出発して最高の勢位における観念‐実在的なもの、自我を発生させるというわけである。

こうして、「最も対立しあう知の両端を結合する真に普遍的な第一の体系」（ibid.,S.723.）を望むことが不可能ではなくなる。そこでは、「すべてのものがあらゆる面から一つのものに向かって近づく」様が見られることになろう（ibid.）。そこから、逆に、一つの絶対者が、自我と自然という二つの領域において自己を展開し、統括しているという見方が生まれる。自然哲学と知識学（超越論哲学）はこれらの展開を記述し、それらが合致するところ、「無差別点」（Indifferenzpunkt）にまで導くものとなる。こうして成立するのが「絶対的同一性の体系」（das System der absoluten Identität）の構想である。シェリングは、一連の自然哲学関係の論考を発表して後、こうした構想を『超越論的観念論の体系』（一八〇〇年）[19]において示し、翌年『わが哲学体系の叙述』において世に問おうとするのである。

二　ヘーゲルのシェリング理解

こうしたシェリングの構想に積極的な支持を与えたのが、一八〇一年シェリングの促しによりイェーナに赴いたヘーゲルであった。二人はテュービンゲン神学校以来の友情を確かめ、フィヒテが無神論論争の末にイェーナ大学を辞した後、新たな思想的潮流を生み出すべく改めて手を携えることとなった。ヘーゲルは、フィヒテの前任者であったラインホルトがシェリングの体系構想の意義をまったく理解しておらず、フィヒテの体系とシェリングの体系の差異を認識していないことを正すべく、『ラインホルトの「十九世紀初頭における哲学の状況を概観するための寄稿」との関係におけるフィヒテとシェリングの哲学体系の差異』[20]、いわゆる『差異論文』を公刊するのである。

その中で、彼はフィヒテの哲学的原理の特徴を次のように指摘する。「主観＝客観はこの同一性（Identität）の外に出て、もはや自己同一性にまで再興しえない。（……）同一性の原理が体系の原理となることはなく、体系が形成され始めるやいなや、同一性は放棄される。体系そのものは諸々の有限性の悟性的に首尾一貫した集合であり、根源的同一性は、この集合を全体性の焦点のうちに取り纏めて絶対的な自己直観とすることはできない。従って、主観＝客観は自己を主観的な主観＝客観とするのであって、この主観性を止揚して自己を客観化することに成功しないのである」（Dif.,S.62f.）。

これに対して、シェリングの体系の特徴は次の点にある。「同一性の原理がシェリングの全体系の絶対的原理である。（……）同一性が部分においても、いわんや結果においても失われることはない」（ibid.,S.63.）。だが、絶対的同一性が体系全体の原理であるためには、主観と客観の両方が「主観＝客観」として措定される必要がある。フィヒテの体系では、同一性は「主観的な主観＝客観」（das subjektive Subjekt-Objekt）にまで構成されたにすぎない。これは、その補完として、「客観的な主観＝客観」（das objektive Subjekt-Objekt）を必要とする。それが加われば、絶対者は両者のおのおののうちで自己を示し、両者の結合のうちに自己を完全に見出すことになる。絶対者は、対立するかぎりでの両者を否定することによる最高の総合、すなわち両者の絶対的な無差別点（Indifferenzpunkt）として、両者を自己のうちに包含し、両者を生み出しそして両者から自己を生み出すのである（ibid.）。

だが、「主観的な主観＝客観」に対して「客観的な主観＝客観」を補完として立てるだけで、絶対的な同一性を語ることができるであろうか。また、両者を包含するものを絶対者として捉え、両者をその提示と見なすということができるだろうか。

フィヒテにおける自我と非我は、一方は他方でないという形で対立しておりながら、一方が存立すれば他方も存立し、一方がなければ他方もないという形で関係していた。相容れないという形でともにあるということが、対立するということであり、二つのものが分裂しているということである。この分裂を止揚するには、「対立する両項、主観と客観とが止揚されなければならない」（ibid.）とヘーゲルは言う。そして、「両項が主観と客観として止揚されるのは、両項が同一にされることによってである」（ibid.）とする。「絶対的同一性のうちでは、主観と客観とは相互に関係づけられており、従って止揚されている」（ibid.）と言うのである。

だが、両項は何故にまた如何にして同一とされうるのであろうか。それこそが説明されるべきことであった。説明されるべき同一性が説明の前提として用いられているとすれば、これは論点先取と言うべき事態である。しかし、そうした疑問に答えることなく、ヘーゲルは同一性の構造の説明に進む。「同一性が認められるのであれば、それに応じて分離も認められなければならない」（ibid.,S.64.）。同一性と分離を対立させるならば、両者をともに相対的なものにすることになる。絶対的な同一性を語るためには、それを分離をうちに宿すものとしなければならない。そのようにして、真に絶対的なものを考えることができるのである。「対立することと一つであることが絶対者のうちでは同時に存在する」と言わなければならない。その意味で、「絶対者そのものは同一性と非同一性の同一性（die Identität der Identität und der Nichtidentität）なのである」（ibid.）。

そもそも、分離するに当たっても、「哲学は、分離されたものを絶対者のうちで措定することなしには、それらを措定することはできない」（ibid.）。そして、「絶対者へのこの関係は、対立しあう両者を廃棄することではない」（ibid.）。「両者が絶対者のうちに措定されており、絶対者が両者のうちに措定されているかぎり、対立しあう両者は分離されたものにとどまるべきであり、この分離されたものという性格を失うべきではない」（ibid.）。そうすることによって、両者は同等の権利と必然性を持つことになり、一方が他方に対して優位するということはなくなる。そして、「絶対者が両者の形式のうちで措定される」と考えることが可能となる。それが、主観を主観的な主観＝客観と見、客観を客観的な主観＝客観と見ることの意味である。「主観のどの部分であれ、また客観のどの部分であれ、それ自身絶対者のうちにあり、主観と客観の同一性である」（ibid.,S.65.）ことになる。

このように、主観と客観のどちらもが絶対者のうちで措定され、実在性（Realität）を与えられることによって、両者は「実在的対立」（die reale Entgegensetzung）を形成する（ibid.）[21]。「対立するものの実在性、ならびに実在的な対立は、対立する両者の同一性によってのみ生じる」(ibid.)。こうした実在的対立を思惟することができるのは、「理性」(Vernunft) である。「理性は、対立するもの (……) を認識の形式においてばかりでなく、存在の形式においても同一化する」(ibid.,S.66.)。そして、「このような実在的対立においてのみ、主観と客観の両者が主観—客観として措定されるのである」(ibid.)。両者が絶対者のうちに、また絶対者が両者のうちに、従って実在性が両者のうちに存することになる。こうした同一性の原理が、実在的な原理であることができるのである。

そして、実在的に対立しあうものの各々について、固有の学が成立する。主観を対象とする知性の学、超越論哲学と客観を対象とする自然の学、自然哲学がである。しかし、二つの学は矛盾しあうものではない。それらが対象とする主観と客観は、実在的な対立のうちにあるものとして、互いに移行しうる関係にあるからである。両方の学においては、同じ一つのものが、その現存の必然的形式において構成される。そのように見ることができるならば、両方の学のうちにまさしく同じ絶対者を認識することができる。それらは、絶対者が如何にして現象の一形式の下位の勢位からその形式における全体性にまで自己を産出するのかを叙述するものと見なされる。それらの間には内的同一性があり、そのためにいずれもがその連関と秩序の点で他方と等しく(ibid.,S.71.)[22]、一方は他方の証となる。それらは、一つの連続性の中で連関する一つの学と見なされる。対立するかぎりでは、それらは自己のうちで完結しており全体である。しかし、相対的な全体にすぎず無差別点に向かう努力を含む。それらはともに絶対者の学であり、無差別点に繋がる両辺として、無差別点において連関する。それらは、極と中心を結ぶ線分に喩えられる。そのかぎり、両方の学は、同一性の全体への展開もしくは自己構成の進展と見なされることができる。

このようにして、ヘーゲルは、対立しあうものをともに絶対者のうちに摂取し両者を平等に見る視点を確保するとともに、両者のうちで絶対者が展開する様を見ることを可能にする。また、その展開を叙述する学が成立する可能性を説く。そこにおいては、何ものも廃棄されず、すべては絶対者に繋がり、そこにおいて連関する。その構造は、「同一性と非同一性の同一性」と表現される。そうした内容に富んだ体系をヘーゲルはシェリングの思想から読み取ったのである。彼は、それこそが絶対的同一性の体系と呼ぶに相応しいものと考えたのであった。

三　シェリング批判の台頭

だが、シェリングが一八〇一年に公にした『わが哲学体系の叙述』は、こうした積極的な評価と期待に背くもののように思われる。そこにおいてシェリングが論じたのは、「私が理性（Vernunft）と呼ぶのは、絶対的思惟ないし主観的なものと客観的なものの絶対的無差別（die absolute Indifferenz）として考えられるかぎりの理性である」（Darstellung., S. 10.）ということであった。「主観的なものと客観的なものの絶対的無差別」とは、ヘーゲルが解したように、分離したものの同一性、分離したものの存立を許容する同一性ではない。シェリングにおいては、それは、分離したものの痕跡を残さない無差別に他ならない。「存在するものはすべて絶対的同一性（die absolute Identität）自身である。（……）存在するものはすべて自体的には同一である」（ibid.,S.15.）、とシェリングは言う。

「絶対的同一性」とは絶対的無差別のことであり、そこにおいては区別や対立は悉く消え去っている。「絶対的同一性に関しては、両者の差別はまったく考えられない。絶対的同一性は主観的なものと客観的なものの絶対的無差別に等しく、そのうちでは一方も他方も区別されないからである」（ibid.,S.21.）。「（……）差別は、絶対的同一性の外でのみ可能であるにすぎない」（ibid.）。ここでは、同一性のみが認められていて、「同一性と非同一性の同一性」という構造は見出されない。シェリングは言う。「この絶対的な全体から何かあるものが自己を分離したり、思惟において分離されるのは如何にして可能かという問いは（……）まだ答えられない（……）むしろ、われわれは次のことを証明するからである。つまり、そのような分離は自体的には可能ではなく、理性の立場からすれば偽であり、それどころか（……）すべての誤謬の源泉なのである」（ibid.,S.24; Erläuterung.,S.124.）。

『叙述』におけるこうした絶対的同一性の思想に対しては、俄に批判の声が挙がることになる。イェーナを去ったフィヒテは、ベルリンにあってなおシェリングとの連携を模索していたが、徐々に見解の違いを意識するようになり、シェリングの『叙述』とヘーゲルの『差異論文』の出現によって、両者とは疎通困難な状態にあることを認める。そうした破局的状況の中で私的講義を続けつつ、シェリングの「絶対的同一性の体系」を「絶対的空無性の体系」(absolutes Nullitätssystem) と評する。(23) 絶対的無差別と差別の間に何の関係もなく、しかも前者から後者が出てくるというのであれば、その時前者は空無となっていなければならないであろうというのである。

シェリングに対して早くに論争を挑んでいたのは、テュービンゲンの哲学・医学教授エッシェンマイヤーであった。(24) 彼は、シェリングの自然哲学の構想『自然哲学の体系の第一構想』において、自然の最初の分離が如何にして起こるのかの説明が与えられていないことを問題視したのである。彼は、それがむしろ次の問いで終わっていると指摘する。

「自然における最初の活動の源泉は何であるか。自然における如何なる原因が最初の力動的分離（機械論的なものはそれの単なる帰結にすぎない）をもたらしたのか。如何なる原因が自然の普遍的な静止のうちに初めて運動の萌芽を、普遍的な同一性のうちに二元性を、自然の普遍的な同一性のうちに異質性の最初の火花を投げ入れたのか」(『自発性＝世界霊ないし自然哲学の最高原理』)。(25)

これに対して、シェリングは自然の生産活動 (Produktivität) に対して、対立する原理、それを「阻止するもの」(das Hemmende) を要請し、有限なものの発生を説明しようとしていた。(26) だが、それは原理の二元性を認めることに他ならない。そして、その不完全さは『叙述』の中に持ち込まれることになる。そこで、シェリングは「一切の有限性の根拠」を「主観的なものと客観的なものの量的差別」(die quantitative Differenz) にあるとし、「両者の無差別が無限性である」とするが、その量的差別は「絶対的同一性の外でのみ可能である」と述べるのである (Darstellung.,S.21.)。エッシェンマイヤーがこの説明を不服としたであろうことは推察に難くない。ヘーゲルのシェリング解釈は、シェリングに代わってヘーゲルが釈明を試みたもののようにもとれる。「存在を非存在のうちに――生成として、分裂を絶対者のうちに――絶対者の現象として、有限なものを無限なもののうちに――生として措定すること」が哲学の課題である、と彼は言うのである（Dif.S.16.）。

しかし、エッシェンマイヤーは追及の手を緩めなかった。彼は、一八〇三年『非哲学への移行における哲学』[27]を公にし、その中で、シェリングの同一性哲学においては絶対的同一性から対立の生ずることが説明されていないことを指摘する（Übergang.S.69.）。それに対して、シェリングは、一八〇四年『哲学と宗教』を著し、絶対者から有限なものが生ずることを「転（堕）落」（Abfall）として説明する。[28]

だが、この論争に対してフィヒテが沈黙を破る。彼は、ヘーゲルの『差異論文』以降、自らの新たな体系を公表するまでシェリングとヘーゲルが自分に関して論及することを控えるよう申し入れていたのだが、積極的にシェリング批判を開始する。一八〇四年、彼は三回の知識学講義[29]を行い、その中で、一なるものから多様なものが発出し一切の多様なものが一なるものに還帰することを示す体系の理念を「超越論哲学」（Transzendentalphilosophie）の名で提示した。それは、真なるもの、絶対者への上昇過程を辿る「真理論」（Wahrheitslehre）と絶対者が現象する様、下降過程を叙述する「現象論」（Erscheinungslehre, Phänomenologie）を含むとされていた。[30]この体系、とりわけその第二部門、現象論こそはシェリングの欠陥を補うものとして考えられていたと言えよう。

この構想に立脚して、彼は、一八〇五年エルランゲンでの講義において、「絶対者は外存（実存）する」（Das Absolute existiert.）というテーゼを掲げる。[31]まさしく、絶対者を閉ざされたものとしてではなく、自己を開示するものとして考える道を拓こうとするのである。そして、このテーゼは一八一一、一二年の講義において「絶対者は現象する」（Das Absolute erscheint.）というテーゼとして引き継がれることになる。[32]

フィヒテの真理論と現象論という構想は、ヘーゲルの「意識の経験の学」（die Wissenschaft der Erfahrung des Bewußtseins）と「精神の現象学」（die Phänomenologie des Geistes）の構想に通じるものがある。ヘーゲルにおいては、絶対者への上昇としての意識の経験は精神の現象という上からの観点によって捉え返され、両者は結果的に一体となる。そして、そこから表題の変更も生まれる。こうして、「意識の経験の学」というタイトルを残したまま、一八〇七年『精神の現象学』[33]が公刊されることになるのである。

同書の序文の記述がシェリングの憤りを誘い、両者の永年の友情に終止符を打つ結果となったことはよく知られている。ヘーゲルは、そこにおいて、「絶対者のうちではすべてのものが等しいとする唯一の認識を、区別を立て充実され充実を求め要求する認識に対立させること、換言すれば、絶対者を、よく言われるように、すべての牛が黒くなる夜として語ることは、認識が空疎であることから来る単純さである」(Phä.d.G.S.17.) と記したのである。読者がこれをシェリングへの批判と見たとしても、曲解とは言えなかったであろう。逆に、『差異論文』執筆時のヘーゲルにおいては、「夜」(Nacht) は一切を覆い隠すものではなく、あらゆるものがそこから発出する源であった。「絶対者は夜である。そして、光は夜よりも若く、両者の区別は、光が夜から歩みでることと同様、絶対的な差異である。無が最初のものであり、そこからすべての存在、有限性のすべての多様性が現れているのである」(Dif.S.16.)。

この夜の思想は、「現象する精神」の思想に直結していると言えよう。シェリングを支持したはずの著作の文言がシェリング批判の言葉として用いられるとすれば、それは皮肉な結果と言わねばならない。だが、それはヘーゲルのシェリングへの期待が幻滅に終わったことを物語ると解されよう。すなわち、ヘーゲルは、イェーナ時代初期から中期に至る間に、シェリング支持の立場を変更したのである。その核心に、絶対的同一性と絶対的無差別をめぐる理解の相違があったことは明らかである。ヘーゲルはその肯定的評価を否定的評価に転換したことになる。

四　絶対的無差別と本質の生成

だが、ヘーゲルは、一八一二／一三年の『論理の学』において、「絶対的無差別」の概念を「存在論」第三部「質量」

（Mass）論の第三章に配置している。それは、「質量論」だけでなく、「存在論」全体の最終章であり、「本質論」への移行点である（W.d.L.I/1.S.373ff.）。このことは、「絶対的無差別」が「本質」直前の段階として特別の意義を与えられていることを物語る。ヘーゲルは『精神の現象学』における否定的な評価を再び積極的評価に転じたのであろうか。「本質」（Wesen）が「存在」（Seyn）の止揚であり、止揚が保存と廃棄の二義性を有しているかぎり、「絶対的無差別」も否定面と肯定面の両面から見られていたことになる。「絶対的無差別」は如何に止揚されて「本質」となるのか。その過程を辿らなければならない。

A　絶対的無差別の自己関係性

ヘーゲルは、存在論の先行的カテゴリーの中で、無差別の概念が適用可能なものとして「存在」（Seyn）（ibid.,S.68.）と「純粋量」（die reine Quantität）（ibid.,S.176.）を挙げている。「存在」は如何なる規定性も帯びない抽象的な無関係性であるが故に、無規定性（Besimmungslosigkeit）と表現されうる。

「純粋量」は、すべての規定を持つことができるが、これらの規定は純粋量に対して外在的であり、純粋量が自らそれに関係を持つわけではないという意味で、無差別である。だが、「無差別」に「絶対的」という形容が冠せられる場合には、存在と一切の規定性、質、量、質量を否定したもののことを言い、この否定を介して単純な統一に達したもののこととなる。それは、否定によって媒介されたものとして否定されたものと無縁とは言えないが、否定された規定性はそのうちに「状態」（Zustand）として、外在的な質としてあるにすぎない。それらは無差別をそれらの基体（Substrat）として持つだけとなる。

だが、外在的な質的なものは、まさしく基体に対して外在的であるが故に、止揚されるものでしかなく、消滅するべきものであって、基体との区別は空虚な区別にすぎない。恰もすべての牛が黒くなるように、一切の規定性は消滅する。そして、この消滅の結果こそが無差別に他ならない。だが、この結果に至る過程を省みるならば、無差別は抽象的なものとは言えず、一切の規定性の消滅と否定によって媒介された具体的なものであることが分かる。それは否定と関係を含み、その状態と呼ばれたものを、それに内在するものとして有するものに他ならない。状態とは外在的な付着物ではなく、無差別が自己から区別し、しかも自己と関係させているものなのである。無差別は「自己に関係する区別作用」（das sich auf sich beziehende Unterscheiden）に他ならない（ibid.,S.373.）。

B　絶対的無差別の矛盾と止揚

1．無差別は、このように自己に対してあるもの、対自的なもの（das Fürsichseyende）として捉えられる。その理解を得るためには、先行する「質量」（Maß）論に遡って考えることが必要である。

質量論において、諸々の質量比の「結節線」（Knotenlinie）の概念から、それを支えている一つの基体を想定することが導かれる(34)。だが、それは諸々の質量比から独立したものではなく、それら相互の連続性に他ならず、区別された諸質量比の中に完全に現前しているものと見なされる。「基体」は結果として導かれたものであり、自体的には媒介（Vermittlung）されたものであるからである。この媒介が媒介として措定されていないかぎり、基体はまさしく「基体」として、規定性に関して無差別なものと解されることになるのである。

このことは、次のように説明される。――区別された二つの定量が無差別のうちに契機としてある。それらの定量は可変的で、互いにより大きかったり小さかったりする。だが、無差別はそれらの定量に関して限界（Grenze）としてある。それらのものの不変の限界であるというこの抽象的な規定性の外にはその規定性はない。だが、それによって、それらは互いに外面的に関係しあうのではなく、否定的に関係しあうことになる。そして、互いに質的な（qualitativ）規定のうちに置かれる(35)。すなわち、一方が大きくなる分だけ他方は小さくなるという反比例関係（das umgekehrte Verhältnis）に立つのである。

この質的規定性という面から見れば、区別は二つの質の区別である。それらの質は、一方が他方によって止揚されるという関係にある。だが、それらは統一のうちにあり、統一を形づくりながら他方と不可分である。従って、関係の両項は、それぞれ他の項を含んでおり、それらの違いは、一方の質がより多く、他方の質がより少ないという違いにすぎない。量的な差別（die quantitative Differenz）があるのみである。

シェリングは、こうした関係によって自然現象と精神現象の違いを説明した。単に客観的なものも単に主観的なものもなく、すべてのものは客観的かつ主観的であって、客観的要素か主観的要素のいずれかが優位を占めているにすぎない。自然現象も精神現象も実在的なものと観念的なものの統一であり、前者においては実在的なものが優位し、後者においては観念的なものが優位するだけである(36)。

従って、両項の各々は、他方において阻止されるのではなく、他方の中に続いていく。質の各々は他の中で自己自身に関係する。まさしく同じ質が他の中に、違った定量においてではあるが見出されるからである。連続とは、二つの統一体の各々の中で質が同じものとしてあるということに他ならない。とはいえ、両項はそれぞれ両規定を含み、それらの全体であるから、無差別そのものを含んでおり、互いに自立的であると言うこともできる。

2．無差別は両項の統一である。だが、この統一がただ無差別としてのみ保持され、両契機がまだ対自的にあるものとして、すなわち、それら自身においてまた互いによって統一にまで自己を止揚するものとしては規定されていない場合には、統一と契機は互いに無関係である。無差別とその定在たる契機は結合されていない。諸規定性は直接的（無媒介）に無差別のうちに現れるだけである。それ故、区別は、無差別が自己自身から突き離すこと（Abstoßen von sich）としてあるわけではなく、無差別も、自己を規定するものとしてではなく、外から規定されており規定されるものとしてあるにすぎない。

両契機は反比例関係にあるにせよ、量の遣り取りは無差別によって規定されているわけではない。契機は他のものにさし向けられることによって規定されることになるにせよ、他のものは無差別の外にある。無差別自身は量の遣り取りに対しては無関係なのである。

しかし、両契機は自体的には無差別自身であり、各々はそれ自身二つの質の統一に他ならない。両項の違いは、一方の項においては一つの質がより多く、他方の項においてはより少ないということにあるだけである。従って、各々の項は無差別の全体であることになる。そして、一つの質は量的な限界によって制限されることなく、一方の項から他方の項のうちに続いていく。

3. 各々の質は、各々の項の内部で他の質に関係している。このことは、各々の質が一つの統一の中にあり、不可分であって、他方との（質的）関係のうちでのみ意味と実在性を持つということである。各々の質は他の質があるかぎりでのみある。だが、そう言えるのは両者が均衡している場合のみである。一方がより多く、他方がより少ないという場合には、一方に対応するものが他方にはないということになる。だが、一方は他方との関係のうちでのみあるという以上、対応するもののないものが存在しているとは言えない。従って、一方が増減するのに応じて他方も増減するのでなければならない。従って、質的な関係からは量的な区別は生まれようがない。両項の定在はその定量の不等性にのみ基づくとするかぎり、何も存在してはいないことになる。存在すべき因子は、それが他方を超える場合にも、他方と等しい場合にも消滅する。従って、区別（差異）を量的差別として説明し統一を無差別として規定することは、矛盾を孕んでいる。それは、この矛盾の故に止揚される。統一は最早無差別ではなく、「それ自身のうちに内在している否定的な絶対的統一」（die in ihr selbst immanent negative absolute Einheit）とならねばならない。それは「自己自身に対してある自立性」（die fürsichseyende Selbständigkeit）であり、「本質」（Wesen）と称される（W.d.L.I/1.S.377.）。絶対的無差別は、このようにして、止揚されるべきものであることが示されるのである。

このように、ヘーゲルはシェリングを念頭に置きながら無差別の概念を分析し、その内部矛盾を抉り出すことによって、本質への道を拓く。その概念を一方的に破棄するのではなく、それに一定の位置を与えながら弁証法的に乗り越えていこうとするところにヘーゲル独特の手法がある。シェリングとシェリング批判の間にあって、独自の道を行こうとする姿勢が認められる。彼は、『差異論文』においてシェリングに期待を寄せながら満たされなかった絶対者の体系の理念を、自ら追求しようとしているのである。

C　本質への移行

既述のように、ヘーゲルによれば、「絶対的無差別」は「存在」(Seyn) が「本質」(Wesen) になる前の、「存在」の最後の規定であるが、依然として「存在」の領域に属している。それは、区別を外在的なもの、量的なものとして持っているにすぎないからである。区別はそれの定在（規定された存在）であるにせよ、それは区別とは対立しており、自体的にあるものとして考えられ、「自己に対してある絶対者」(das fürsichseyende Absolute) としては規定されていない (ibid.S.381.)。或いは、まさしく『精神の現象学』で夜に喩えられたのと同様、「特殊なものは、自体的には、或いは絶対者のうちでは同じものであり」、「それらの区別は無関係な区別にすぎず、自体的区別ではない」(ibid.f.)。だが、統一は他在に対する無関係性であるだけでなく、無関係なものとしての自己自身に対する無関係性とならなければならない。それは、区別を外在的と見なし、それと対立するのではなく、その無関係性を止揚して区別を自ら措定するものとなるということである。

無差別は、自体的には存在の一切の規定が止揚されて含まれている全体である。それは基礎 (Grundlage) である。しかし、せいぜい自体的にあるという一面的な規定のうちにあるにすぎず、そのため区別と量的差異および諸因子の反比例関係は外在的なものとしてそれに付帯しているだけである。しかし、それは、その内的矛盾によって実際あるとおりに措定される。すなわち、単純で無規定な否定的自己関係、自己を自己自身から突き離す働きとしてである。それによって生ずる諸規定は、自立的なものでも外在的なものでもなく、契機として自体的に存在する統一に属し、これによって放置されるのではなく、これによって担われ、満たされる。自体的に存在する統一は対自的に（自己に対して）あるものとなり、諸規定はその統一の自己からの突き離しによってあるものとして、それに内在する。それらはただあるというだけのものではなく、措定されたもの（Gesetzte）として、それらの統一に関係づけられており、それらの他者、否定に関係づけられたものとして示される。こうした相対性（Relativität）がその特徴をなすのである。こうして、直接的・無媒介な存在も自体的な存在も消え去り、統一こそが存在となる。もとより、それは直接的で前提された全体というわけでは最早ない。それは、前提を止揚することを介してある単純な自己関係に他ならない。従って、前提されたもの、直接的なもの自身が契機に他ならず、根源的とされる自立性と自己同一性は、結果として生じる無限な自己との合致に他ならないことになる。こうして、存在を止揚することによって生じる自己と一体の存在（einfaches Seyn mit sich）が結果する。これが「本質」なのである。それは、表出し（scheinen）影像（Schein）を生み出しつつ自らに還帰する「反省」（Reflexion）の運動として語られることになる。(37)

注

（1）F.W.J.Schelling, *Darstellung meines Systems der Philosophie*, 1801, in: *Schellings Werke*,3., hrsg. von M. Schröter, München 1977. Abk.: Darstellung; W.Chr.Zimmerli, *Die Frage nach der Philosophie*, Bonn 1986, S.222ff. 山口祐弘『ドイツ観念論の思索圏——哲学的反省の展開と広袤——』学術出版会、二〇一〇年、三二一頁以下。

（2）山口祐弘「一九世紀初頭における体系論争——フィヒテ、シェリングの応酬とヘーゲル——」『意識と無限』近代文藝社、一九九四年所収。*Fichte-Schelling Briefwechsel*, Einleitung von W. Schulz, Frankfurt a/M. 1968; G.W.F.Hegel, *Differenz des Fichte'schen und Schelling'schen Systems der Philosophie, in Beziehung auf Reinhold's Beyträge zur leichtern Übersicht des Zustands der Philosophie zu Anfang des neunzehnten Jahrhunderts, Istes Heft*, Jena 1801, in: GW.4, Hamburg 1968. Abk.: Dif.

（3）J.G.Fichte, *Darstellung der Wissenschaftslehre aus dem Jahre 1801*, in: *Fichtes Werke*,II, Berlin 1971; *Die Wissenschaftslehre Zweiter Vortrag im Jahre 1804 vom 16. April bis 8. Juni*, hrsg. von R.Lauth und J.Widmann, Hamburg 1975. 隈元忠敬『フィヒテ知識学の研究』協同出版、一九七〇年、二二〇頁以下、R・ラウト『フィヒテのヘーゲル批判』、隈元忠敬訳、協同出版、一九八七年、一一頁。

（4）K.A.Eschenmayer, *Spontaneität=Weltseele oder das höchste Prinzip der Naturphilosophie*, in: *Zeitschrift für spekulative Physik*,

Ⅱ., Jena und Leipzig 1801, Hildesheim 1969; *Die Philosophie in ihrem Uebergange zur Nichtphilosophie*, Erlangen 1803. Abk.: Übergang.

（5） G.W.F.Hegel, *Die Phänomenologie des Geistes*, 1807, Bamberg/Würzburg, in: G.W.9., 1980.

（6） G.W.F.Hegel, *Wissenschaft der Logik*, Erstes Buch, Die Lehre vom Seyn, Dritter Abschnitt, Das Maass, Drittes Kapitel, Das Werden des Wesens, A. Die absolute Indifferenz, Nürnberg 1812/13, in: *Gesammelte Werke*, 11., Hamburg 1978. Vgl. *Wissenschaft der Logik*, Ⅰ/1., 1832, in: G.W.21., 1985.

（7） 『差異論文』、『精神の現象学』、『論理の学』がこれらの局面に対応する。

（8） J.G.Fichte, *Grundlage der Gesammten Wissenschaftslehre*, Jena und Leipzig 1794, in: *Fichtes Werke*, I., Berlin 1971. Abk.: Grundlage.

（9） F.W.J.Schelling, *Über die Möglichkeit einer Form der Philosophie überhaupt*, Tübingen 1794; *Vom Ich als Prinzip der Philosophie oder über das Unbedingte im menschlichen Wissen*, Tübingen 1795; *Ideen zu einer Philosophie der Natur, als Einleitung in das Studium dieser Wissenschaft*, 1797, 1803, in: *Schellings Werke*,1., München 1979; *Erster Entwurf eines Systems der Naturphilosophie*, 1799, in: *Schellings Werke*, 2., 1977. Abk.: Erster Entwurf.

（10） 『哲学の歴史』7、中央公論新社、二〇〇七年、二七七頁参照。

（11） これに対して、シェリングは「客観的な主観＝客観」を要求する。F.W.J.Schelling, *Darstellung meines Systems der Philosophie*, 1801, in: *Schellings Werke*, 3., 1977, S.47; Dif., S.63.

（12） J.G.Fichte, *Zweite Einleitung in die Wissenschaftslehre für Leser, die schon ein philosophisches System haben*, in: *Fichtes Werke*, 1., S.458.

（13） J.G.Fichte, *Darstellung der Wissenschaftslehre aus dem Jahre 1801*, in: *Fichtes Werke*,Ⅱ.,S.7; *Über den Begriff der Wissenschaftslehre oder der sogenannten Philosophie*, 1794, in: *Fichtes Werke*, I., S.43.

（14） F.W.J.Schelling, *Ueber den wahren Begriff der Naturphilosophie und die richtige Art ihre Probleme aufzulösen*, 1801, in: *Schellings Werke*, 2., 1977, S.719. Abk.: Begriff. シェリングはこの論文をエッシェンマイヤーの『自発性＝世界霊』への付録として『思弁的物理学雑誌』に掲載した。*Anhang zu dem Aufsatz des Herrn Eschenmayer betreffend den wahren Begriff der Naturphilosophie und die richtige Art ihre Probleme aufzulösen*, in: *Zeitschrift für spekulative Physik*,Ⅱ., Jena und Leipzig 1801, S.116,118. ヘーゲルは、この論文がフィヒテとシェリングの違いを十分明らかにしていないことを『差異論文』執筆の理由の一つとしている。Vgl., Dif.,S.5.

（15）F.W.J.Schelling, *Erster Entwurf eines Systems der Naturphilosophie*, 1799, in: *Schellings Werke*, 2., 1977, S.13.

（16）F.W.J.Schelling,［*Einleitung zu den*］*Ideen zu einer Philosophie der Natur. Als Einleitung in das Studium dieser Wissenschaft*, 1797,1803), in: *Schellings Werke*,1., 1979, S.706.

（17）F.W.J.Schelling, *Einleitung zu dem Entwurf eines Systems der Naturphilosophie*, 1799, in: *Schellings Werke*, 2., S.284.

（18）Begriff., S.725; B.d.Spinoza, *Ethica ordine geometrico demonstrata*, 1677, Pars I, Propositio XXIX, Scholium in: *Spinoza Opera*, II., Heidelberg 1972, S.71.

（19）前注（2）参照。F.W.J.Schelling, *System des transzendentalen Idealismus*, 1800, in: *Schellings Werke*, 2., 1977. シェリングは「原理と方向において互いに対立しあい、求めあい、補完しあう二つの根本学によって完成される哲学の完璧な体系」（ibid.,S.342.）の理念を掲げる。

（20）注（2）を参照。

（21）Dif.,S.65.「論理的対立」（die logische Opposition）に対して「実在的対立」（die reale Opposition）の概念を最初に提出したのはカントである。前者が或る規定とその欠如の関係にすぎないのに対し、後者は積極的な内容を持ったもの同士の対立である。I. Kant, *Versuch, den Begriff der negativen Größen in die Weltweisheit einzuführen*, 1763, in: *Kants Werke*,II., Berlin 1968.

（22）Dif., S.71; B.d.Spinoza, Ethica., ParsII, Propositio VII, in: op. cit., S.89. "Ordo, & connexio idearum idem est, ac ordo, & connexio rerum."

（23）J.G.Fichte, *Darstellung der Wissenschaftslehre aus dem Jahre 1801*, in: *Fichtes Werke*,II., 1971, S.66.

（24）Karl Adolf Eschenmayer 1768～1852. ヘーゲル『理性の復権――フィヒテとシェリングの哲学体系の差異』批評社、一九八五年、一五〇頁参照。

（25）K.A.Eschenmayer, Spontaneität=Weltseele., S.4. 前注（4）（15）を参照。

（26）F.W.J.Schelling, Erster Entwurf., S.16; *Einleitung zu dem Entwurf eines Systems der Naturphilosophie oder über den Begriff der spekulativen Physik, und die innere Organisation eines Systems dieser Wissenschaft*, 1799, in: *Schellings Werke*, 2., S.285.

（27）K.A.Eschenmayer, Übergang. 注（4）を参照。

（28）F.W.J.Schelling, *Philosophie und Religion*, 1804, in: *Schellings Werke*, 4. 山口祐弘「フィヒテ、シェリングにおける導出問題――体系論争の余響――」『東京理科大学紀要』、第四〇号、二〇〇七年、一～二〇頁。

（29）J.G.Fichte, *Vorlesungen der W.L. Im Winter 1804*, in: *J.G.Fichte-Gesamtausgabe*, II-7., Stuttgart/ Bad-Cannstadt 1989; *Die Wissenschaftslehre vorgetragen im Jahre 1804*, in: *Fichtes Werke*,X., 1971; *Die Wissenschaftslehre, Zweiter Vortrag im Jahre 1804*,

Hamburg 1975; *Dritter Cours der W. L. 1804*, in: *J.G.Fichte Gesamtausgabe*, Ⅱ-7., 1989.

（30）J.G.Fichte, *Die Wissenschaftslehre, Zweiter Vortrag im Jahre 1804*, in: op. cit., S.137f.

（31）J.G.Fichte, *4ter Vortrag der Wissenschaftslehre—Erlangen im Sommer* 1805, in: *J.G.Fichte Gesamtausgabe*, Ⅱ-9., 1993, S.250. 山口祐弘「同一性哲学のアポリアと存在の自己開示」『思想』No.1045、二〇一一年。

（32）J.G.Fichte, *Wissenschaftslehre 1811*, in: *J.G.Fichte Gesamtausgabe*, Ⅱ-12., 1999, S.170; *Wissenschaftslehre Vorlesungen vom Prof. Fichte vom 6ten Jan. bis 20ten März 1812*, in: *J.G.Fichte Gesamtausgabe*, Ⅳ-4, 2004, S.276. 山口祐弘「後期フィヒテの現象論と知識学の位相——一八一一年講義の課題と実践——」『フィヒテ研究』第一九号、二〇一一年、「知識学一八一二年——後期フィヒテにおける知識学の理念と課題——」『フィヒテ知識学の全容』晃洋書房、二〇一四年。

（33）注（5）参照。

（34）例えば、二種の化学物質、窒素と酸素を混合した場合、特殊な性質を持つ化合物N_2O, NO, N_2O_3, N_2O_4, N_2O_6が生まれる。これらは二種の物質の量が一定の比に達した時に飛躍的に生ずるのであって、その比に達する以前に弱い度合いですでに存在していたというわけではない。二物質の量的変化によって、点的、不連続的に生ずるのである。だが、あくまで二種の物質から成るという意味では連続性があると言わねばならない。それは、不連続な点が連続的な線によって繋がっているという様を呈する。こうしたあり方をヘーゲルは「結節線」(Knotenlinie) と表現するのである。それは、更に、一にして同一の基体があって、その基体が様々な結節点を生み出しているという見方を生む。ヘーゲルはこうした結節線を自然数の体系、音階、水の形態変化などに見ている。

（35）「存在論」第一章によれば、「質」(Qualität) とは「規定性」(Bestimmtheit) のことであり、「規定性は否定である」から、質はそれを否定するもの、否定的な相関者を伴っている。反比例関係$xy=a$においては、xの増減に応じてyは減増し、しかも両者ともaを超えることはない。双方ともaに限界づけられつつ、互いに否定しあっている。定量相互のこのような関係が「質的」(qualitativ)と形容されるのである。ヘーゲルは次のように言う。「正比例においては、両項の変化は定量の一変化にすぎない。(……) しかし、間接的（反）比例においては、変化は（……）比の内部に止められており、この任意の量的超出も限界としての指標の否定的な規定性によって制限されている。（……）間接的（反）比例のこの質的本性 (die qualitative Natur) がなお詳細に（……）考察され、肯定的なものが否定的なものと絡み合っている様が解明されねばならない」(W.d.L.I/1.,S.315.)。

（36）九鬼周造『西洋近世哲學史稿』下、岩波書店、一九六七年、二四二頁。

（37）「本質は反省である」。G.W.F.Hegel, *Wissenschaft der Logik*, I., 1813, in: G.W.11., 1978, S.244.

《著者略歴》
山口　祐弘（やまぐち　まさひろ）

1944年　東京都生まれ
1968年　東京大学文学部哲学科卒業
1976年　東京大学大学院人文科学研究科哲学専門課程博士課程満期退学
1986年　ブラウンシュヴァイク大学客員研究員
1989年　Ph.D.（ブラウンシュヴァイク大学）
現　在　東京理科大学教授

主要著書
『近代知の返照——ヘーゲルの真理思想』学陽書房、1988年
『ドイツ観念論における反省理論』勁草書房、1991, 2001年
『意識と無限——ヘーゲルの対決者たち』近代文芸社、1994年
『カントにおける人間観の探究』勁草書房、1996年
『ヘーゲル哲学の思惟方法——弁証法の根源と課題』学術出版会、2007年
『ドイツ観念論の思索圏——哲学的反省の展開と広袤』学術出版会、2010年

主要訳書
ヘーゲル『理性の復権——フィヒテとシェリングの哲学体系の差異』（共訳）批評社、1995年
ヴォルフ『矛盾の概念——18世紀思想とヘーゲル弁証法』（共訳）学陽書房、1984年
ホルクハイマー『理性の腐蝕』せりか書房、1987年
シュベッペンホイザー『アドルノ——解放の弁証法』（共訳）作品社、2000年
フィヒテ『一八〇四年の『知識学』』哲書房、2004年
ヘーゲル『論理の学 I II III』作品社、2012～2013年
ユンク『原子力帝国』日本経済評論社、2015年
ユンク『テクノクラシー帝国の崩壊』藤原書店、2017年

ロゴスと存在——ヘーゲルの論理思想　第1巻
存在の諸相

2019年7月20日　初版第1刷発行　　＊定価はカバーに表示してあります

著　者　山口祐弘©
発行者　植田　実
印刷者　河野俊一郎

発行所　株式会社　晃洋書房
〒615-0026　京都市右京区西院北矢掛町7番地
電　話　075(312)0788番(代)
振替口座　01040-6-32280

装丁　野田和浩　　印刷・製本　西濃印刷㈱
ISBN 978-4-7710-3119-7

索　引

〈ア　行〉

〈カ　行〉

〈サ　行〉

〈タ　行〉

〈ナ　行〉

〈ハ　行〉

〈マ　行〉

〈ワ　行〉